経営学史学会編

〔第十四輯〕

経営学の現在

――ガバナンス論、組織論・戦略論――

文眞堂

巻頭の言

経営学史学会理事長　片　岡　信　之

経営学史学会第十四回大会は、二〇〇六年五月十九日から二十一日にかけて熊本学園大学において開催された。同校は一九四二年の東洋語学専門学校創立に端を発し、熊本語学専門学校、熊本短期大学、熊本商科大学、熊本学園大学という経過を経て今日に及んでいる。商学・経済・外国語・社会福祉の四学部一一学科、商学・経営学・経済学・国際文化・社会福祉学の五研究科を設置され、さらに研究所など七付属施設、二併設校を持つ西日本屈指の名門学園である。学会に相応しい静閑な会場を提供していただいた坂本正学長をはじめ関係各位に御礼を申し上げたい。

第十四回大会の統一テーマは「経営学の現在」であった。このテーマに関連するものとしては、「経営学研究のフロンティア」（第五回大会、一九九七年）、「経営学史研究の意義とその課題」（第六回大会、一九九八年）、「経営学百年―鳥瞰と未来展望」（第七回大会、一九九九年）、「経営管理研究の百年―組織・管理研究の方法と課題―」（第八回大会、二〇〇〇年）、「現代経営の課題と経営学史の挑戦」（第十回大会、二〇〇二年）などがある。今回は、これらの包括的検討をふまえつつ、「経営学の現在」を今一度確かめてみようということであった。皮切りの副題として「コーポレート・ガバナンス論と管理論・組織論」が選ばれ、ガバナンス論の専門家勝部教授が率いられる大会に相応しいものとなった。

経営学史学会は懐古趣味で学史を研究する学会ではない。経営学という学問的営為を過去から現在まで振り返ることを通じて、経営の現実を有効に捉え・未来を展望できる理論を作ることが目的である。われわれの研究している経営学は今どこにいるのか、どこへ向かおうとしているのかについて、常に、何度も確かめながら進む意外に道はない。まして、経営の現実や理論において、変化の度合いが加速化している現在においてはなおさらのことである。

今回は①三〇年代ハーバード・ビジネススクールでの人間関係論とバーナードの知的交流の分析を通じて、彼らに共通する「ヒポクラテスの方法」の今日的有効性を示唆した吉原報告、②日本で一九九〇年代以後形成された経営戦略論の実証研究（リソース・ベースト・ビュー）とアメリカで主流であった分析的戦略論（ポジショニング・ビュー）との相互作用を詳細に叙述しつつ、現在の日本における経営戦略論の課題と問題を明らかにした沼上報告、③自己組織論や情報理論と関連させて経営学の現在を論じた三戸報告、④株式会社の本質を「団体」と規定して、コーポレート・ガバナンスのあり方を独自の視点から論じた中條報告、④日本の経営システムとコーポレート・ガバナンスについて多面的に論じて課題と方法を明らかにした菊池報告、⑤ストックホルダー・ガバナンス対ステイクホルダー・ガバナンスが後者に収斂していくことを理論的・実証的に論じた菊沢報告等、いずれも期待に違わない内容であった。味読していただきたい。

最後になったが、十四回大会を完璧な運営で盛り上げていただいた勝部伸夫大会委員長をはじめ実行委員会の各位に厚く御礼を申し上げて巻頭の言とする。

目次

目　次

Ⅲ　文　献

Ⅳ　資　料

I　経営学の現在

一　「経営学の現在」を問う
――コーポレート・ガバナンス論と管理論・組織論――

勝部伸夫

一　はじめに

経営学史学会第十四回大会の統一テーマには、「経営学の現在」という論題が掲げられた。「経営学の現在」を語るということは、一体いかなることを意味するのであろうか。たとえば、経営学の最新の理論研究を紹介すればそれでこのテーマに的確に答えたことになるのであろうか。恐らくそうではなかろう。少なくともこのテーマが意味するものは、その言葉の通り経営学の最新の研究動向がどうなっているかという「現在」を含みながらも、その射程は決して「現在」だけにはとどまらないはずである。

そこで本稿の目的は、まず第一に、この「経営学の現在」というテーマが、そもそも現代経営学研究においていかなる位置と意味を持つのかを明らかにすることである。今なぜ、「経営学の現在」が問われねばならないのであろうか。そしてそれは何をどう明らかにすることなのであろうか。

また、今回の統一論題は、経営学の中でも管理論とガバナンス論という二つの領域が対象とされている。すなわち管理論・組織論・戦略論を「アメリカ管理論」として括くって一つの柱とし、さらにこれにコーポレート・ガバナンス論を加えて、二本柱として議論していこうというのである。本稿でもこの二つの柱を取り上げて「経営学の現在」を語りたいところであるが、それは明らかに私の荷を越えるものがある。むしろそれは統一論題の各報告者の課題であろうし、統一論題全体に問われている課題でもある。したがってここでは、柱の一つであるコーポレート・ガバナンス論に対象を絞って、それと管理論・組織論との関係にも言及しながら、「コーポレート・ガバナンス論の現在」とは何かを論じてみたい。そうすることで部分的にではあれ、「経営学の現在」を語ることになるのではないかと思われる。

二　「経営学の現在」を問う意味

経営学はこれまで何を問題としてきたのか。また経営学はそれらの問題にどう答え、何が明らかになったのか。そして現在、経営学はいかなる課題を抱え、それにどう答えようとしているのか。これらの問いを一言でいうとすれば、それは最終的に「経営学とは何か」ということになろう。

周知のように、経営学は十九世紀末から二十世紀初頭にかけてドイツで生まれた経営経済学と、ほぼ同じ時期にアメリカで生まれた管理論・組織論という二つの異なる系統の学問として登場してきた。わが国においても戦前は「骨はドイツ、肉はアメリカ」と言われたが、戦後は「骨も肉もアメリカ」と言われるほどアメリカの管理論・組織論一辺倒の状況を呈するようになった。したがって、経営学は管理論・組織論をいわばメイン・ストリームとして発展してきたといってもよかろう。では、そうした流れの中で「経営学とは何か」を改めて問おうとする場合、はたしてどのような答えが用意されているのであろうか。この問いに対して、誰もが納得する一義的な答えがあるのであろうか。経営学の現状を見る限り必ずしもそうはなっていないように思われる。つまり「経営学とは何か」を論じることは、それほど容易なことではない。[1]

たとえば、経営学誕生一〇〇年を記念して、本学会でも「経営学百年―鳥瞰と未来展望―」(第七回大会)、「経営管理研究の百年」(第八回大会)といったタイトルで統一論題が大々的に組まれ、これまでの研究史を振り返りながら、経営学の対象や方法そして各領域の研究テーマに関して活発な議論が行われたことは記憶に新しい。その中で、三戸公は「経営学は今世紀の初頭に成立し来り、百年を経た現在、ようやくその全容を現してきた。この学は社会諸科学の中枢を占め、社会諸科学の中でも最も重要な学となった。このことは、諸分野の学者はもちろん経営学者にもまたほとんど自覚せられていない」(年報第七輯)と述べ、それを研究する学者さえもが実は現代社会における経営学の位置と意味をいまだ十分に認識していないことを指摘している。そして三戸自身は経営学について、科学的管理を〈対立から協調へ〉〈経験から科学へ〉の二本柱で捉えるとすれば、「テイラー以降の一切の管理の発展・一切の経営学の発展は科学的管理の発展と把握されることになる」と主張する。[2]

また村田晴夫は「経営学は、他の社会科学の分野とそして科学技術の発展とも密接な関連をもっており、哲学・歴史学などとの関連では人文諸科学とも深く交差している。このような綜合的な性格と具体的な問題把握の力をもつ経営学は、新しい方法論の創出を含めて、これからの社会科学の発展の中で重要な役割を果たすであろう」(年報第七輯巻頭言)と述べ、経営学の今後の可能性に期待を表明している。しかしその一方で、佐々木恒男は「経営学の現在の状況を一言で表現すれば、百花斉放といえば体裁はよいが、残念ながら内実はまさしく取り留めもなく細分化された無秩序化してしまったカオスの状況にあり、経営学という学問自体の全体像を正確に把握することすら次第に困難であるような状況に立ち至っている」と指摘した上で、「学問としての高い評価を得るために、経営学の諸理論と方法をいかに統合するかを真剣に考えなければならないのではなかろうか」(年報第八輯)と述べ、経営学研究に反省を迫っている。

このように何人かの研究者の発言だけとってみても、「経営学とは何か」の現状把握や理解は一様ではない。そうであればこそ、常に「経営学とは何か」という問いが繰り返し発せられ、論じられていくべきだということになろう。そしてこの「経営学とは何か」を論じることは、実は「経営学の現在」というテーマと同義だという点が重要である。

「経営学の現在」とは単に最新の研究の動向がどうなっているかを問うことではなく、それを含みながらもむしろ経営学が過去に何を問題としてきたのか、そしてそれが現在どこまで解明されたのか、つまり経営学の問題と成果は何であったのかを明らかにすることである。そしてそれに加えて、今後経営学が何を問いまた問うべきなのかも同時に示唆するものでなければならないであろう。そもそも学問は過去の膨大な研究の積み重ねが現在の学問へとつながっており、また現在あるものはすべてそのまま未来へとつながっているのである。「経営学の未来」はすでに「経営学の現在」に胚胎し、その萌芽が露頭していると見なければならない。したがって、「経営学の現在」とは、経営学の過去から現在までを俯瞰すると同時に、経営学の未来を展望することをも意味する。つまりこの「経営学の現在」というテーマの射程は、過去・現在・未来を貫くものだと言ってよかろう。

経営学の専門分化が益々進み、それぞれの問題が全体の中でどういう意味を持ち得るのかさえ分からなくなってきているような状況において、「経営学の現在」を見つめ直すことなしには、二十一世紀の経営学すなわちこれからの経営学がどう展開していくか、またどう展開すべきかを展望することは困難である。したがって、「経営学の現在」の問うことの最大の意義は、経営学という学問の過去から現在までの歴史を今一度振り返ることによって、経営の未来、経営学の未来を明らかにする点にある。

三　コーポレート・ガバナンス論の現在

今回の統一論題では、「アメリカ管理論」とコーポレート・ガバナンス論の二つが大きな柱として取り上げられたが、経営学においてこれら二つの研究領域はそれぞれ別個のものとして研究されてきたし、また現在もそのように扱われていると言ってよかろう。いわゆる組織論・管理論の分野とコーポレート・ガバナンスなどの企業論の分野は、一般的には直ちに密接に関連するものとは考えられていない。そうであれば統一論題としてはまったく関連性のない二つの柱が偶然並んでいるということになってしまうが、はたしてそのように位置づけてよいのであろうか。

ここでは組織論・管理論とコーポレート・ガバナンス論の関連性に言及しながら、筆者の考える「コーポレート・ガバナンス論の現在」を述べてみたい。それはまた「経営学の現在」を語ることでもある。

さて、コーポレート・ガバナンス論はそのルーツをたどればバーリ＝ミーンズの議論にまでさかのぼることができるが、コーポレート・ガバナンスという言葉が人口に膾炙し、世界的に大きく取り上げられるようになったのは九〇年代に入ってからである。その限りでは、ガバナンス論はわずか一五年ほどの歴史しかないきわめて新しい問題だといってよかろう。ではなぜガバナンス論がこれほど世界的な議論を呼び起こし、わが国においても盛んに議論されるようになったのであろうか。それは現代社会が組織社会といわれるように、生産においては大規模組織体である株式会社を中心に経済活動が営まれるようになり、こうした巨大株式会社が誰のためにどのように経営されるべきなのかといった点が社会において決定的な問題となってきたからに他ならない。経営学は言うまでもなく、経済学、会計学、法学、政治学といった社会科学のほとんどの分野でガバナンス論が注目を集め、盛んに取り上げられ議論されてきている理由は、まさにそこにある。

ところでガバナンス論が大きくクローズアップされることになった直接的な背景としては、エンロン事件などに見られる不祥事や企業の業績不振、あるいは経営者自身による過剰な役員報酬といった点への批判があった。こうした問題を契機として、株式会社はもともと株主のものなのだから株主利益の実現が最重要な目標であり、そのためにはどのように経営者を牽制していけば効率的な経営が出来るのか、透明で公正な経営はどうすれば可能かといった諸点が議論されるようになった。すなわち株主主権論に立脚したコーポレート・ガバナンス論が声高に叫ばれるようになったのである。しかしその一方で、株主中心のガバナンス論の主張に対抗して、従業員主権論やステークホルダー論に立った議論も精力的に展開されてきている。したがって現在のところガバナンス論をめぐっては、上記のような多様な見解が見られる。はたしてこれらのうちどれが最も支持するに足る主張なのであろうか。あるいはこれらの議論はいずれ一つに収斂していくものなのであろうか。それともこうした主張は一般論、普遍論としては見るべきではなく、各国の事情によってその妥当性が異なるものなのであろうか。日本の現状を見る限り、取りあえず株主主権論が優勢のような印象を受けるが、必ずしもそこに議論が収斂していっているとは言えないであろう。むしろガバナンスをめぐるこうした論争を検討していく上で注意しなければならないのは、この問題が直接俎上に上ってきた九〇年代以降の議論のみを見ていたのでは、ガバナンス論の本質を見失ってしまうという点である。

端的に言って、コーポレート・ガバナンス論の本質に迫ろうとすれば、何よりもまずその研究対象であるコーポレーションすなわち株式会社とはいかなるものなのか、巨大企業の性格をどう捉えるべきかという問題を看過するわけには行かないと思われる。これはすなわち会社とは何か、会社はどう把握されるべきかという企業観の問題である。ガバナンス論ではいかなる企業観に立つかが、議論を展開していく上で決定的な意味を持つのであ

る。(3)

では現代大企業の性格はどう見るべきなのであろうか。あるいはいかなる企業観に立脚してガバナンスのあり方を分析すべきなのであろうか。周知のように、株式会社は二十世紀において大きく変容した。具体的には、株式会社はかつて株主の私有財産であったが、いまや社会における器官（organ）として「決定的・代表的・構成的な制度（institution）」（P・F・ドラッカー）となった。(4)これを一言でいえば、株式会社は「制度化」したということである。つまり制度化した大企業は潰れることが許されず、社会においてゴーイングコンサーンとして維持・存続していかねばならない存在になったということである。そして株式会社の性格がこのように変容したからこそ、株式会社＝コーポレーションのガバナンスをどうすべきかが社会の必須の課題として浮上してきたのであり、人々の幅広い関心を急速に集めるようになったのである。すなわち今日のガバナンス論の隆盛は、企業の制度化に伴う必然の産物と見るべきである。

したがって、九〇年代になって突然ガバナンス論が出てきたと理解するのは誤りである。むしろ二十世紀における企業の変容という事態を受けて、ガバナンス論はやっと現代社会の中核的な問題の一つとして表舞台に登場してきたと理解すべきであろう。そして忘れてならないのは、ガバナンス論が出てくる以前から、こうした会社の変容という事態を鋭く認識し、問題としてきたのが会社支配論であり、経営学だったという点である。そういう意味で、会社支配論あるいは広く経営学の研究成果はそのままコーポレート・ガバナンス論に継承されていかなければならない。逆に言えば、そうした成果を上げてきた経営学こそが、多様な議論が混在し混沌としている現在のガバナンス論研究において大きな貢献が出来るはずであるし、また学問としての独自性も発揮できると思われる。

しかし、ガバナンス論が根本的には企業把握、企業観をめぐる問題を基点としているという認識は、残念ながら経営学研究者の間でも依然として共通のものにはなっておらず、一部の人々の議論にとどまっているのが現状である。まして経済学者や法学者は言うに及ばない。ただしそうした研究者の多くが議論の前提となるべき企業観を一切持っていないのかというと必ずしもそうではなく、むしろ実際にはそれぞれが依拠する学問の企業観、企業把握に、意識的、無意識的にしたがっているのである。

多くの研究者が依拠しているのは、具体的には私有財産説であろう。たとえば、会社は誰の利益を重視すべきか（「会社は誰のものか」）というガバナンス論の代表的なテーマがあるが、これに対してはほとんどの場合、この私有財産説に基づいて、会社は株主のものであることが当然のごとく主張されている。私有財産説は法制度に則っているだけに確かに有力な議論ではあるが、しかしここには企業の変容という歴史的観点はまったく欠如していると言わざるを得ない。とりわけガバナンス論の流行にのって目先の議論しかしてこなかった研究者には、企業の変容といった認識はほとんど皆無であるし、またそのような問題意識は出て来ようがない。私有財産説を無批判的に前提とする限り、現代企業に対する理解は表面的なものにとどまらざるを得ないであろう。

結局、いかなる企業把握、企業観に立脚してコーポレート・ガバナンスを論じるのか、このガバナンス論の出発点をめぐる認識の違いが研究者の間には横たわっており、それが見解の対立を生むと同時に、議論をかみ合わないものにさせているのである。

ところで近年、ガバナンス論研究に「会社とは何か」を直接問題とする研究がいくつか出てきている。[5] その中でも、株式会社制度の本質とはそもそも何かという問題意識から、ガバナンス問題に新たな視点から鋭く切り込んできたのが中條秀治である。中條はバーナードに代表される従来の組織理論には飽きたらず、団体の概念を駆使してこの問題に迫ろうとする。その主張の核心は、概念構成体である株式会社は株主とは別個の存在として社会的実在であり、この団体としての会社は誰のものでもなく「会社それ自体」として存在する、というものである。この団体という概念で従来のガバナンス論の問題にどれだけ答えることができるのか、あるいは中條理論の有効性はどこまであるのかという点に関してはここでは敢えて論評しないが、この理論が「会社とは何か」を真っ正面から議論している点は極めて重要である。とりわけこの理論は団体という新しい概念を全面に据えており、ガバナンス論にこうした組織論ベースの理論を用いたアプローチが出てきたことは大いに注目に値しよう。むしろ組織論研究者がガバナンス論の領域に参入してきたことは、決して偶然のものではないと見るべきである。

組織社会になってきたことがガバナンス論登場の基本的な背景としてあることはすでに指摘しておいたが、組織体とりわけ巨大組織体のガバナンスをどうするかの問題は、ガバナンス論固有の問題でありながら、実は管理論・組織論とも無関係ではあり得ないことをここでは強調しておく必要がある。確かにガバナンス＝統治と管理、経営といった概念はもともと截然と区別されるべき異なる概念だという指摘が一方にはあり、(6)それはそれで一応了解できる。しかし大規模組織体のガバナンス＝統治を具体的にどうするかという実践面を考えるとき、統治、管理、経営といった概念は相互に無関係ではないどころかむしろ密接に関連するものとして考えねばならなくなってくる。単に経営者の有効な牽制の方法を考えることだけがガバナンス論の課題ではなかろう。そういう意味で、ガバナンス論においてドラッカー理論はきわめて重要な位置を占めていると言えよう。三戸公が指摘するように、彼の管理論は、単なる管理論ではなく、それは管理論であると同時に、それを超えて統治論であり、支配の正当性論だからである。ドラッカー自身はそれをガバナンス論だとは一言もいっていないにも拘わらず、彼の管理論はすでにガバナンス論の真髄を捉えていたのである。(7)

コーポレート・ガバナンス論は管理論そのものではないにしても、大規模組織体のガバナンス＝統治はいかにあるべきかの理論と実践を考えていけば、両者を無関係のものと簡単に切りすてるわけには行かなくなる。すなわちガバナンス論は、管理論・組織論の研究成果を取り込むことで組織体の統治という問題に実践的な方法を取り込むことが出来るのである。換言すれば、ガバナンス論の研究を理論と実践の両面から深めていこうとすれば、広く経営学の成果が必要になってくるということである。ガバナンス論研究の最前線はそのことをすでに示唆していると思われるし、今後のガバナンス論の研究はそういう方向で大きく進展していくことが期待されよう。

四　むすびにかえて

本稿では「経営学の現在」というテーマがいかなる位置と意味を持っているのか、そして具体的にこのテーマに即して、「コーポレート・ガバナンス論の現在」をどう捉えたらよいのかを簡単に論じてみた。経営学は管理論・組織論をメイン・ストリームとして発展してきたが、コーポレート・ガバナンス論においてもこれまでの経営学の成果を取り込むことでさらに発展していく可能性があることを指摘した。最先端の研究は、そのことをすでに示唆している。

最後に、「経営学の現在」を語ることは決して容易なことではないが、経営学においてはこの問いは常に繰り返し発せられなければならないものであることをもう一度強調しておきたい。「経営学の現在」を語るということは、最終的には「経営学とは何か」を明らかにすることだからである。

注

(1)　『ある学問の歴史は学問そのものである』"Die Geschichte einer Wissenschaft ist Wissenschaft selbst" というゲーテの言葉がある。この言葉はどの学問にもあてはまるが、現在のわが国における経営学にとって、とりわけ意味深いものがある。(原文改行) およそ、学問は限定せられた対象をもち、特定の方法でもってアプローチするものであり、アプローチの差異によって学派が生れる。ところが、経営学の場合、学問対象たる経営が一義的ではない。論者によって全く相異なる経営概念がもたれている。したがって学問対象にたいする共通の概念設定がなされず、さらにそのことが方法の差異とからまったとき、経営学は百人百説的状況を現出することになり、同じく経営学と題する書物の内容が、あまりにも相異なるのに驚かされることになる」と、三戸公はかつて指摘した。はたして経営学をめぐるこの状況は今日

どれだけ変わったのであろうか。（三戸公『経営学』同文舘、一九七八年、三頁を参照）
（2）　三戸　公『科学的管理の未来―マルクス、ウエーバーを超えて―』未来社、二〇〇〇年、九頁。
（3）　勝部伸夫『コーポレート・ガバナンス論序説―会社支配論からコーポレート・ガバナンス論へ―』文眞堂、二〇〇四年。
（4）　P. F. Drucker, *The New Society : The Anatomy of the Industrial Order*, 1950.（現代経営学研究会訳『新しい社会と新しい経営』ダイヤモンド社、一九五七年）等を参照。
（5）　主な文献として、さしあたり次のものを挙げておく。岩井克人『会社はこれからどうなるのか』平凡社、二〇〇三年。同『会社は誰のものか』平凡社、二〇〇五年。中條秀治『株式会社新論』文眞堂、二〇〇五年。
（6）　對木隆英稿「コーポレート・ガバナンスと経営」佐々木編著『現代経営学の基本問題』文眞堂、一九九九年。
（7）　三戸　公『管理とは何か―テイラー、フォレット、バーナード、ドラッカーを超えて―』文眞堂、二〇〇二年、Ⅳ「コーポレート・ガバナンスとしての管理」を参照。

二　株式会社を問う
――「団体」の概念――

中條秀治

一　はじめに

株式会社とは何か。これを明らかにして初めてコーポレート・ガバナンスの議論が本物となる。現行のガバナンスの議論は、株式会社の本質を論じることなく対処療法的な議論に終始している感を否めない。それは、株式会社の本質を規定する概念を持たぬがゆえの当然の帰結だといえる。コーポレート・ガバナンスの議論は最終的に、株式会社をどのようなものとして規定するかに帰着する。

本稿は株式会社を「団体」の概念で理解すべきことを主張する。「団体」なる概念は活動の理念・理想・目的の観点から構想されるものであり、構成員を超える全体性として、また構成員とはまったく別物の主体を想定し、ゴーイング・コンサーン（永続体）として運営される。つまり、特定の観念を制度的な工夫により社会的実在とするという論理で成立する概念である。

株式会社は団体の概念を用いて再検討されねばならない。商法は会社全般を「社団」と規定し、合名会社と株式会社を区別しないが、そのような理解でいいのか。「会社は誰のものか」という問いかけに対しては、株式会社は「法人」であり、自然人と同様に、「誰かのもの」ではなく、「誰のものでもない」というのが論理的な帰結である。株式会社の内部構造—株主総会・経営者・従業員との関係—についても、団体というものの成立論理に基づいて再解釈されねばならない。「団体」概念を採用した場合、株式会社における経営者の正当性の根拠は「団体機関としての正当性」である。団体概念に基づけば、「会社それ自体」という存在が浮かび上がるが、「会社それ自体」とは何か。「会社それ自体」は実在なのか虚構なのか。実在だと主張する場合の方法論的な立場はどのようなものなのか。

二　株式会社とは何か——団体の概念——

1　合名会社と株式会社——集団と団体——

われわれは「集団」の概念に慣れ親しんでいる。これは、個々の構成員を意識し、その関係性の範囲を全体性とする発想である。他方、「団体」の概念はきわめて抽象度の高い論理である。団体という概念は理念・理想・目的の観点から生み出される概念構成体であり、人間的限界を超えるために構想される社会的構築物である。それは、構成員を超える一つの全体性であり、人間そのものには還元し得ない観念的な存在である。そして、それは、永続的な運動体である。

株式会社における団体性が何を意味するかを真に理解するためには、合名会社と株式会社のそれぞれの「社団性」の中身の違いを認識することが必要である。「集団」と「団体」の区別は会社を考えるとき、非常に強力な武器となる。商法は、会社を社員を構成員とする「社団」であると規定しているため、それぞれの会社の性格の違いが曖昧なまま残された。合名会社の社団性については、個人存在に焦点をあて「組合」として理解する立場と、全体性に着目して「社団」だとする議論が錯綜している。しかし、個人に還元する「組合」の考え方でもなく、個人を超える全体性としての団体を主張するものでもなく、個の存在を認めながら人々の結合関係の全体性をも認めるという立場がある（鷹巣、一九八九）。これは、私の用語法でいえば「集団」の概念に対応する。株式会社以前の「会社」についてはこの「集団」の概念が適用可能である。

2　株式会社とは何か――団体の概念――

株式会社は概念構成体である。「会社それ自体」を立ち上げる観念操作を必要とする。株式会社を人の集まりとしての「集団」の概念で理解しようとすることが株式会社における議論の混乱を生み出す。株式会社は「団体」の概念で理解されねばならない。団体存在の理念・理想・目的が団体存在の核である。株式会社は団体そのものを観念的に立ち上げて、それを永続させる考え方に立つ。株式会社の場合、構成員とは別個の存在を概念構成し、これに主体性を付与するという観念操作が加わる。そこから「会社それ自体」という存在が意識される。

「集団」と「団体」の概念を採用することで、株式会社の本質規定をめぐる議論が明確となる。株式会社については、「団体」という用語を使うことを提案する。これまで、株式会社については、これを「社団」・「財団」・「第三種法人」など、その本質を規定しようとする提案がなされてきた。しかし、「団体」としての性格こそが株式会社の本質である。団体は理念・理想・目的の観点による概念構成体であり、そこにどのような観念を込めるかでいかような存在ともなりうる。株式会社を「社団」や「財団」と見る従来の考え方は、「一人会社」や「一円会社」の登場で、その理論と現実とか整合性を欠くようになっている。

三　「会社それ自体」という存在――団体概念の存在論と方法論――

1　これまでの「会社それ自体」論

株式会社の本質規定については、これまでに「社団論」・「財団論」・「第三種法人論」・「会社それ自体論」などが提出された。「会社それ自体論」の系譜としては、以下の様なものがある。

大隈（一九八七）によれば、「企業自体の思想は、簡単に言えば、企業そのものが独立の法益として特殊の保護に値するという法思想」（四二一頁）であるが、その嚆矢は一九一八年のラテナウの『株式会社論』であるという。ラテナウは、「大企業は今日においてはもはやおよそ単なる私法上の形態ではなくして、それはむしろ個々的にも全体的にも、国民経済的な全体に所属する因子であって、……しかもそれは以前から加速度をもって公の利益に役立ちはじめ、それにより新たな存在の権利を獲得するにいたった」（三八二頁）と述べ、「企業に体現する公共的利益の保護を中心とする新たな株式会社観」（三八五頁）を主張した。しかし、この「大企業公器論」と呼ばれる企業概念を「企業それ自体」（Unternehmen an sich）という用語で表現したのはハウスマンであるといわれる。ハウスマンは、ラテナウとは異なり、「株主の私的利益の全体性としての企業自体」（四二二頁）を考えていたと説明されるが、「ハウスマンもまた株式会社に結合せる個々の利益とは別な、或る意味における『企業自体』を認めるもの」（三九五頁）であったという。さらに、「社会的・公共的要素を含めて企業自体の思想を理解する」（一九八三、四五三頁）立場に立つのがネッターである。また、ランズベルガーは、「個々の株主の利益の総計を超えた自己価値化・自己目的化する『生きた組織』としての『会社自体』の成立と、それの法的体現・人格化としての『会社自体』概念」（北原、一九八四、一八頁）を主張した。マルクス主義学者の方からは、「今日の真の資本家は、個々の実業家ではなくて株式会社である」（バランとスージー）との指摘があり、カトラーからは、『会社それ自体』が実質的な所有主体であり行動主体」であるとの主張もあった（北原、一九八四、一九頁）。現代に至り、「今日のドイツにおいて、『企業それ自体』の概念は社会的現実であり、企業をその所有者から分離する過程はほとんど終了している」（吉森、一九九八、七五頁）とのアルバッハの言葉がある。日本でも、川合一郎・石渡貞雄・富盛虎児・北原勇などが「会社それ自体」論を展開している。

2　「会社それ自体」に対する批判

「会社それ自体」論の主要な論者である北原に対する批判だけをみても、西山忠範・奥村宏・内川菊義＝中村義彦・勝部伸夫などがいる。批判の中心は「会社それ自体」という概念が理解不能という批判である。批判者は株式会社を擬制であり実在しないという立場から批判しており、会社を動かす人間のみが実在であり、会社を実質的に支配する経営者を問題とすべきだという立場にたつ。いずれの論者においても、観念的存在でしかない株式会社をあたかも実在であるかのように論じる「会社それ自体論」に対する抜きがたい違和感が表明されている。「会社それ自体」の存在を主張する論者とそれを否定する論者の間には、存在論と方法論の立場の違いがあり、この溝は容易には埋まらない。

3　「会社自体」は実在なのか――団体概念の存在論と方法論――

団体は観念である。観念であるから、これは虚構か。事はそう単純ではない。観念的存在であっても、特定の社会的行為を引き出すことができるという事実により、「実在」となる。すなわち、団体は観念であるから「実体」はないが、社会的な行為を規制するという意味で「実在」である。株式会社の「実在性」は国や文化の違いを超えて否定できない。「制度として株式会社」を受け入れているという事実は「実体」として有るとか無いとかいう議論ではなく、「社会的関係レベル」で実際に人々の行為を制約しているという事実を問題とする。もちろん、関係概念は「実体」がないのだから、「実在」と言い切ってしまうには危うい概念であり、実在と虚構のはざまの概念というのがわたしの立場である。

これを方法論の問題として理解するためには「方法論的関係主義」というものが必要となる。この立場はこれまでの「方法論的個人主義」と「方法論的全体主義」という二つの方法論とは異なる。どこが異なるかというと、方法論的個人主義は個人行為にすべてを還元し、人間を超える全体性を否定する。また方法論的全体主義は全体性がアプリオリに想定され、そこには人間の営みが入り込む余地がない。ここでの方法論を「方法論的関係主義」と呼べば、この方法論では個人の営みとしてすべてを説明しようとするところは方法論的個人主義と同様の発想に立つが、人間の観念操作の結果としての団体という全体性の成立を認める。そして、その団体は人間により構想されたものでありながら、団体の境界内の人々に対して規律と規範を強制する装置ともなる。しかも、その全体性は確固とした普遍の実在ではなく、きわめて壊れやすいものであり、団体の管理者がその実在性を維持すべく、日々努力することによってしか維持できないような脆さをもった社会的関係として説明される。つまり、団体は観念的な構築物ゆえに、圧倒的な存在感を持たせることも可能であるが、逆に団体に実在感をあたえることに失敗すれば、その存在感がすぐにも喪失してしまうたぐいのものとイメージされているのである。方法論的関係主義では団体は人間行為の作る関係性として意識されており、その実在感は磐石の不動の「実在」から頼りなく不安定な「虚構」の範囲を揺れ動く存在として描かれるのである。要するに、方法論的関係主義では、常に人間の行為が問題とされながら、しかも人間の営みの結果としての観念的存在も視野に入っているのである。

「社会的行為」の可能性の有無が「社会的関係」の存在の有無となるという発想が重要である。観念的存在についても、「行為の可能性」を社会的関係の存在と見て、その存在感に影響されて実際に生じる「行為」が問題となる。概念構成体である株式会社というものの存在について、そのものが実在であるとか虚構であるとかいう議論はいかなる行為が引き出されているか、逆の言い方をすれば、会社の維持と会社目的の達成の為に行為する人間がいるという事実によってその存在が保証されているということである。さらにいえば、会社などなにほどのものでもないと考え、会社の維持に必要な行為すらまともにしない人間が増えれば、会社の存在感も希薄化するということである。会社を「幻想共同体」と指摘する者があるが（平井、二〇〇五）、概念構成体としての会社は突き詰めれば人間の想いとそれに基づく行為で形成される社会的関係でしかないのである。

四　株式会社の内部構造——株主総会・経営者・従業員との関係——

1　株主は組織メンバーか

株式会社というのは理念を概念構成して事業体として実在化させるという画期的な社会的発明である。「団体」に「法人格」を与え、一個の社会的実在として存在させるものである。株式会社という団体は概念構成体であり、機関による運営が前提とされている存在である。すなわち、団体そのものは人間的な要素を払拭した観念的な存在であり、人間が団体に具体的に関わる場合には、団体機関の機能単位として関与するという形式となる。株主は資本提供者として株主総会という機関を形成し、議案に対して賛否の投票行為を通して出資者として意思を表明する。取締役会や監査役会あるいは各種委員会などは団体の内部機関として、経営執行の監視を行う。執行機関としては代表取締役を長として、商法の規定外の自由な組織を編成し実際の経営にあたる。この組織は社長以下の執行役員と一般従業員により編成される。

ここで確認しておくべき重要な事実は、株主総会は団体の機関ではあれ、株主は会社という団体の外部に存在するということである。なぜなら、株主はいかなる団体的制約の下にもない存在だからである。このような自由な存在は団体の構成員ではありえない。資本主義制度のもとでは、あらゆるモノが誰かのものという社会制度上の要求から、株主は会社の所有者として位置づけられている。しかし、厳密にいえば、株主は株券の所有者でしかなく、会社財産に関しては配当と会社が解散した場合の残余財産の請求権をもつにすぎない。会社はゴーイング・コンサーンであり、会社が理念どおりに存続する限りは、会社は「会社それ自体」として自己の存在を主張する。会社は法人格を持った一つの人格として「誰のものでもなく」存在するというのが法人の理念である。近年の株主主権の横暴に対する反動として、「会社それ自体」が思わぬ形で表明されることも起こりつつある。その一つの流れがＭＢＯ（マネジメント・バイ・アウト）による「会社の非公開会社化」といった動きである。

２　経営者の正当性――団体機関としての経営者――

「会社それ自体」は概念構成体である。法人は自然人ではないので、代表権を持つ自然人が法人を代表して意思決定し、業務執行する必要がある。団体概念の成立を前提として、会社の「代表権」と「業務執行権」が重要となる。会社の「代表権」を誰が持つか、いかなる手続きで代表権を持つかは会社という団体の性格を規定する非常に大切な観点となる。これまでの株式会社論は「団体」概念をもたなかったため代表権についても一貫した議論が欠落していた。

取締役を株主総会で承認するのは株主ではあるが、代表権を特定の取締役に与える過程には株主は直接的には関与しえない。つまり法人の代表権は株主とは直接的に結びつかない。経営者の正当性を株主のもつ株式所有の論理に結び付けることはできない。

取締役は「会社に対しての忠実義務」と「善良な管理者としての義務」を負う。代表権を持つ取締役は「会社それ自体」を代表するのだから、会社の運命に責任をもたねばならない。会社は「ゴーイング・コンサーン」（永続体）である。短期的な利益追求で社会の反発を買い長期的な存続が危うくされてはならない。株主や従業員は自然人である。有限の命のなかで自己の利益を考える存在である。経営者はゴーイング・コンサーンである「会社それ自体」を代表するのだから、特定の利害関係者の突出した要求には対抗すべきである。株式会社は「財とサービス」の提供という社会的機能を果たしている。経営者は会社の存在意義を問い、社会的貢献を最大化する使命を帯びている。利益はそのような社会的評価とゴーイング・コンサーンである企業の未来費用というドラッカー的な捉え方には説得力がある。

経営者による会社の私物化は犯罪である。株式会社の業務執行権については、株式会社制度により正当性を与えられた代表権を持つ機関による機関運営である。それは民主国家の団体運営理念と同様の三権分立的制度である。出資者個人が参加して多数決で決する株主総会、所有権と切り離された独立した執行機関、そしてそれらの活動を監査する監査機関の存在を基本とする。団体運営の適正化のための制度的工夫がコーポレート・ガバナンスの対象となる。

五　会社は誰のものか——団体の所有論——

1　株主の所有は絶対か

株主は会社を「所有」しているというが、その「所有」はいかにもこころもとない。民法は複数の者が一個のものを所有する形態として「共有」・「合有」・「総有」を区別している。「共有」は「複数の人が一個のものの上の所有権を分量的に分割して有すること」であり、各共有者が持ち分権を有し、その持分について処分や分割請求が原則としてできる所有形態である。これに対して「合有」は「各人が持分権を有する点では共有と同じ」であるが、「各人の間に団体的な結合があり、その目的によって各人の持分権の処分や分割請求権が制限あるいは禁止されている」所有形態である。「総有」は「各人は一つの団体を構成し、その団体が物の管理・処分権限を有し、個々の構成員は持分権を持たず、団体的拘束の下での物の使用・収益権を与えられるに過ぎない」所有形態である。

株主の所有は「総有」である。株主が自分で自由に処分できるものは株券しかない。会社そのものには手出しはできない。「株券の所有」と「会社の所有」は一致していない。株主は実質的にはあくまで株券の所有者であり、会社の「総有」的所有者ということである。しかし、会社はゴーイング・コンサーンであり、倒産や自主廃業しないかぎり法人である「会社それ自体」が自律的な人格主体である。株式会社は、法人格を認められて成立した瞬間から「誰のものでもない」存在である。

株式会社制度は、多数の株主を想定する制度である。少数の株主の意思で会社が私物化されないように監視している。証券市場では、株式単位数・少数大株主の持ち株比率・株主数・株主資本比率・売買高などで、上場廃止の基準を決めている。多数の株主の存在を前提としている公開株式会社は特定の大株主が好き勝手にできるという状態を正常な状態とは想定していない。堤義明は株券を集めすぎ、この事実を隠そうとしたために罪に問われ、西部鉄道は上場廃止に追い込まれた。いずれにしろ、株を買い占めて、特定の株主の意思を全面的に会社経営に反映するという発想そのものが公開株式会社制度の理念に反する。

2　法人（「会社それ自体」）の所有

株式会社は事業目的や理念を概念構成して事業体として成立させるものであり、株主には還元できない別個の存在である。つまり、観念的な概念構成体として設立される存在である。法形式論としては「会社それ自体」が会社財産の所有の主体となる。もちろん、株主は株券を所有するが、それは必ずしも会社に対する絶対的所有ということと結びつかない。株主の所有は「総有」であり、「所有の絶対性」が意味する事態からは程遠い。会社の財産は法人である「会社それ自体」が所有する。所有の二重構造と呼ばれるこの現象をどう解きほぐすかが、重要となる。株主が出資した資本金と法人が運用する総資本は一致しない。法人のもつ総資産は自己資本（資本金と資本準備金・剰余金など）と借金である他人資本の合計である。法人は、会社財産（総資産＝他人資本と自己資本）の法的所有権者であり、会社は資本金を超える他人資本を活用して利益をあげている。出資金以外の部分における利益還元について、そもそも株主は請求できるのか。いずれにしろ、ここには団体による所有が成立している。

株式会社をめぐる状況を現実の流れの中で見ても、自然人たる創業者はいずれ死ぬ。創業者一族の影響力も次第にうすれ、やがて消滅することとなる。会社は感覚的にも次第に「創業者のもの」から「会社それ自体のもの」となる。株式会社においては株式分散化などの要因も重なり、所有の「非人格化」が進む傾向にある。巨大株式会社は、社会に対するその影響力により「社会的存在」となる。「ゴーイング・コンサーン」である巨大株式会社は法により規制されている制度的存在であり「社会に開かれたもの」になる方向に進んでいるように見える。

六　「団体」概念から見えてくる世界

1　永続体としての「会社それ自体」

「団体」概念の意義とその設立論理を理解することで、ゴーイング・コンサーンとしての「会社それ自体」の存在が見えてくる。株式会社という存在を株主に還元して論じるのは株式会社制度を矮小化する議論だと言える。自然人である株主や経営者や従業員の命を越えて株式会社という団体は「永続する存在」だからである。では「永遠の命」をもつ団体の存在理由はどこにあるのか。株主も経営者も従業員も、そして会社と関わりある人間もすべて有限な命しかもたないものである。生物としての人間に焦点をあてると、「人はやがて死ぬ」ものでしかない。

会社が特定の人間に還元されるものなら、その人間の死とともに消滅すべきものである。しかし、株式会社はゴーイング・コンサーンである。誰のために、なんのために存在しつづけるのか。団体は掲げた目的や理念や理想を追求するために生み出された「概念構成体」である。

２　「社会制度的存在」としての株式会社

株式会社というのは「私利私欲」の追求という文脈で語られるものであるが、株式会社制度の成立ロジックには「公益性」という面が多分にある。たとえば初期の株式会社にあっても、鉄道・鉱山開発・海運・水資源開発など小資本を結集して社会資本の整備をするという理念の裏づけがあった。資本主義経済は欲望を原動力に動いており、株式会社という存在が「営利」を動機にしていることは否定できない。しかし、動機はどうあれ、一旦投下された資金は資本金となって固定化され、社会に対する「財とサービス」の生産に活用されるのだから、究極的には会社存在の意味は「社会貢献」だと言える。経済的機能を適切に果たさない株式会社はいずれ消えてなくなる運命にある。株式会社は経済的機能を発揮することで存在を許されている社会制度的存在だと考えるべきである。

３　団体機関としての経営者の正当性――代表権と業務執行権――

団体は特定の目的や理想や理念などの遂行のために作られるが、それ自体に「実体」があるものではない。「概念構成体」である団体を代表し意思決定し団体を運営する自然人が必要となる。株式会社でいえば、「代表権」を持つ取締役が対外的に会社を代表することになる。経営者の正当性は団体概念が成立して派生的に出現する「団体機関としての正当性」である。株主からの委任ないし信託により正当性が確保されるという説明がある。しかし経営者は株主から委任ないし信託されているから正当性があるというロジックは株式会社の内部構造からみて無理がある。現実問題としても、株主から委任された代理というような「エイジェンシー理論」では、忠実義務は株主と結びつき、短期的な利益回収に走る株主の意向にさからうことも許されない。経営者は時には株主と対決せねばならない。株主と対決するロジックはどこに求めるべきか。株主とは別に、「会社それ自体」が概念的に成立するという立場に立つなら、「会社それ自体」のために働く専門経営者という存在が浮かび上がる。

団体概念をもってはじめて、「代表権」というものの重みがわかる。代表権をもつ者が団体における正当なる権力を行使できる。業務執行権は代表権から派生する。株主の選任による取締役は株主の意向を当然反映する。しかし、多数の株主の存在を前提とする以上、取締役会は一種の政治過程であり、そこで選出される代表取締役は特定の株主の代表ではなく、「会社それ自体」を代表する。取締役の忠誠義務は、株主に対してではなく、「会社それ自体」に対しての忠実義務である。では、代表権をもつ自然人は権力者なのか。この権力は団体運営のために発揮されるべき権力である。自然人そのものが権力の源泉ではない。団体の権力を団体の機関として代行しているにすぎない。代表権をもつ者といえども、団体の秩序の拘束下にあるということである。団体の機関としての役割を果たす限りでの権力行使の正当性が与えられていると見るべきである。それゆえ、カリスマ経営者とあがめられるような人物であろうと、団体の設立目的や使命から逸脱したかたちで、会社を私物化することは許されないのは当然である。

4　「会社それ自体」の責任論

近年の企業倫理などの議論をみるにつけても、「会社それ自体」の責任という観点が不可欠であるとの感を深くする。法人擬制説では、単なる擬制でしかない会社を処罰してもしかたがないと考えている。会社という存在を実質的にはそもそも認めていないからである。会社の背後には必ず人間がいるのであり、その人間が悪さをしたのだから、その人間を処罰するのが筋だと考えている。しかし、このような団体の成立意義を否定する見方では、コーポレート・ガバナンスに関わる議論が深められない。

「法人実在論」の立場は企業倫理にかかわる実務家から必要とされている。確かに、「会社それ自体」は概念構成体なのだから人間的な痛みや苦しみを感じるということはありえない。しかし、会社という存在は「社会的事実」として影響力をもっている。「会社それ自体」の活動が不適切なものであれば、われわれは会社を処分することで、会社の活動を抑制することができる。重い罰金は会社の財務基盤を毀損し、対外的信用を失墜させ、それ以降の取引に支障を与える。新規の事業拡大のための資金の借り入れなども難しくなる。要するに、会社の経済活動が抑制され、最悪、会社は存続できなくなる。市場原理は会社を倒産という形で会社に「自然死」をもたらすが、悪徳企業に対しては法による「死刑宣告」ともいうべき、業務禁止や解散命令ということも必要となる。概念構成体である会社を処罰しても無意味だという論者は会社そのものを処罰しないことの悪影響に無頓着すぎるのではないか。

七　結論——所有概念の「揺らぎ」と新しい資本主義——

産業革命以降の産業社会の進展の中で、社会活動の主体が「個人」から「団体」に移り変わってきたという認識に立つならば、現代社会を「組織の時代」と呼ぶことの意味がより深く理解できる。団体運営に関わる現象を「組織」という概念で捉えるべきである。団体は運営機関を必要とし、その地位を占めるのは当然に自然人となるが、それはあくまで「機能的存在」である。つまり、社会が個人を主役とする時代から団体が主役の時代に変化し、われわれ人間は運営機能を担う組織人として団体に参加するようになったのである。「組織」の時代は「団体」という概念構成体が社会運営の主体となる時代における現象である。人々の協働行為としての「組織」という現象は人類の営みとともに古くからのものであるが、組織という現象が問題となるのは、まさに団体中心の社会が出現したことの結果なのである。

資本主義は欲望を原動力とする経済システムであり、その根本原理といわれるのが「私的所有の絶対性」である。そして資本主義経済の根幹をなすのは株式会社である。しかし、株式会社は所有をめぐって所有概念の「ゆらぎ」を生じさせている。株主の会社に対する「総有」という形式での所有と「会社それ自体」の「会社財産」に対する所有という二重の所有関係があり、そこに多義的解釈を生じさせている。会社は誰のものか。株式会社は単純に「株主のもの」であるとは言いがたい。株券を所有することで手に入る権利はきわめて限定された権利でしかない。法的には、会社財産はあくまで「会社それ自体のもの」である。法人としての「会社それ自体」が存在感を強め、社会的存在として自立化する傾向にある。株式会社の所有が一義的に決まらないということは、資本主義経済システムに仕掛けられた「時限爆弾」あるいは「システムに内在する矛盾」とも言えるかもしれない。所有概念の「揺らぎ」は資本主義社会のあり方を変えてゆく可能性を秘めている。解釈の多義性があるということは新解釈のもとで新しい社会システムが誕生するということにもなる。これは新しい資本主義社会の可能性でもあり、人類の未来にとっては望ましい方向をも内在する。

参考文献

拙著『株式会社新論―コーポレート・ガバナンス序説―』文眞堂、二〇〇五年。

拙著『組織の概念』文眞堂、一九九八年。

平川克美「会社は誰のものでもない。幻想共同体としての会社という視点」『会社は株主のものではない』洋泉社、二〇〇五年。

勝部伸夫『コーポレート・ガバナンス論序説―会社支配論からコーポレート・ガバナンス論へ―』文眞堂、二〇〇四年。

北原　勇『現代資本主義における所有と決定』岩波書店一九八四年。

大隈健一郎『新版　株式会社法変遷論』有斐閣、一九八七年。

大隈健一郎『会社法の諸問題（新版）』有信堂、一九八三年。

鷹巣信孝『企業と団体の基礎法理』成文堂、一九八九年。

吉森　賢「企業はだれのものか―企業概念の日米欧比較(2)ドイツ」『横浜経営研究』第十九巻第三号。

三　日本の経営システムとコーポレート・ガバナンス

――その課題、方向、および条件の検討――

菊池敏夫

一　はじめに――問題の所在

コーポレート・ガバナンス（Corporate Governance）が「企業統治」または「会社統治」と訳され、日本の経営学関係の学会で論議がなされてからほぼ一五年位が経過しているのではないかと思われる。(1) この間に数多くの研究が報告され著書、論文が多数公刊されコーポレート・ガバナンスは今や現代経営学の重要な新しい研究領域を形成するにいたっている。コーポレート・ガバナンスの現在の状況は、各国における会社制度、上場企業に対する規制、企業の経営慣行、所有構造、および制度改革などと関連して多様な形態で展開している。しかしそこには、コーポレート・ガバナンスの本質的な機能として経営の執行活動に対する監視、コントロールなど共通項が見いだされる。本報告では日本におけるコーポレート・ガバナンス関係の法規制、取締役会構成と経営慣行、企業の所有構造、企業組織、倫理基準、などを観察しつつ、日本のコーポレート・ガバナンスについて、その課題と方向、およびその現実的条件を以下の順にしたがって検討することとしたい。

第一に日本の会社法改正にみられるコーポレート・ガバナンスの規制の特徴と問題点をとりあげる。第二に日本のコーポレート・ガバナンスにおける従業員の役割はどのように位置づけられるかを考えてみたい。第三にコーポレート・ガバナンスにおける取締役会の構成についてどのような問題があり、どのような方向が考えられるかを検討する。第四に日本企業の所有構造の変化、集中化への動因としてどのような要因が存在するか、第五にコーポレート・ガバナンスの問題には企業組織における倫理基準の確立と経営者のリーダーシップが前提となるとの認識から、この前提となる問題を考察する。

二　コーポレート・ガバナンスの法規制――二つの会社モデル――

日本では企業統治の改革を意図して二〇〇一年にいわゆる監査役設置会社に関する商法改正が行われ、二〇〇三年にはアメリカ型の委員会等設置会社を規定した商法改正が行われ、つづいて二〇〇六年五月施行の新しい会社法が制定された。法改正の中でこれらの二つの会社モデルのいずれを採用するかは大会社の選択にゆだねられている。ソニー、日立、東芝などが委員会型を、トヨタ、松下などが監査役設置会社の型の採用をそれぞれ表明するなど、企業の間ではどの会社がどのドレスを着るかが注目を集めている。こうした企業統治に対する規制のあり方について、わが国における特徴と問題点を明らかにしておきたい。

第一に、二〇〇一年十二月の監査役設置会社を規定した商法改正と、二〇〇三年四月の委員会等設置会社を定めた商法改正との二つの立法のあいだには明らかに整合性が欠如していることである。監査役設置会社に関する法改正が、⑴社外監査役を半数以上とすること、⑵監査役会に株主総会における監査役選任提案権、提案請求権、選任同意権が付与されたこと、⑶監査役の任期が四年とされたこと、などを内容とし、監査役機能の強化をコーポレート・ガバナンスの主軸としていることは明らかである。これに対して委員会等設置会社に関する法改正の内容は、(1)執行と監督との機能を分離し執行役が設置されたこと、(2)業務執行者に対する監視・監督機能の実効性を確保するため、業務執行者とは立場を異にする独立したガバナンス機構として取締役会を位置づけ、取締役会には社外取締役が過半数を占める指名、報酬、監査の三委員会を設置し、各委員会に決定権を付与したこと、(3)透明性の確保の見地から取締役、執行役、三委員会委員の氏名が登記事項とされ、内部統制システムに関する取締役会の決議の概要を営業報告書の記載事項としたことなどである。これをみても明らかなことは監査役設置会社のガバナンス機能の主軸は監査役会であるのに対し、委員会設置会社のガバナンス機能は取締役会に位置づけられていて、両者は基本的に異なる性質の会社モデルであることは明らかである。大会社の場合、これら二つの会社モデルの選択が各企業にゆだねられているが、現状では伝統的な監査役設置会社を選択している企業が圧倒的に多いことが注目される。

日本におけるコーポレート・ガバナンスに対する規制の第二の特徴は、会社法改正の次元でどちらかといえば性急に規制を強化する方向を示していることである。イギリスのキャドベリー委員会から始まるコーポレート・ガバナンス改革およびアメリカのサーベンス・オクスリー法にみられるように、英米のコーポレート・ガバナンス改革が上場基準への規制、および証券市場からの規制を強化するという方法で推進されており、これに対してわが国の場合、会社法改正、二つの会社モデルの選択、さらに新会社法の制定という方法で進められており、上場会社に対するコーポレート・ガバナンスの規制は極めて立ち遅れていることは著しい対照を示している。

日本企業のコーポレート・ガバナンスのあり方について筆者は、かつて次のような提言を行ったことがある（一九九八年七月）[2]。

「日本企業のコーポレート・ガバナンスを考えるとき、証券取引所の上場審査基準を有効に活用することも検討すべき問題である。ＣＢＩ委員会の最近の報告書では、取引所の上場審査基準やリスティング・オブリゲーションにいろいろな項目を盛り込んでガバナンス機能を持たせるのがよいという提案がなされている。日本の証券取引所のコーポレート・ガバナンスに対する役割が期待される。少なくとも取締役会の機能について一～二名の外部取締役を導入することや、監査役会の構成について過半数を外部監査役で占めること、さらに監査部門を組織化しているか否かなどを上場企業のオブリゲーションとして定めることなどを検討すべきである。」

しかし前述のとおり上場会社に対する規制は著しく立ち遅れたまま、会社法レベルでの詳細な規制が先行している。

三　日本のコーポレート・ガバナンスと従業員の役割

コーポレート・ガバナンス論のなかで、企業組織の構成員である従業員が統治システムにおいてどのような位置を占めるかの視点は、これまでの論議のなかでかならずしも明確ではなかった。しかし最近、雇用慣行、労使関係、従業員の視点からコーポレート・ガバナンス問題に接近する研究が行われていることは注目される。(3)

日本のコーポレート・ガバナンスを考えるとき、労使協議制の新しい役割の発揮など、従業員ないし労働組合がガバナンスにおいて果たす役割を具体的に検討する必要があると考えられる。日本の大企業において組織されている労働組合の多くは、企業との間に労使協議制を採用しており、経営管理上の重要な問題が多くの企業において労使協議の対象項目とされている。企業におけるこのような労使関係の形成と維持が、日本の経営を労使間の協議と合意を重視した経営システムとして特徴づけている。かつて筆者は次のような意見を述べたことがある（一九九八年七月）。(4)

「企業における執行活動の監視、およびディスクロージャーの拡大といった問題について企業と従業員組合との間に労使協議制を採用している場合には、この問題を労使協議機関の新しい機能として位置づけることもできる。従業員持株会の位置づけ、ストック・オプションの導入、中間管理者の組合組織化など解決をせまられる問題は多く、労使協議制を採用する企業の場合、その協議機関に監視機能を持たせるというのもコーポレート・ガバナンスの充実という意味から有効ではないかと考えられる。」

こうした考え方について、逢見直人氏（ＵＩゼンセン同盟政策局長）は労使協議制の充実によってガバナンス機能を強化するという視点に立ち次のように具体的な提案を行っていることは注目される。[5] この提案は、⑴経営情報のタイムリーかつ適切な内容の労働組合への提示、⑵労使協議付議事項のうち、報告事項を協議事項に高めること等による労働組合の意見反映のレベルアップ、⑶コンプライアンスに関する労使共同宣言の策定などである。しかし、一方で逢見氏は、このように労働組合は経営をチェックする論理がありその役割を果たすことが求められており、またそのための組織態勢も整備できる仕組みとなっているにもかかわらず、労働組合が不祥事をチェックできなかった原因はどこにあるのか、そしてその原因を究明している。[6] その原因として指摘されているものは、労働組合幹部のコンプライアンス意識の欠如、労働組合幹部にタブーやあきらめがあったのではないか、組合が会社の第二管理組織になっていないか、労使の緊張関係が欠けていたのではないか、の諸点であり、いずれも労働組合の内部観察にもとづく分析結果であるといえよう。ここに指摘されている事実があるとすれば、労使協議制に経営の執行活動に対する監視機能を位置づけることは困難であり、むしろここに指摘されているような問題を解決することが前提条件となろう。

なお、コーポレート・ガバナンスの機能の中で従業員組合の役割を検討するという考えから経営危機に直面した企業の労働組合の対応が、企業の再建に大きな影響をもたらした事例の研究があり、この研究は労働組合のコー

ポレート・ガバナンスにおける役割を考えるとき、貴重な示唆を提供してくれる。(7)

四　取締役会の構成――その方向と課題――

イギリスおよびアメリカの企業統治の改革をめぐる制度的規制の特徴の一つは、取締役会の構成に焦点があてられていることであり、とりわけ社外取締役、独立取締役の役割に大きな期待がよせられていることである。わが国の委員会設置会社に関する法改正もこの点では共通している。しかし、エンロンのケースは、社外取締役が大半を占める取締役会が経営の執行活動の監視というガバナンス機能を全く果たしていなかったことを示すもので、このため二〇〇二年七月のサーベンズ＝オクスリー法では独立取締役制を導入するとともに、独立取締役の独立性について厳しい資格要件を定めている。英米型のコーポレート・ガバナンスの方向は、このように、取締役会の構成における社外取締役の比重を大きくすること、および社外取締役ないし独立取締役の独立性について厳しい要件を設定し社外取締役または独立取締役が経営の執行活動の担当者との間に関係が無いことを明確化し、証明するという方向に向かっていることは確かである。(8)

問題はこうした社外取締役、ないしは独立取締役が大きな比重を占める取締役会構成の方向に対して、わが国の経営者の間には批判的な考え方が存在しており、また事実、社外取締役のいない取締役会を構成している企業も少なくないことである。このような社内取締役を中心とする取締役会構成、および社外取締役の役割に対する期待への疑義の根拠として次の点を指摘することができる。(9)

第一に、日本の企業における役員選出方法は長期にわたる企業内での評価の累積をベースに行われており、いわゆる社内昇進の形をとっていることはすでに知られるところである。このような方法が人材の育成、選抜の方法として有効であるとする認識があること。第二に、日本の企業の多くには現場重視の経営慣行がみられ、日本の企業の良さや競争優位のひとつは現場を重視するということであり、加えて取締役会における決定事項は多岐にわたるため現場で執行している者が取締役でなければ適切な経営上の決定が難しいとする考え方である。このほか、社外取締役の導入に対しては経営者の人材市場が形成されていないために、社外取締役の十分な供給が困難であるとの指摘もなされている。

しかし、このように社外取締役よりも、むしろ社内取締役制を支持する根拠が認められるにしても、一方では取締役会の意思決定の迅速性、透明性、説明責任に対する社会的な要請が強いことも事実である。

このような状況のもとで、コーポレート・ガバナンスの視点から日本の取締役会のあり方を考えたとき、次のような課題が提起される。

まず監査役設置会社の場合、これが大企業の主流を形成するのだが最近のたび重なる商法改正により、強化された監査役制度をとるなかで、執行役員制の導入、社外取締役の任用、アドバイザリーボードの設置等により意思決定の迅速化、監督機能の強化、透明性、説明責任の達成を果す方向に改革していくことが必要であろう。一方、日本の大企業のなかでも外国人株主が多い場合、またはニューヨーク証券市場に上場している企業の場合、あるいは外国人持株比率の向上、またはニューヨーク市場への上場の方向を選択しようとする企業を中心に、委員会等設置会社への移行が検討されるものと考えられる。

取締役会のあり方に関して留意すべき点をあげるとすれば、第一に、社外取締役の機能が期待される一方で、社内取締役、および執行役、執行役員の役割が重要なものになることを指摘しておきたい。なぜなら企業の経営戦略の策定、事業創造、経営資源の配分、財務および資本支出、各事業部門の活動と管理は、内部の専門経営者、管理者による長期的視点からの適切な決定と執行によらなければ、経営の成果は期待できないからである。

第二に、取締役会に関して、会社法上の方針決定、監督と監視、執行の機関が法規制にしたがって形式的に編成されたというだけでは企業活動の成果もコーポレート・ガバナンスの改革も実現したことにはならないことである。たとえば執行役、執行役員に相当する専門経営者、管理者に相応しい地位、待遇、権限、責任が与えられているかどうか、それが創造的な経営管理活動の動因になっているのかどうか。取締役会の方針決定や監督のあり方は、経営者、管理者および従業員の潜在的な能力を発揮できる条件をつくることであって、つねに違法性の視点からのみ監視すれば活動は萎縮せざるをえない。[10]

五　企業の所有構造をめぐる問題

英米型コーポレート・ガバナンスの条件の一つは、企業の非効率な経営に対して、M&Aが活発に行われることが前提となっている。M&Aが行われることにより、株主にとって最良の選択が求められると考えられ、この場合、経営者の保身批判、すなわち対策の透明性が強く求められる。わが国においてもM&A、とりわけ敵対的買収が表面化しており、これが企業の所有構造にどのような影響を与えるかが問題である。日本の大企業の所有構造は、一般的に分散的であるといわれているが、敵対的買収に対する対応等が集中的所有に向う傾向の動因として作用するものと考えられる。たとえば自社株取得規制の緩和により自社株取得が増え、自社株所有が大株主順位の上位に入る企業がみられることは注目される。トヨタ自動車は自社株保有が大株主順位の一位を占め、しかも二〇〇三年九月の五・八%から二〇〇五年九月には九・八%と大幅に増加している。[11] また松下電器産業においても、自社株保有が大株主順位の第一位を占めており、しかも二〇〇三年九月の五・六%から二〇〇五年九月には九・六%と高水準を示している。[12] このほか自社株保有が大株主順位の上位を占め一〇%をこえる持株比率を示す企業も少なくない。株式の相互持ち合いが減少したとはいえ、日本の企業の所有構造には金融機関、事業会社の持株比率が維持されており、これに加えて、自社株保有、従業員持株会、自社取引先持株会などが安定株主の役割を果しており、M&A、TOBに対する防衛策として安定株主政策が推進されるものと考えられる。

一方、わが国の企業には、集中的所有構造を示している企業も存在している。二〇〇四年から二〇〇五年にかけて大きく報道されたライブドアのニッポン放送株取得をめぐって抗争したフジテレビ、および有価証券報告書虚偽記載事件で問題となった西武鉄道は、コーポレート・ガバナンスと集中的所有構造の問題を表面化させた企業である。所有構造からみてフジテレビがより小さいニッポン放送による集中的所有のもとにあり、また西武鉄道が非上場企業のコクドによる集中的所有下にあり、このような集中的所有は、非公開の政府機関が株式の大半を所有している中国の上場企業にみられる形であり、また非上場企業が大株主となっているのは韓国の上場企業にも多くみられる形である。集中的所有構造のもとでのコーポレート・ガバナンスのあり方、とくに派遣経営者が多い場合、経営の執行活動に対する監視はどのように行われるのか、集中的所有者たる大株主に対して少数株主の権利の保護の問題など東アジアの上場企業に共通する問題が存在している。

企業の所有構造に影響を与えているとみられるM&Aについて、ここでは次のことを指摘しておきたい。それはM&Aには規模拡大、多角化、経営資源再構築、経営改革など、経営目的の実現を目指すものと、これに対して合併、買収により取得した資産を売却して取得額と売却額の差額、すなわちファイナンシャル・ゲインを目的としたM&Aとがあること、八〇年のアメリカではこのファイナンシャル・ゲインを目的とするM&Aが活発な動きを示したこと、このためこのタイプのM&Aを規制するため州法レベルで立法化が進んだことなどである。(13)法規制だけでなくファイナンシャル・ゲインを目的とするM&Aに対する倫理的批判、乗取りや買収のための巨額の資金調達が困難となるような税制、与信規制の要求などが提案されていることに注意したい。日本における

M&Aのあり方および規制について八〇年代のアメリカの経験からの学習が必要である。ファイナンシャル・ゲインを目的としたM&Aに対して規制を強化する必要があると考えられる。

六　倫理基準と経営者のリーダーシップ

会社法の制定などコーポレート・ガバナンスに関連する法規制が整備され、強化され、企業が法規制に対応して、会社法上の機関を編成し、役員を配置したというだけで、コーポレート・ガバナンスの問題が解決するわけではないということを強調しておきたい。いかにすぐれた法が制定されても、それによって法の実効が期待されるか否かは主体者の意思と行動にかかっているからである。企業行動の主体である経営者、管理者、従業員の意思と組織的努力によって適切で機敏な意思決定が行われ、不正や反倫理的な行動に対して自己規制力が有効に働くような管理システムを確立することが期待されている。最近の企業統治機構の改革をめぐる会社法制定への対応のなかで企業が取り組むべき問題には次のような問題がある。

それは企業組織における倫理的、社会的な価値基準をいかにして確立するかという問題である。企業および経営者のモラル・ハザードの問題は組織研究の重要な課題として研究されているが、多くの事例をベースにした研究によると、[14] 企業組織の反倫理的行動が多発する背景は、社会の一般的状況、企業文化、組織文化の影響、個人の所属する職業または職場の倫理、個人の倫理、などが複雑に関連しあっていること、また反倫理的行動を促進する要因には、上司の命令、指示、態度、および組織のビューロクラシーの影響があることを指摘している。

このような状況があるとすれば企業内の価値前提のなかに倫理的基準を導入しそれを成文化、制度化することは組織の反倫理的行動を回避する条件の一つであると考えられる。この場合、問題は倫理基準と企業の伝統的な価値基準との間に乖離ないし分裂が生じていないかどうかである。倫理基準にもとづいて行われた個人または組織の意思決定や行動が別の評価基準によって低く評価されたり批判をうけることのないように整合性のある価値体系が確立されていることが必要である。かりに乖離や分裂が生じていれば内部告発の可能性がある。倫理基準にもとづく決定と行動を推進する経営者、管理者の強力なリーダーシップの確立が期待される。

リーダーシップおよび自己規制力の源泉として取締役会の決定する方針のなかに倫理的、社会的な価値基準を明示することが必要であり、企業および経営者の自律性と自己規制力に期待したい。

経営者のリーダーシップの組織内への影響および倫理基準の組織内への定着過程には、日本の企業における伝統的な慣行、価値、方法を尊重していくことである。この点についてJ・アベグレンは、次のように述べている。(15)

「日本企業の基本的な方法、つまり企業を社会組織として扱い、全員の共通の利益のために共同体として働き、社会組織の人間関係を密接にすることで不正を防ぐ方法が、企業統治のためにもっとも効率的であることも示している。したがって日本企業は日本社会に根ざした習慣と価値観にもとづいて独自の統治方法を開発し、ほんとうに効果があり長続きする統治の仕組みを開発すべきだといえよう。」

七　研究の課題と方向

日本のコーポレート・ガバナンスの問題を考察してきたが、経営学の領域の問題として考えてみると、日本のコーポレート・ガバナンスの研究は日本の会社制度と会社モデル、従業員の経営参加、最高経営組織、取締役会の構成と機能、企業の所有構造、M&Aのあり方、企業組織の倫理基準と経営者リーダーシップ論などの問題を内包しており、それぞれの領域に位置づけることができよう。このようにみるとコーポレート・ガバナンスは、経営学の主要な研究課題と研究領域に関連し、それらをカバーしているということができる。コーポレート・ガバナンスの研究においては企業とは何か、企業は誰のものかという問題提起がなされるとともに、企業が追求すべきものはShareholderの価値かStakeholderの価値かという企業の指導原理、目標システムの問題が提起されている。最近、機関投資家の投資先評価基準のなかに企業のステイクホルダーに対する責任達成状況およびその開示を強く要求する傾向があり、これは企業のガバナンスがステイクホルダーの価値を追求するように規律づけ、そのような影響を与える要因になることは明らかであると考えられる。

注

（1）菊池敏夫「最高経営組織と会社統治の構造―国際比較からみた日本の課題―」『経営学論集』第六二集（日本経営学会・千倉書房）、一九九一年九月、二六七頁。

（2）菊池敏夫「コーポレート・ガバナンスにおける日本的条件の探究」『経営行動研究年報』（経営行動研究学会）第八号、一九九九年五月、九―一〇頁。

（3）稲上　毅・連合総合生活開発研究所編著『現代日本のコーポレート・ガバナンス』東洋経済新報社、二〇〇〇年。稲上　毅・森　淳二朗編『コーポレート・ガバナンスと従業員』東洋経済新報社、二〇〇四年。Howard Gospel and Andrew Pendleton ed., *Corporate Governance and Labour Management*, London, Oxford University Press, 2005.

（4）菊池、前掲論文（一九九九年）九頁。

（5）逢見直人「企業経営における労働組合のチェック機能」小林俊治、百田義治編著『社会から信頼される企業』所収、中央経済社、二〇〇四年、一〇八頁。

（6）逢見、前掲論文、一〇二―一〇六頁。

（7）荻野博司「経営危機における労働組合の機能」『コーポレート・ガバナンスと従業員』所収、稲上　毅・森　淳二朗編・東洋経済新報社、二〇〇四年、七一―一〇〇頁。

（8）Robert A. G. Monks, and Nell Minow, *Corporate Governance* (Third Edition). Blackwell Publishing, 2004, pp. 227-230. 松尾直彦「米国企業会計改革法への対応と現状」『商事法務』（商事法務研究会）一六六七号、二〇〇三年七月五日、六頁。

（9）宗岡広太郎「日本におけるコーポレート・ガバナンスの現状と今後の課題」『第二十回日中企業管理シンポジウム』論文集（経営行動研究学会・早稲田大学）、二〇〇五年一月、三二―三六頁。

（10）サーベンズ・オクスリー法四〇四条は財務報告や内部の管理手続きに不備があった場合、経営者が厳罰に問われる条項だが、最近、「最高二十年の禁固刑を科する規定」には最高経営責任者のなり手がいなくなるなどと心配する声が噴出し、不満が広がっているという（日本経済新聞、「米会計制度に企業悲鳴・ＳＥＣ、揺れる厳罰路線」二〇〇六年八月二四日号）。

（11）『会社四季報』（東洋経済新報社）、二〇〇六年一集、一一九二頁。

（12）『会社四季報』前掲、一〇八二頁。

（13）Ｍ＆Ａに関して何らかの規制を立法化している州は全米において四〇州に達している。Leo Herzel & Richard W. Shepro, *Bidders & Targets : Mergers & Acquisitions in the U. S*, 1990, pp. 441-444. 八〇年代の米国のＭ＆Ａに対する規制については次を参照。菊池敏夫「企業成長方式の検討―Ｍ＆Ａの有効性と限界―」『産業経営研究』（日本大学経済学部産業経営研究所）第一一号、一九九一年、五八―五九頁。

（14）Sims, Ronald R., *Ethics and Organizational Decision Making : A Call for Renewal*, Quorum Books, 1994, pp. 9-26.

（15）James C. Abegglen, *21st Century Japanese Management.*（Ｊ・アベグレン著・山岡洋一訳『新・日本の経営』日本経済新聞社、二〇〇四年、二三六頁。）

四　ストックホルダー・ガバナンス 対 ステイクホルダー・ガバナンス

――状況依存的ステイクホルダー・ガバナンスへの収束――

菊澤研宗

一　はじめに

コーポレート・ガバナンスをめぐって、これまで日米独を中心に国際比較が行われ、そこに多様性があることが明らかにされてきた。そして、それとともに各国のガバナンス・システムにはいずれも問題があり、今日、それぞれの国でコーポレート・ガバナンス・システムの変革が進められている。

こうした中、今日、問われているのは、今後、この多様性がこのまま維持されるのか、あるいは収束していくのか、という問題である。この問題に対して、現在、様々な議論が展開されているが、(1) ストックホルダー・ガバナンスに収束するという見方とステイクホルダー・ガバナンスに収束するという二つの見方が特に有力である。

これらのうち、ストックホルダーではなく、ステイクホルダーによるコーポレート・ガバナンスに収束して行く可能性が高いというのが、私の考えである。

以下、このことを説明するために、

⑴まずストックホルダー・ガバナンス論を支持してきたのは、エージェンシー理論のベールをかぶった新古典派経済学であり、そのような理論的基礎にもとづくストックホルダー・ガバナンス収束論には問題があることを説明したい。

⑵次に、これとは対称的な新制度派エージェンシー理論によって理論的に支持されうるのは、ステイクホルダー・ガバナンスへの収束説であることを説明する。

⑶最後に、このステイクホルダー・ガバナンスへの収束説が理論的のみならず経験的な事実とも矛盾しないことを明らかにし、私の考えが理論的にも経験的にも問題がないことを説明してみたい。

二　新古典派エージェンシー理論と新制度派エージェンシー理論

1　二つのエージェンシー理論

さて、エージェンシー理論はこれまで様々な方向で発展してきたが、その研究はいくつかのグループに区別される。最も知られている区別は、ジェンセン（Jensen, 1983）によるもので、彼は多様なエージェンシー理論研究を現実解明に強い関心をもつ「実証的エージェンシー理論」研究と数理モデルの構築に関心をもつ「規範的エージェンシー理論」研究に区別した。(2)

これら二つの研究のうち、前者の代表がジェンセンであり、後者の代表の一人がファーマ（Fama, 1980）である。ジェンセンとファーマはともに共同論文(3)を書いていたが、その後、ファーマはジェンセンの考えとは異なることを強調する論文「Agency Problems and the Theory of the Firm」(4)を書いた。そして、ファーマのこの論文が、今日、株主主権のコーポレート・ガバナンスに理論的正当性を与える理論という強い印象を「エージェンシー理論」に与えているように思われる。

2　ファーマの新古典派エージェンシー理論

しかし、ファーマがこの論文で展開したエージェンシー理論では、実は暗黙のうちに人間の完全合理性が仮定されており、プリンシパルとエージェントの利害が不一致であったとしても、プリンシパルはエージェントを完全に監視できることになる。それゆえ、プリンシパルは強制的にエージェントを自分の利害に従わせることができる。例えば、プリンシパルを経営者とし、エージェントを従業員とすると、経営者は完全合理的であるので、従業員を完全に監視でき、自らの利害に従って意図通りに従業員を行動させることができることになる。それゆえ、企業行動という複数の人間からなっている組織的行動も、実は一人の企業家の行動と同じになってしまうという新古典派経済学の企業観に到達することになる。

さらに、今度は、プリンシパルを株主とし、エージェントを経営者とすると、たとえ両者の利害は一致しないとしても、株主は完全に経営者を監視できるので、多数の株主から構成される市場もまた完全に情報を利用でき、株価によって経営者を効率的に働かせることができる。これは市場価格に従って効率的に企業は行動するというまさに新古典派経済学の考えに対応する。

しかも、ファーマは以上のような株式市場によるコーポレート・ガバナンスに加え、経営者市場によるガバナンスも強調し、それが経営者を効率的に行動させると主張した。そして、何よりもジェンセンがこの経営者市場の存在について十分議論していない点を批判した。(5)

以上のように、ファーマの議論は実はエージェンシー理論というベールを装った新古典派経済学の市場理論を展開しているのであり、それにもとづいて株主主権のガバナンス論を支持しているのである。しかし、この考え方の最大の弱点は、基本的仮定として暗黙のうちに人間の完全合理性を仮定している点にある。

特に、今日、人間の完全合理性を仮定して議論を展開するには無理がある。というのも、それは直感的のみならず、その仮定が経験的にも妥当しないことを示す多くの反抗事例（アノマリー）が行動ファイナンス分野で見出されているからである。したがって、このようなモデルはやはりＭ・ヴェーバーの「現実との差異を浮き彫りにするための理念型」にすぎないように思われる。

このような理念型モデルそれ自体を現実的なものとしてしまうと、完全合理的な人間から構成される市場は常に効率的なので、そもそも理論的には経営者のモラル・ハザードなどは発生しないし、コーポレート・ガバナンス問題も起らないことになる。しかし、これは明らかにわれわれの現実と一致しない。実際には、経営者のモラル・ハザードは起っているし、コーポレート・ガバナンス問題も存在している。

以上のように、ストックホルダー・ガバナンス、株主による企業統治論をめぐる理論的な正当性には問題があるように思われる。しかも、そのような理論的な議論から導出される帰結も現実に対応していない。さらに、モデルの扱いをめぐって方法論的にも問題[6]があるように思われる。

3　ジェンセンの新制度派エージェンシー理論

これに対して、ジェンセンが展開した実証的エージェンシー理論では、人間は限定合理的であると仮定される。それゆえ、プリンシパルとエージェントの利害が一致しないだけではなく、情報もまた非対称的であり、エージェントはプリンシパルの不備につけ込んでモラル・ハザードを起こす可能性がでてくる。そして、これを抑止するために、ガバナンス制度が発生するということ、これが新制度派的な発想[7]である。

このような制度は、ジェンセンによると、プリンシパルによるモニタリング機能をもつ制度か、あるいはエージェントが自分を束縛するようなボンディング機能をもつ制度になる。このような制度設計には常にコストがかかり、それぞれモニタリング・コストとボンディング・コストと呼ばれる。

さらに、どれだけすばらしい制度を設置しようと、プリンシパルはエージェントの利害を自分の利害に完全に一致させることができないので、プリンシパルは損失を被ることになる。この解消できない損失が残余ロスと呼ばれるコストである。

以上のような三つのコストが、エージェンシー・コスト[8]と呼ばれている。これらのコストを節約するために、これまでどのような制度が設計され、今後、どのような制度が設計されうるのか。これを考えるのが、新制度派的エージェンシー理論である。

三　ステイクホルダー・ガバナンスへの収束に関する理論的妥当性

1　エージェンシー理論の企業観

さて、この新制度派エージェンシー理論によると、企業は図表1のように複数のエージェンシー関係の契約の束（ネクサス）とみなされる。特に、コーポレート・ガバナンス問題にかかわる重要なエージェンシー関係とは、株主と経営者の関係と債権者と経営者の関係である。いずれも、経営者のエージェンシー問題つまりモラル・ハザード[9]が発生する可能性があり、それを抑止する制度がコーポレート・ガバナンス・システムとみなされる。

図表1　エージェンシー理論の企業観

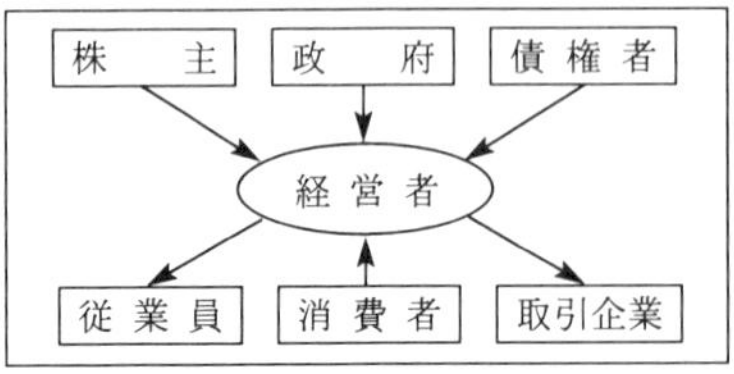

2　三つのコーポレート・ガバナンスの可能性

(1)　株主によるガバナンス

このような企業観に立つと、自己資本比率が非常に高い企業があるとすれば、そのような企業では株主と経営者との間にエージェンシー問題が発生する可能性が非常に高いため、それを抑止する「株主主権のコーポレート・ガバナンス」が発達するものと思われる。

特に、好況でフリー・キャッシュ・フローを多く企業が保有している場合には、株主は配当あるいは株価上昇を望むのに対し、経営者は情報の非対称性を利用して株主の利益を無視し、自分の名声を高めるため、従業員を不必要に多く雇ったり、不当に地位を維持しようとしたりする可能性がある。

この場合、経営者と従業員の悪しき利害は一致するが、株主の利益は不当に無視され、社会的にみて非効率な資源配分がなされる可能性がある。したがって、自己資本比率が高く、特に業績がいいときには「株主によるコーポレート・ガバナンス・システム」が必要となり、そのような制度が社会的に発達することになる。

図表2　自己資本をめぐるAC

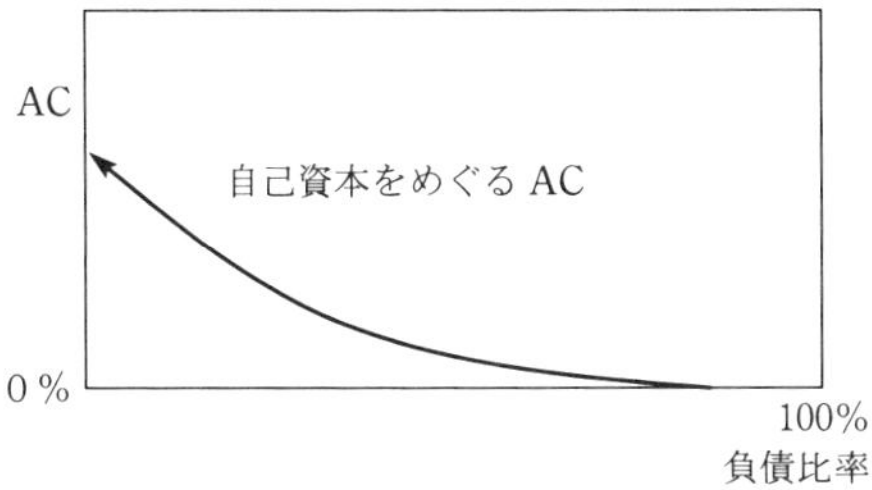

しかし、このような株主によるガバナンス・システムの設計およびモニタリングには、先ほど述べたようにエージェンシー・コストが発生する。たとえば、図表2のように、横軸に負債の比率をとり、縦軸にエージェンシー・コストをとると、負債比率が下がれば下がるほど、つまり自己資本比率が増加すればするほど、株主主権が強まるが、同時に自己資本をめぐるエージェンシー・コストも上昇することになる。

したがって、図表2から完全なストックホルダー・ガバナンスは、実は理論的に最も非効率が高くなる可能性があり、必ずしも効率的なガバナンスとはいえない。これは理論的に不安定なガバナンスであるといえる。

(2)　債権者によるガバナンス

これに対して、負債比率が高い企業では債権者と経営者との間にエージェンシー問題が発生する可能性があり、「債権者主権のガバナンス・システム」が発達することが予想される。特に、業績不振になると、今度は株主と経営者はともに有限責任であるために、利害が一致し、ともに社会的にみてリスクの高いビジネスに興味を示す可能性がある。

これに対して、債権者は基本的に「元金と約定利子」しかえられないため、リスクの低いビジネスに関心をもつ。このような利害の不一致と情報の非対称性のもとに、経営者は債権者の利益を不当に無視した行動をとる可能性があり、それゆえ負債比率が高い企業に対して、業績不振時には、特に「債権者によるコーポレート・ガバナンス」が必要になる。

しかも、この債権者による保守的なガバナンスは、会社倒産にともなう失業を避けたい従業員の利益とも一致し、倒産にともなう取引減少を避けたい取引企業の利益とも一致することになる。このような債権者による保守的なガバナンス・システムの設計あるいはモニタリングには、もちろんコストがかかる。

図表３　負債をめぐるエージェンシー・コスト

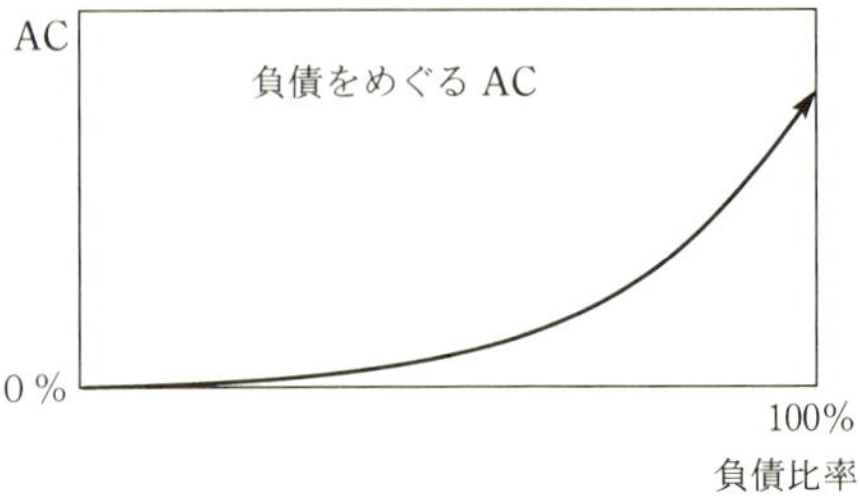

それゆえ、図表3のように負債の比率が高ければ高いほど、つまり債権者主権が強まれば強まるほど、負債をめぐるエージェンシー・コストも上昇することになる。このことは、債権者による完全なガバナンスは必ずしも最適とはいえず、非効率が最大になる可能性がある。それゆえ、債権者による完全なガバナンスもまた不安定なガバナンスであるといえる。

(3)　ステイクホルダー・ガバナンス

では、中間的な資本構成をもつ企業つまり自己資本と負債が同じような比率の企業ではどうなるのか。この場合、理論的には業績がいいときには「株主主権のコーポレート・ガバナンス」が必要とされ、悪いときには「債権者主権のコーポレート・ガバナンス」が必要になる。しかも、このような状況依存的なガバナンスは、直接的にあるいは先に述べたように株主や債権者が利害関係者の代表となり、間接的に、経営者、従業員、取引企業などの、企業をとりまく他の利害関係者全体の利害を代表し、調整するガバナンスでもある。この意味で、「状況依存的ステイクホルダー・ガバナンス」(10)と呼びうるだろう。

さらに、このガバナンスは経済学的にみて効率的な安定したガバナンス・システムでもある。いま、自己資本をめぐるエージェンシー・コストと負債をめぐるエージェンシー・コストを加えたコストを総エージェンシー・コストとすれば、図表4のように最適な資本構成が存在する可能性がある。

図表4　最適資本構成とエージェンシー・コスト

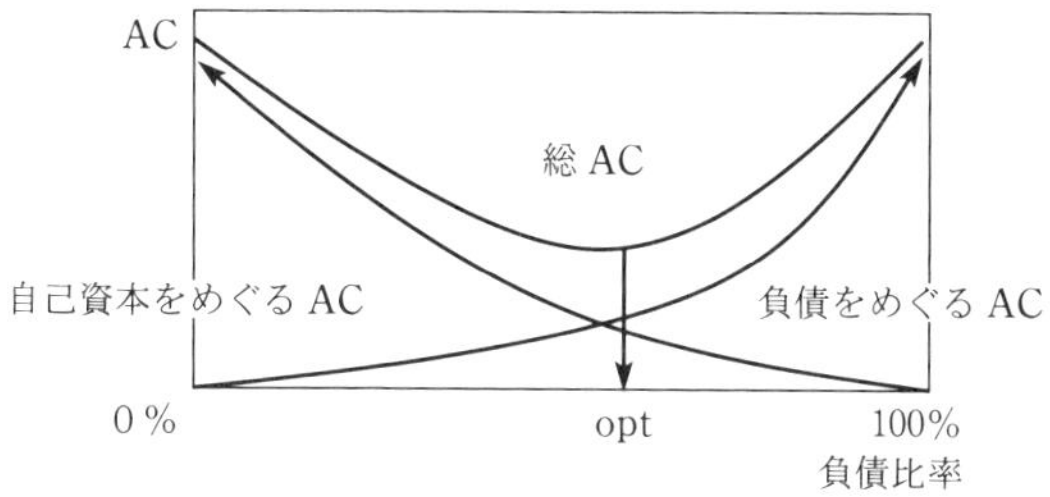

このことは、株主と債権者を他の利害関係者の代表として企業統治させた場合、総エージェンシー・コストが最小となる可能性があることを意味する。つまり、両者を統治の主体として並存させることによって、利害関係者の利害を調整し、もっとも無駄なく効率的に企業が統治されることを意味する。

3　状況依存的なステイクホルダー・ガバナンス

しかし、問題はいかにして状況に応じて株主と債権者との間に統治の主権をスムーズに移動させうるのか。これに関して、論理的に二種類の状況依存的なステイクホルダー・ガバナンスが可能である。

第一に、一方で株だけを保有している株主と、他方で債権だけを保有している債権者が相互に分離しながら統治する分離型ステイクホルダー・ガバナンス。

第二に、大株主かつ大債権者である米国の巨大年金基金やドイツのユニバーサル・バンクや日本や米国に出現している金融コングロマリットによる統合型ステイクホルダー・ガバナンス。

ここで、もし資本市場や債権市場が非常に発達しているならば、株主と債権者が互いに分離していたとしても、統治の主権は証券と債券の売買を通して、ある程度スムーズに移動することができる。例えば、業績がよければ、経営者は株を発行して借金を返済して、株主主権へと移動させ、業績が悪ければ、借金をして自社株を購入することによって、債権者主権へと移動させることができる。

しかし、市場が発達していない場合には、組織内部で主権を移動させるほうが、よりコストが低い。このような状況では、ユニバーサル・バンク制度や機関投資家制度などの組織制度を利用した統合型ステイクホルダー・ガバナンスが有効になる。

以上のような二種類のステークホルダー・ガバナンスは社会的にみて効率的な方法であり、今後、日米独に出現し、そこに収束して行く可能性が十分ある。これが私の理論的な主張である。

四　ステイクホルダー・ガバナンスへの収束に関する経験的妥当性

以上のような考えが、理論的のみならず経験的事実とも矛盾しないことを最後に述べてみたい。

1　日米独の資本構成の変化の意味

まず、七〇年代までの日米独企業の資本構成に注目すると、図表5は負債比率を表わしているが、米国企業は自己資本比率が高く、株主と経営者との間にエージェンシー問題が発生する可能性が高かったといえる。したがって、これを抑止するために、米国ではこれまで株主主権のコーポレート・ガバナンスが発展してきたといえる。

これに対して、ドイツ企業と日本企業の資本構成は負債比率が高く、それゆえ債権者と経営者との間にエージェンシー問題が発生する可能性があったといえる。そして、これを抑止するためにドイツではユニバーサル・バンクによるガバナンスが発展し、日本ではメインバンクによるガバナンスが発展してきたといえる。

しかし、九〇年代以降になると、日米独企業の資本構成に変化が起っている。図表6のように、日米独企業はいずれも自己資本と負債が五〇%対五〇%の方向に収束しつつある。このことは、先に説明したように、状況依存的なステイクホルダー・ガバナンスが日米独企業に要求されていることを意味する。

図表５　70－80年代日米独の資本構成

（負債/総資本%）OECD（1987）

年	70－72	73－75	76－78	79－81	82－84
米　国	41.2%	37.6%	34.6%	34.8%	37.8%
ドイツ	74.7%	76.1%	77.0%	78.9%	79.9%
日　本	85.7%	86.5%	84.8%	83.9%	83.0%

図表６　90年代日米独の資本構成

（負債/総資本%）

年	90	91	92	93	94	95	96	97
米	59.8%	59.9%	63.0%	63.6%	62.5%	61.5%	60.7%	60.5%
独	51.4%	51.8%	51.0%	50.4%	49.7%	49.2%	49.6%	
日	69.4%	68.8%	68.4%	68.9%	76.7%	67.4%	65.9%	65.1%

2　日米独の法改正の意味

さらに、注目すべき点は、最近の日米独でみられる法律上の変化である。米国では、従来、一方で多数の株主が存在し、他方で債権者も多く存在しており、それゆえ分離型ステイクホルダー・ガバナンスが可能であった。しかし、今日、一方で株式を購入し、他方で社債も購入する巨大年金基金がコーポレートガバナンスの主役にもなっている。

さらに、注目すべき点はグラス＝スティーガル法が改定され、銀行が投資銀行を関連会社として保有でき、しかも役員も兼任可能になったことである。このことは、今後、米国では分離型だけではなく、統合型ステイクホルダー・ガバナンスも発展していく可能性があることを意味する。

これに対して、ドイツでは従来からユニバーサル・バンク制度があり、それゆえ統合型ステイクホルダー・ガバナンスが展開されてきた。しかし、九〇年代以降、ドイツでは株式市場のプレゼンスを高めるために、法改正が積極的に進められ、急速に株式市場が発展してきている。このことは、今後、株主と債権者（特に銀行）による分離型ステイクホルダー・ガバナンスも可能になることを意味している。

さらに、日本でも、これまでメインバンクとコア従業員による分離型ステイクホルダー・ガバナンスが展開されてきた。しかし、株式市場の発展とともに、今日、銀行と株主（特に外国人株主）による分離型ステイクホルダー・ガバナンスも可能になりつつある。また、法改正により、金融コングロマリットも可能になり、統合型ステイクホルダー・ガバナンスも可能になっている。

以上のような日米独の法改正をめぐる動きもまた、ここで議論した二種類のステイクホルダー・ガバナンスへの収束説と矛盾しないように思われる。

五　結　論

以上のことから、今後、日米独では米国流のストックホルダー・ガバナンスではなく、理論的にも経験的にも状況依存的なステイクホルダー・ガバナンスへと収束する可能性があると思われる。このような方向へと変革するコストがあまりにも高すぎて変革できない企業があるとすれば、そのような企業はエージェンシー問題を抱えたまま、その非効率性のために最終的に淘汰されることになるだろう。

注

（1）　多様なコーポレート・ガバナンス・システムが、今後、収束するのか、多様性が維持されるのかをめぐる議論については、Gordon, J. N.

and M. J. Roe, *Convergence and Persistence in Corporate Governance*, Cambridge University Press, 2004. に詳しい。

（2） この区別については、Jensen, M. C., "Organization Theory and Methodology," *The Accounting Review*, Vol. LVII, No. 2, 1983, pp. 319-339. に詳しい。

（3） ジェンセンとファーマの共同論文とは、Fama, E. F. and M. C. Jensen, "Separation of Ownership and Control," *Journal of Law and Economics*, vol. 26, 1983, pp. 301-326. および Fama, E. F. and M. C. Jensen, "Agency Problems and Residual Claims," *Journal of Law and Economics*, vol. 26, 1983, pp. 327-350. である。

（4） この論文は、Fama, E. F. (1980), "Agency Problems and the Theory of the Firm," *Journal of Political Economy*, vol. 88, pp. 288-307. である。

（5） この批判については、Fama, E. F. and M. C. Jensen, Ibid. に詳しい。

（6） 完全合理的モデルに基づいて現実を分析するアプローチを、デムゼッツはニルバーナ・アプローチ（涅槃の境地に入った仏陀のアプローチ）として批判している。これについては、Demsetz, H., "Information and Efficiency: Another Viewpoint," *Journal of Law and Economics* 12, 1969, pp. 1-22. に詳しい。

（7） 新制度派経済学については、菊澤研宗『組織の経済学入門』有斐閣、二〇〇六年に詳しい。

（8） エージェンシー・コストについては、Jensen, M. C and W. H. Meckling, "Theory of The Firm: Managerial Behavior, Agency Costs and Ownership Structure," *Journal of Financial Economics* 3, 1979, pp. 305-360. に詳しい。

（9） エージェンシー理論にもとづくコーポレート・ガバナンスの分析については、菊澤研宗著『比較コーポレート・ガバナンス論――組織の経済学アプローチ』有斐閣、二〇〇四年に詳しい。

（10） 状況依存的ステークホルダー・ガバナンスについては、菊澤研宗編『業界分析　組織の経済学――新制度派経済学の応用』中央経済社、二〇〇六年、九章にも詳しいので、参照されたい。

五　経営学の現在
——自己組織・情報世界を問う——

三戸　公

一　経営学はいかなる学か

まず、経営学はいかなる学として成立し来り現在に到っているかについて、既に拙著『管理とは何か』で論じているが、若干の新しい知見を加えて略述する。

管理学としての経営学は、F・W・テイラーの創始した科学的管理を起点とする。彼は科学的管理を〈対立よりハーモニーへ〉と〈経験から科学へ〉の二命題よりなるものと明言した。私は科学的管理を彼の言明したとおりのものと受けとる。そして、経営学のその後の発展と称されるものの一切にして彼のディシプリンの枠を超えるものはない。私はその発展を大きく第二命題〈経験から科学へ〉に主として立脚する多数派を主流と名づけ、第二命題とともに第一命題〈対立からハーモニーへ〉をも等しく重視するものを本流と名づけてとらえる。

主流は科学的アプローチを重視するものであり、本流は哲学的アプローチをも重視するものである。重視と言うのはともに両者はそれぞれ他を否定するものではなく含むものだからである。科学は対象を限定し方法を限定して成立する分科の学である。それは、対象を分化・細分化し、分析し測定し、この限りではこうだという限定的・確定的な知を求める。それは法則性・規則性を発見し、特長的にはそれを数値的表現をもって形式化する。そして、その形式化せられた知を特定目的達成のプログラムの設計と実験をもって完成させてゆく機能性追求の学である。これがテイラーの規定した科学である。科学は、かつては法則性・規則性を発見する真理追求の学であった。よって、機能性追求の知的体系は技術として科学の下位に立たされていたが、テイラーによって科学とされ、更に真理追究の認識科学として機能性追求の設計科学と並び、今や設計科学の前段階的性格のものとさえなって来た。テイラーの第二命題〈経験から科学へ〉は、人類史を二分する宣言であるとさえ、位置づけ意味づけることが出来よう。

かつて、学問は哲学であった。それは愛知の学であり、「それは何か」その本質をどこまでも追求する真理追求の純粋な営みであった。それは事物を根源的にそして全体と部分とを統合的に追求し、直観的にそして論理的に問うた。論理的に問うとは、対象を具体的にそして抽象的に個別・特殊（種・亜種）・一般（普遍・類）の階型をもってとらえ、そして批判（自己批判・相互批判）をもって対象と迫る知的営為である。

真理追求は人間が人間としての存在意義を示す真・善・美の追求の一環であった。科学もかつては哲学であり、近代科学最大のビッグ・ネーム＝ニュートンの主著もまた哲学と題されている。だが、テイラーの〈経験から科学へ〉の宣言以来たった百年足らずで、ノーベル賞の科学部門の授賞対象はほとんど機能性追求の業績が選ばれるに到っている。真理追求は美と善を伴なうものであるのに対して、機能性追求は序列・勝敗・損得・利害を伴なうものである。すなわち、目的追求の結果はその成否だけではなく、プラスとマイナスの随伴的結果を伴なうものである。万物は相互連関のもとにある。

二　科学的管理の発展とそのマップ

主流の発展は、科学化の当然の筋道として次々に新しい研究領域を開拓し、そしてそれぞれの領域を充実発展させたものとしてとらえうる。

テイラーの創始した科学は作業＝仕事を対象としたものである。彼は人事労務そして組織の科学化に手を染め、管理の一切の領域の科学化を意図していたが、その実現は意識的・無意識的追随者をまつことになった。

作業の科学の延長として試みられたホーソン実験から、作業意欲の重要性が認識せられ、そこから人間関係＝インフォーマル・オーガニゼーションが科学の対象となり、経営心理学・経営社会学・行動科学へと発展して現在に到っている。フォーマル・オーガニゼーションの科学化は、バーナードの著作の理解・浸透とともに進展し、管理論の基礎となって現在に及んでいる。

バーナードが管理の中核と呼んで哲学的考察を加えた意思決定論を、バーナードに学びながらもその科学化の礎を据えたのがサイモンである。更に、環境が組織との関連において科学化領域として取り上げられるに到ったのは、幾つかの異なった筋道によって生れたコンティンジェンシー理論と呼ばれるものによる。そして、管理原則学派はバーナードによって既に理論的には超えられ、積極的にはサイモンによって批判され、さらにコンティンジェンシー理論の論者によって葬り去られたかにみえる。そして、意思決定論の深化は、意思決定前提としての対象認識さらには知識創造の問題にまで及んで来た。そして、意思決定がいかなる環境のもとでいかなる組織行動をとるべきかのプログラム設計が戦略論と言われて盛行をみせている。

意思決定の決定前提たる情報は、更にはＩＴの瞠目的発展とともに情報社会とまで現代が呼ばれるようになり、情報の科学化が管理学＝経営学の避けることの出来ない最重要な領域とさえなって来た。

さて、以上の経営学の主流が開拓して来た経営学の諸領域をマップとして全体像を図示しようとすれば、いかに各領域を位置づけることが出来るであろうか。主流派の中から、この試みをしたものを私は不勉強で未だみていない。機能性を追求して、専門化・科学化に重点を置くならば、全体像を描く作業に精力をさく事はうとましいこととなろう。

図１科学的管理の体系化・地図化の試みを、最初に披露したのは一九九六年秋の経営学会東北部会であったが、その時「当り前のことではないか」と評された。印刷に付されたのは二〇〇〇年、この学会の第九回大会（二〇〇一年）年報『ＩＴ革命と経営理論』（文眞堂）にも「科学的管理の内包と外延――ＩＴ革命の位置」と題して発表せられている。

図１　科学的管理の体系

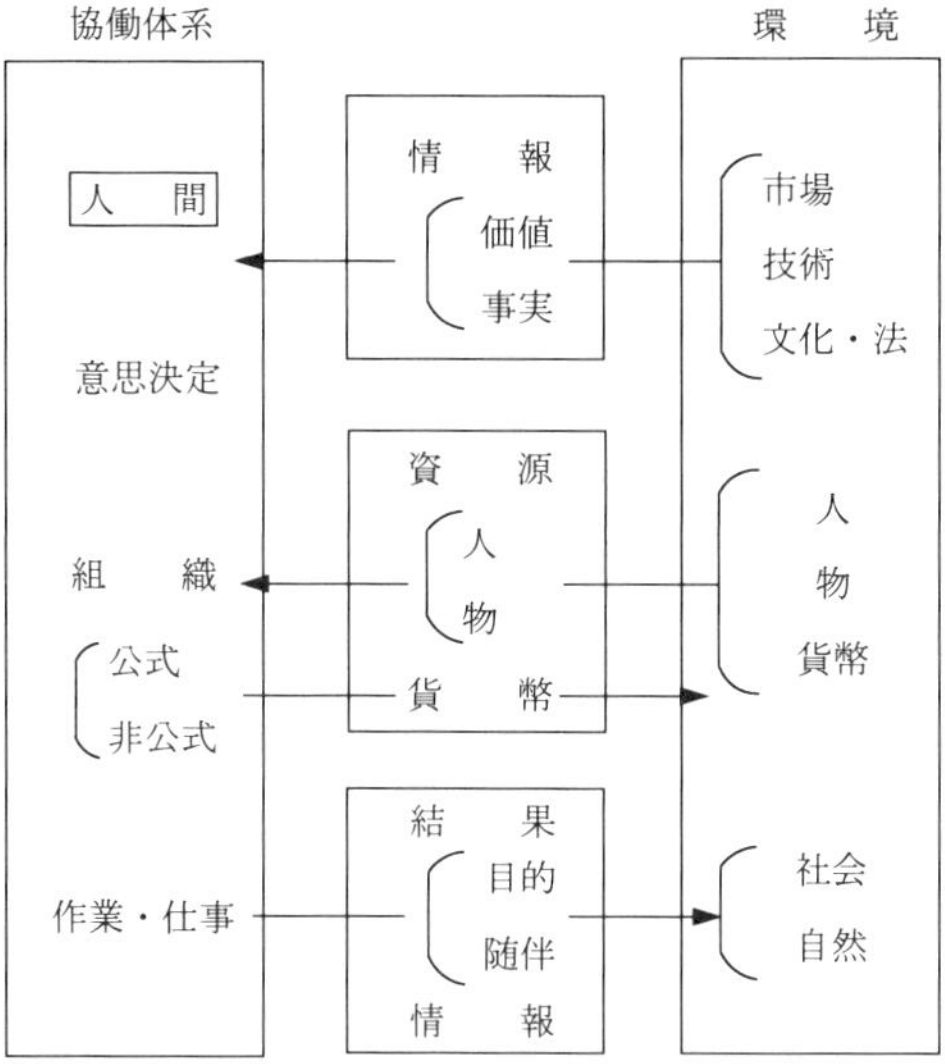

この図は、人間・協働体系・組織・環境・意思決定のバーナード、計画・組織化・指導調整・統制・執行の過程学派その他の諸知識を前提としてまとめ上げたものである。両者をこえるところがあるとすれば、input・out-putをともなう自己再生的な循環図式として画かれているところであろうか。この図は、本論の議論につながるものである。

三　管理における情報の位置と意味

さて、この〈科学的管理の体系〉図に、情報が二十世紀の後半、それも終りに近く科学化の要因として登場することにより、管理体系の全体が一つの新しい要因を加えたに止まらず、管理体系の科学化が根本的な変革を促され、新しい段階に進んでゆくことになった。この問題が過去から現在までの前述の〈経営学の現在〉ではなく、未来から現在への時間軸でもとらえられる〈経営学の現在〉である。何故、管理の一要素にすぎない情報が他の要素に比して管理体系の全体において決定的な意味をもち役割を演ずることになるのであろうか。

管理は組織維持活動であり、その中核は意思決定であると喝破したのはバーナードであるが、その意思決定の科学化の礎石を据えたのがサイモンであり、意思決定の決定前提の二要因が〈価値〉と〈事実〉であるという彼の仮説は破られていない。この意思決定の前提は即情報であり、情報はここでは価値情報と事実情報に二分類される。

決定前提としての情報は外部より取り入れられる。伝達といわれ、通信といわれ、コミュニケーションと言われる。取り入れられた情報は記憶され、整理・蓄積される。その情報は決定前提として処理せられて新たな情報がつくり出される。計画であり、プログラムであり、指令情報である。指令情報＝プログラム情報＝計画の内容は、目的の設定、組織づくり（職務体系の策定・人員配置）、職務遂行方式であり、指令情報の伝達は言うまでもなく命令であり、プログラム＝計画通りに執行されるように指導・調整・統制される。執行的行為とは人間と生産手段が人的・物的資源としてプログラム通りに処理されて、新しい情報をもった生産物・サービスに変換される過程にほかならない。

組織目的が達成されたか否か、どの程度達成されたかどうかは、組織にフィード・バックされて、プログラムの修正がなされるが、フィード・バックが情報伝達であることは説明を要しない。

以上により管理は過程であり、情報変換の過程であり、情報が貫流し回帰する過程であり、情報循環の過程である、ということになる。情報は空間的に変換・処理されるが、その科学＝技術化が通信技術であり、その時間的処理（記録等）記号変換（翻訳等）意味変換（計算・意思決定等）の科学＝技術化がパソコンの発達であり、情報の担い手＝担荷体が資源であり、行為であり、製品である。情報変換を生ぜしめるものは何か。情報処理の主体は何か。人間か、組織か、あるいはそれ以外の何ものか。

情報がその空間＝場所を変換し、時間的変換をとげ、意味変換を為し、更にその担い手を変えてゆく一連の過程が、継起的であり、循環運動を為すのが、管理過程である。この情報の変換過程は、情報の空間的変換の通信・伝達のコミュニケーションと情報の時間的変換・意味変換・担体変換のコントロールとフィードバックのコミュニケーションの三つの過程から成り立っていると整理しなおして表現することも可能であろう。このコミュニケーション―コントロール―フィードバックの循環過程として把握されうる対象をサイバネティクスと把握して理論展開の方法を創始したのが、N・ウィナーであることは既に知られている。

四　情報・自己組織システムそしてサイバネティクス

情報循環を可能ならしめているものは何であろうか。それは情報循環を可能ならしめ、現実のものたらしめているシステムそのものがもっている、と把握される。それはサイバネティックスの成立そのものの中に示されている。N・ウィナーは数学者として高射砲の自動制御＝セルフ・コントロールのシステム設計に参加し完成させた人物であり、飛来する飛行機の方向・速度の情報をとり、時間経過にともなう位置を測定し、それによって高射砲を制御し発弾し、命中したかどうかをフィードバックして、調整再発弾の数値計算の数学的処理を担当したのである。それは眼・耳・五感で音・速度・位置等をとらえ、発弾する人間の経験・熟練による行為を機械の自動制御により、〈経験から科学〉にかえたのである。そこにコミュニケーションとコントロールの主体は人間から機械の側へ、厳密に言えば自動機械のシステムの側に移って行ったのである。この自動制御システムは組織が組織自身を再生産し自己保存し、自己維持するシステムとして自己組織システムである。N・ウィナーは、自動機械装置の原理すなわち自動制御技術＝ガバナーを備えたシステム原理をサイバネティックスと命名し、それが自動機械のみならず、生物にも人間にも社会にも当てはまると主張したのである。

システムという言葉を出した。システムという言葉を私は、まず対象を二個以上の要素と要素の相互関係として接近する方法ととらえ、そしてその方法によって把握された対象をシステムと理解する。このシステム・アプローチの見事な業績としてバーナードをあげる。バーナードは協働体系を抽象的存在たる組織と具体的な存在たる環境の二要素ととらえ、組織を目的・伝達・意欲の三要素として分析を進めていることはシステム・アプローチの基本的設定に他ならない。だが、バーナードには自己組織システムという概念を未だもっていなかった。自己組織システムというメタシステム概念の出現は戦後のことである。

バーナードは自己組織性をもったシステムという概念をもっていなかったが故に、組織に境界なしという言明をしている。組織存続に何等かの直接的なかかわりをもつ要素をすべて組織の貢献者ととらえるという言説である。だが、有効性と能率の彼の組織原則・管理原則は実質的な自己組織システム的分析であり、彼の意思決定論は協働体系としての組織が自己組織的要素を内包していることを記述している。意思決定の主体を人間のものとするか、それとも自己組織システムのものとするか、そこに大きな問題が伏在している。自己組織システムの概念が入ったとき、はじめて組織の境界の問題は抜本的な解決をみることが出来る。バーナードが組織に境界なしと把握したのは、要素と要素との相互作用として対象を把握するかぎり、その関係を関係する要素の全てに拡がってゆくことになったのである。自己組織システムの概念が入ったとき、要素間の相互作用の関係が循環運動・再起的・再生産的過程の一過程として自己維持されるシステム、より具体的に言えば、コミュニケーション―コントロール―フィードバックの循環運動＝機能システムとして対象が把握されたとき、そこに明確な境界が見えてくることになる。

バーナードは、協働システムを合目的的機能的体系と把えていたから、それを自己組織システムと実質的には把らえていた。だが、自己組織システムという理論枠組みをもっていなかった。彼は協働体系・組織を機能的存在とみるかぎり、意思決定は自己組織システムとして目的達成のために環境適応を合理的・論理的に対応し、資源処理の合目的的な手段を活用するものであると把握していた。それは、あくまで科学＝技術的世界そのものとして把握していた。だが、彼は同時に協働体系を単に機能的・科学＝技術的存在とのみは把握していなかった。その彼の認識は、彼をして機能主義的意思決定論を展開している彼の主著の第三部・公式組織の諸要素の題のもと納められた第一三章・意思決定の環境、第一四章・機会主義の理論とはまったく別の箇所、第四部・協働体系における組織の機能の中の第一七章・管理責任の性質として道徳を論じる章を置かしめている。

意思決定の主体を自己組織システムとするか、それとも人間とするか。サイバネティックスに立てば、意思決定の主体は自己組織システムそのものとなる。自動機械装置、例えば高射砲は自分で敵機をとらえ、自分でそれに向って発弾し、その成否をフィードバックし、それにもとづいて自己修正し再発弾する。水力発電装置は、水量を自ら測定し、それによって水量を調節し、発電し、それを配電し、故障や事故を自己認識し、自己修理し、器械装置自身で不可能な場合は人間に報知し、人間をして修理せしめる。人間は機械の補助的機能担当部品であり、彼は自己組織システムの指示するマニュアルに従って行動する。

自動機械・装置が人間と同じように環境を認識し、それにもとづいて判断して合目的的に対応することを可能にするのは、その自動機械たる自己組織システムがそれを可能にするプログラムを内蔵しているからである。機械装置の各部分に対して指令・統制し全体として目的達成するプログラムをもっているからである。自己組織システムは、無限に学習しそして自己増殖をとげる可能性をもつと、ウィナーは言う。

サイバネティックスは自動機械の原理にとどまるものではなく、生物にもあてはまるものであり、人間にも当てはまるものと言う。自己組織システムにプログラム概念を強調したのは吉田民人である。生物が生物ではない物と異なるのは、生物はプログラムをもち物はプログラムをもたないところにある。すなわち生物は遺伝子情報というプログラムをもつというところに生物と物との決定的な違いを置くと同時に、自己組織システムの決定的な要因としてプログラムの存在を指摘したのである。ここで、吉田のとらえる情報と自己組織システムそしてプログラムの概念を紹介しておこう。

情報とは物質＝エネルギーとともに自然・宇宙・世界を構成する二大根源的要素の一つであり、それはアリストテレスの言う質料と形相の後者の科学言語であり、パタン＝差異集合である。自己組織システムとは、システムの秩序維持を内包するプログラムによって自己制御するシステムを言う。プログラムとは何か。プログラムとは情報処理または資源処理の逐次的ステップを規定する情報である。情報は最広義においては、先述のパタン＝差異集合であるが、それは物レベルの非記号情報から生物レベルの記号情報へと進化し、記号情報は生物特有のシグナル記号から人間特有のシンボル記号へと進化する。それはＤＮＡ情報（遺伝情報）による自己組織性から言語情報（文化情報）への進化であり、それはまたプログラムの自然的・外生的選択による自己組織化から主体的・内生的選択による自己組織性への段階的進化ととらえることができる。

ついでに付記すれば、この吉田情報論に立てば、科学は物質＝エネルギーと情報との二者を対象とするものに分類される。そして、それはまた対象の認識科学（法則とプログラム）とプログラムをつくる設計科学の二者に分けることが出来る。後者はこれまで、技術とか工学と称されていたものである。この設計科学こそテイラーの提唱した〈経験から科学へ〉の科学であり、目的達成の為の機能性追求の知的体系としての科学に他ならない。そして、現在大学の多くが吉田のいう設計科学重視の方向に流れ、認識科学は設計科学の前段のものとされるようになって来ている。

経営学は、経営現象の認識科学であり、設計科学である。科学は分科の学として対象を限定する。経営現象という社会現象の一部が限定せられ対象化されている。だが、経営現象を協働体系ととらえ仮定したとしても、それがもつ多面性のそれぞれを分化させ、それを構成する要素を科学的に統合的に把握することはほとんど不可能である。意思決定の科学化において、既にサイモンは価値前提＝情報を所与のものとしなければ科学化は出来ないと言っている。吉田は価値情報を評価情報と表現しているが、評価情報は客観的・数値化された物的情報にかぎられ、非物的すなわち心的情報はそのままでは評価情報たりえない。価値と評価とは同じではない。

五　自己組織システムの認識――ドラッカーとマルクス――

管理をこれまで協働体系一般においてみてきた。だが、現実における協働体系は具体的な特定目的をもった協働体系であり、それは企業・学校・病院・行政体・軍隊等々の具体的な協働体であり、さらに言えば企業にとっても企業一般がとらえられると同時に、個別企業がとらえられる。管理もまた企業管理一般がとらえられるとともに、個別企業の管理がとらえられねばならない。経営学的に企業をとらえた経営学は企業経済学の応用科学＝

技術学として企業管理学を経営学として体系づけてきた。それに対して、企業をまず協働体系として把らえ、そこにおける管理を組織論に基礎を置いて展開する管理論が前者を圧倒する勢いで発展し科学化の一途を辿ってきて自己組織論にまで行きついている。だが、その学派においては、企業とは何か、企業管理そのものの位置と意味を真正面から問うことは多くはない。管理の諸分野の全体を統合的に把握する作業はウィナー＝吉田によってようやく可能となったことは示した。だが、企業および企業管理とは何かを積極的体系的に問うた者はドラッカー以外に誰がいたであろうか。

ドラッカーは企業を経済的対象とのみはとらえず、経済学的接近をしていない。企業をまず人間協働の体系と把らえ、更に制度と把握し、管理の本質を技術ではなく規範と把らえている。しかも、彼の業績は、同時にすぐれて理論的であり、有効な技術論として戦後世界をリードして来た。だが彼の理論は情報＝自己組織システム理論が唱導せられ、それらの理論的背景が現実のものとして認識せられる以前に構築せられていた。そして彼はようやく情報現象を知識社会現象として追求しはじめたところで生を終えた。組織についてはこれを決定的要因の一つとして重視しながらも全力を傾倒してこれに立ち向うことなく、従って自己組織システムの認識をもっていなかった。

ドラッカーが規範論を指向したのに対して企業を経済的対象として、これを科学的に解明しているのがマルクスである。マルクスの『資本論』は、自己組織システムとしてその概念を意識的に駆使して分析し把握した業績ではない。だが、彼のとらえた企業の把握は実質的にはこれを自己組織システムとして把らえつくした比類なきものと、私はみる。

マルクスのとらえた企業は個別資本であり、個別資本の運動、それは貨幣から商品へ、その商品は生産手段と労働力であり、両者は生産的に消費せられて新しい生産物＝商品となり、商品は売られてより大なる量の貨幣となって還流してくる。この逐次的過程は循環過程であり、再生産過程であり、自己維持・自己拡大の運動である。まさに、自己組織システムとして企業がとらえられている。そして、更にこの生産過程をはさんでインプットとアウトプットの購買・販売過程の全体は、まさにコミュニケーション―コントロール―フィードバックの循環過程としてのサイバネティックスでもある。そして更に吉田情報論を加味すれば、プログラムによる情報と資源の変換・処理の循環過程としても、この個別資本の運動はとらえられている。すなわち、個別資本を構成する要素は商品と貨幣の二者であり、商品は価値と使用価値の二要素からなり、貨幣は価値の一般的形体として価値尺度・交換・蓄蔵等の機能をもつ。この商品と貨幣との二要素からなる循環運動は価値が貨幣形態から商品形態へ、商品形態が新たな使用価値をもつ商品形態として増殖され、商品形態は価値実現し増殖して貨幣形態に還流する価値の時間的・空間的・意味的・担体的変換の逐次的過程である。価値は情報であり、使用価値は資源である。マルクスの個別資本の運動は、まさに吉田の情報＝自己組織性のこれ以上ない適用と言いうるし、吉田はマルクスの『資本論』から吉田理論を構築したとさえ思わせるほど符合している。言うまでもなく、吉田はマルクスに依ったのではなく、ウィナーにより、そしてそれを生物学＝オートポイエーシスで洗練して彼の理論を構築したのである。

更に言えば、『資本論』は、個別資本と相即的に総資本の運動を画いており、より正確には個別資本の価値増殖の秘密＝過程＝プログラムを画き、そして個別資本の運動の織りなす総資本の運動の再生産過程のプログラムを画いて総資本独自の自己組織システムを画き、なおもこの価値増殖と循環運動との総過程として分配論を展開している。このシステムの重層性（生産と流通のシステムの統合物からなる個別資本、個別資本を要素として成り立っている総資本）を画き出している。このマルクスの把握は、システム一般の論理として「全体性と総和・機能性と機械化・集中化・階層的秩序・安定性・等結果性」の諸概念を構成要素とするベルタランフィのゼネラル・

システム論と見事な符合と言うことも出来る。ベルタランフィが名付ける〈ゼネラル・システム・セオリー〉が自己組織システム論の内実をもつものであることは言うまでもあるまい。

このマルクスの『資本論』の経営学への適用について、自己組織性概念の出現により、ようやく組織論的管理論の論理的関係と根底的に連結可能な筋道が見出せると思える。それについて十分に論じる余裕はないし、これからの問題でもある。だが、それにしても言及しておきたいことがある。それは、『資本論』の経営学への適用の方法的仮説を提起した馬場克三のいわゆる五段階説である。個別資本を社会的総資本と未分化のものとしてとらえる第一段階。次に両者が分化したもの、すなわち個別資本を構成要素として総資本があるととらえる第二段階。第三段階は競争要因の導入せられた段階であり、競争には同種部門間そして異種部門間の二者がある。この段階になって、価値、剰余価値の概念は、費用・価格・利潤、利潤も平均利潤、超過利潤としてとらえられ、競争における優劣・勝敗の問題が出てくる。第四段階は所有の要因が加わってくる。資本は自己資本と他人資本に分かれ、資本の所有形態は企業形態を生む。利潤は所有形態に応じてさまざまな形をとる。第五段階は意識の層においてとらえられた最も具体的個別資本段階である。それは、経済的諸範疇たる商品・貨幣・資本・労働力・土地等々の担い手・所有者としての人間の行為体系として把握される現象的・現実的段階である。まさに天才的と評する他ない仮説である。もっとも、若干の修正加筆した部分があるが、許容されうると思う。

六　自然的世界と人為的世界——吉田情報論のはらむ問題——

企業を個別資本の運動であり、個別資本の運動は循環運動を継起的・回帰的過程をとって自律的に自律するシステムとして自己組織システムをとらえたとき、それは自己組織システム論に新たに考えねばならない問題を提起することになる。それは自己組織システムとしての企業の二重性である。

企業は人間の協働体系一般の自己組織システムである。それは、ベルタランフィの意味でのシステム一般である。だが、自己組織システム一般は、吉田によれば二者に分類することが出来る。吉田は自己組織システムをプログラムをもつシステムととらえ、プログラムは生物特有の情報である記号情報をもつシステムであり、記号をシグナルとシンボルの二者に分かち、人間特有の記号をシンボルととらえ、人間は生物的シグナル情報システムとして自己組織システムであり、同時に言語を決定的なシンボル情報とする文化的自己組織システムと把握する。

人間協働体系はシンボル体系であり、言語による合目的行動の意識的計画的プログラムにもとづく情報体系＝コミュニケーション体系である。コントロールもまたコミュニケーションの一類型である。そして、生物の行動は個としても集団としてもシグナル＝信号のプログラムにもとづくものであり、これは本能的とこれまで表現されてきた。人間の行動は遺伝子情報にもとづく自然生的シグナル情報プログラムによるものであると同時に、人間自身が意図的につくり出したシンボル情報プログラムによるという二重性をもつものと把握されうる。

ところが、企業という人間の協働体系は人間特有のシンボル的情報体系＝意識的計画的なプログラムをもつ自己組織システムであると同時に、価値という特殊なシンボル情報のプログラムをもつ自己組織システムであり、この価値増殖プログラムは人間が意識的・意図的・計画的につくったプログラムである以前に、人間がこれに依拠し、これに従わねばならないという所与のプログラムとして人間世界に成立し来ったものである。これは自然性的な生物的なものではない。これには意識的・意図的・計画的な人間のプログラムとして、人間の頭脳の中にあった設計図もなければ、それを外化・対象化・物化させたシンボル情報としての設計図でもない。そしてまた、そこには生物がもつ遺伝子情報というシグナル・プログラムもまた存在しない。それは設計図なきプログラムである。吉田は〈プログラム〉に「情報処理または資源変換の逐次的ステップを確定的・不確定的、一義的・多義的に規定する情報」という定義を与えているが、この個別資本の運動の自己組織性のプログラムの性格を吉田はいかに位置づけるか。設計図なき自己組織システムをいかにとらえるか。

この問題は、吉田情報論の根幹にまでかかわって来る問題である。それは、情報を非記号情報と記号情報とに二大別し、その上で記号情報をシグナル情報とシンボル情報に二大別する把握にかかわる問題でもある。そして、この問題は情報の概念そのものにまで及ぶものでもある。すなわち、情報概念の位置と意味の問題である。身体的に言えば、吉田の情報概念は科学的構成概念であって自然言語（自然的構成概念）ではなく、両者の位置づけ・意味づけが私をして納得せしめないということである。この問題もここで論ずる余裕はない。

七　むすびに

〈経験から科学へ〉の機能性追求の道をひたすら進み、次々に科学化の対象を見出して来た主流派は、その全領域を情報の科学化を基軸として総合的な科学体系として把握するに到った。それは、ウィナーのサイバネティクスを精緻化させた吉田の情報＝自己組織性論である。それによって把握されるものは人的資源・物的資源を合目的に処理するプログラム情報をもつシステム＝自己組織システム論である。そこにおける意思決定の主体は自己組織である。主流の研究者は意識的・半意識的・無意識的にこの認識に立っている。

本流のバーナードは機能論としての組織論を展開すると同時に、それをこえて意思決定の主体を人間であると把握して道徳論を付加している。そして、ドラッカーも企業レベルの機能論を展開すると同時に、人間の本性たる自由と機能の統合的管理のプラクティスを具体的に提示した。企業目的を顧客の創造と規定し、その機能をマーケティングとイノベーションと規定し、目標管理・分権制・人的資源管理を論じながらそれを超えた働らく人間と仕事の管理論を展開した。主流はドラッカーを論ずることまことに少ないが、彼によって明示されたマーケティングとイノベーションの科学化・機能化に没頭している。

だが、ドラッカー理論はマルクスの分析した企業特有の自己組織性の認識を欠いたところに立った企業認識・現代社会認識の産物である。そして、資本の自己組織性を論じたマルクスを学んだ者達が、資本のもたらす搾取・抑圧・戦争から自由で豊かで平和な社会主義を標榜した社会主義国の現実的推移を、どのように理解するのであろうか。資本の自己組織性に我々はどのように立ち向えばよいのであろうか。

参考文献

自己組織性・情報に関して、本学会年報第五輯・長岡克行・丹沢安治、第六輯・藤井一弘・第八輯・河合忠彦・西山賢一、第九輯『IT革命と経営理論』の諸力稿、そして庭本佳和『バーナード経営学の展開』（文眞堂）第十二章をあげておく。

吉田民人は『自己組織性の情報科学』（新曜社）他の諸著作そして学術会議『学術の動向』誌上で展開した科学論がある。拙稿に「情報の概念―吉田情報論批判」（『中京経営研究』十五―二）「情報と記号」（同上、十六―二）がある。

Wiener, N., *Cybernetics*, 1948, 1961.（池原・彌永・室賀・戸田訳『サイバネティックス』岩波書店、一九六二年。）

Wiener, N., *I am a Mathematician*, 1956.（鎮目恭夫訳『サイバネティックスはいかにして生まれたか』みすず書房、一九五六年。）

Wiener, N., *The Human Use of Human Beings*, 1950, 1959.（鎮目恭夫訳『人間機械論』みすず書房、一九七九年。）

Wiener, N., *God and Golem, Inc.,—A Comment on Certain Points Where Cybernetics Impinges on Religion*, 1964.（鎮目恭夫訳『科学と神』みすず書房、一九六五年。）

六　経営学史の研究方法
――「人間協働の科学」の形成を中心として――

吉原正彦

一　はじめに――学としての経営学――

現在を生きるわれわれは、過去を観ることによって未来を先取する。経営学の理論史である経営学史も然りであり、その目的は、これまでに蓄積された経営学を検討し、直面する現代の課題解明に向けた鍵を求める、あるいは学としての経営学の性格を明らかにし、将来への展望を見出すことにある。過去を観ることの正当性は、今、此処にいる自らを位置づけ、明日を創ることにある。

経営学の歴史を振り返るとき、経営学はその成立からつねに実践的課題に応えるという宿命を背負っている。テイラーの科学的管理法にみられるように、アメリカ経営学はその典型であり、経営学は、その時代が要請する課題、現実の人間協働が直面する問題に応えるという実践性に立つ学問である。だが、その実践性ゆえに、他の問題と切り離して眼の前の問題解決に追われることから、経営学は総合性と一般性を如何にして有することができるかという課題をつねに宿している。

もちろん経営学は、応用科学として一般性と体系性という科学性を求めていることも確かである。だが、経営学は、他の社会科学と同じように、抽象的諸観念を用いることが避けられないゆえに、科学性として経験の世界に眼を向け、何処まで経験の世界に近似できるかという課題を背負っている。わが国の近年の研究において、個々の具体的事例を取り上げた研究が多くみられることは、現実からの乖離を避ける理論構築を目指すためであり、それが演繹的であるか帰納的であるかは別として、その課題を意識したものである。

実践性と科学性をともに求める経営学は、他の社会科学以上に経験の世界と科学の世界との間の乖離の可能性をつねに宿しており、経験の世界における具体的事例を単に汲み上げるだけでは、その乖離はなくならない。経営学の根本的課題は、経験の世界と科学の世界、すなわち実践と理論の結合を如何にして実現するかであり、経営学史の研究もこの課題を避けることはできないし、個別具体的な事例研究が盛んである〝経営学の現在〟においては、この根本的課題を明確に認識する必要がある。

実践性を強く押し出しているアメリカ経営学も、この実践と理論の乖離の問題を自覚し、経験の世界と科学の世界の結合を目指した動きがあった。両大戦間のハーバード大学経営大学院である。その時代に人間関係論とバーナード理論が生まれたことは周知のことであるが、これら二つの理論は、これまで別々に取り扱われ、また評価も別々に行われてきた。しかし、人間関係論とバーナード理論が生まれたのは、一九三〇年代という同じ時代に、しかもハーバード大学経営大学院という同じ場所である。わたくしは、二つの理論が形成された基盤には、産業における人間問題の解明を通して、理論と実践を結合せんとする人間協働の科学を模索し、経営学の新紀元を切り拓こうとした科学者集団（Scientific Community）の胎動があった、という見解に立つ。

一九三〇年代のハーバード大学経営大学院において科学者集団の胎動があったという事実は、これまで見過ごされてきた。その理由は、歴史的背景、社会的背景を捉えながらも、人間関係論の研究者やバーナードの著作を中心にした研究が主であったからである。しかし科学は、著作に現れる「首尾一貫した事実の知識体系」だけではなく、「科学者と呼ばれる人々の行動」、そして「科学者たちの相互作用によるある種の社会的過程」でもある[(1)]。科学者たちと呼ばれる人々の行動、そして彼らが織りなす社会過程のうちに、共通の問題意識のもと、哲学的基盤が築かれ、また科学研究を行う方法が確立され、それらが共有され課題解明に向う集団、それが科学者集団である。

そこで本研究では、その科学者集団の胎動を解明するために、人間関係論者とバーナードの主要著作が書かれる以前の約十年間に焦点を据え、ハーバード大学経営大学院を舞台に繰り広げられた彼らの知的交流を通して、彼らが如何なる哲学的基盤を求め、また科学方法に基づいて人間協働の科学を構築しようとしたかを示す。そして、経験の世界と科学の世界の結合、理論と実践の結合という課題に彼らが挑戦する過程を論じ、〝経営学の現在〟を生きるわれわれに提示する問題を明らかにする。

二　ハーバード大学経営大学院の三頭体制とC・I・バーナード

第一次世界大戦と第二次世界大戦の間の約二十年間は、米国では一九二九年に株式が大暴落し、産業の衰退、失業の増大などあらゆる経済活動が低迷の一途を辿った時代である。自由主義を標榜したフーバーから替わったフランクリン・D・ローズヴェルトのニューディール政策によって、大恐慌を抜け出す政策が矢継ぎ早に打ち出された。しかし、ニューディールはうまく効果をもたらさず、依然として景気は低迷状態にあり、労使双方の不満は高まり、貧困者は減ることもなく国民の大多数は生活の不安におびえ、一九三〇年代は「不況の三〇年代」であった。

同時に、米国の経済恐慌は国際秩序を破綻させ、ヨーロッパでは混乱の中からファシズムが台頭してきた。一九三二年にナチスが第一党となり、翌年にはヒットラーが首相に就任してヨーロッパの緊張関係はなお一層増し、一九三九年に第二次世界大戦を迎えることになる。こうして両大戦間の約二十年間の時代は歴史的転換期となるが、この転換期にハーバード大学経営大学院を舞台にして、経営学の新紀元を切り拓く思想家たちがいた。

1　経営大学院の確立に向けて――ウォレス・B・ドナム――

ハーバード大学経営大学院（Graduate School of Business Administration）は一九〇八年に創設されたが、第一次世界大戦後の一九一九年に、W・B・ドナム（Wallace B. Donham 1877–1954）が第二代ディーンとして招聘された。ドナムは、大学院の名称であるBusiness Administrationについて、初代ディーンが強調したBusinessではなくAdministrationを重視し、専門職業としての経営者の育成を目的として、経営大学院の確立を目指した。

彼は、経営大学院の存在意義を、事業全体の姿を捉え、その総合性のもとに分析能力を高め、部分を越えた全体的な広がりを持った経営の基本問題を把握し、その問題解決を可能とする能力の育成にあるとする。そのための経営教育は、テイラーの科学的管理法に見られる生産効率を目指す作業管理や監督職能の教育とは明らかに異なり、事業経営を総合的に扱う「事業政策（Business Policy）」を必修に、また機能別編成の科目構成であった。

そして彼は、経営の持つ実践性から、ケース・メソッドの教育方法を徹底させ、自らも実践したが、「教えること」と「知っていること」とは異なることを実感した。「教えること」は、教授会が彼の就任早々に決議した「経営大学院が拠って立つものとしての応用経済学」に基づくものであった。「知っていること」は、彼がディーンに就任するまでの弁護士の経験、とくに鉄道会社の法定管財人として合理化と労働者の権利の問題を扱った経験から掴み取った産業および社会における人間行動、人間関係の重要性であった。

しかし「応用経済学」ではそれを明確に映し出せないと実感したドナムは、教授会の決議である「応用経済学」を捨て、経済学に替わる新たな科学に向け、学部の同期であるヘンダーソンに協力を求めたのであった。(2)

2　社会科学の構築に向けて――ローレンス・J・ヘンダーソン――

生化学者であり生理学者でもあったL・J・ヘンダーソン（Lawrence J. Henderson 1878－1942）は、経営大学院のような「応用科学を求める大学院」に対して、応用科学は純粋科学と一つとなるべきであり、そこでの教育が「純粋科学の一貫した訓練のもとに見出されなければならない」とした。ドナムとの交流を深めて同じ問題意識に立った彼は、「近代世界の技術進歩への専門分化された強調とその進歩から生じてくる人間問題に対する実務家の相対的無視に起因する組織社会に対する危機を理解し、これらの危機が科学それ自体の将来に対する重大な脅威を与えるものであることを明確に認識した」。

そしてドナムの期待に応えるべくヘンダーソンは、経営大学院の基礎となる純粋科学として「人間生物学」を構想した。「人間生物学」は、病気よりも正常な人間に関心を持ち、人間の部分よりも「全体としての人間の研究」であり、これを基礎に政治や社会における人間行動の解明を行うものである。それは、生物学を基盤としながらも、生化学、生理学はもとより、心理学からの学際的研究を求めるものである。

また、社会科学の存在を否定していたヘンダーソンであったが、一九二七年にパレートの一般社会学と出逢い、社会科学の成立を確信した。彼がパレート社会学に魅入られたのは、「これまで科学的な取り扱いを受けることのなかった主題に対して、科学方法としての不可欠な要素がより明確に論述され、より徹底して展開された」からである。その主題とは、人間の感情に基づく非論理的行動であり、この行動を通じての社会動態の問題であった。

パレートは「社会システム」、「残基」や「派生体」の概念を設定する前に、五百頁余りに渡って経験の世界を描き出し、しかる後に経験から見出される斉一性（uniformity）を分析する概念の構築を行っている。ヘンダーソンは、パレートが行った経験を科学の出発点とした概念構築の手続きに注目し、それ以降、社会科学の構築を目指すのであった。(3)

3　人間関係論の形成に向けて――G・エルトン・メイヨー――

オーストラリア出身のG・E・メイヨー（G. Elton Mayo 1880–1949）は、第一次大戦後のオーストラリアの労使対立や政党間抗争という政治経済情勢の不安定さに関心を抱き、それが十九世紀ヨーロッパの産業構造の拡大した結果と同じ情況であると認識した。彼は、その情況を解明すべく産業における人間行動の研究を進め、一九二二年にアメリカに渡り、労働者の妄想、生産性と労働移動などの産業調査に従事し、P・ジャネの考えを産業労働者に導入して「全体情況の心理学」を求めた。それは、工場労働者の生産効率がその人間の精神情況全体の表現であり、これを理解するためには、個人的歴史や生活態度という「全体情況」を知らなければならないからであった。

彼は、「科学は、一つひとつの原料や生産過程の探求に容赦なく用いられてきましたが、人間の性質や社会生活、また産業の新しい展開への適応に対してまったく用いられてきませんでした。結果として、個々人や家族は大都市の中で孤独となり、社会集団に属することをやめてしまったのです。……現在、人間有機体が活動するときに何が起きているか知られておりませんし、精神的な気持ちの変化に対して有機的変化の関係が何かも知られておりません」と述べ、とくに、人間の非合理的、非論理的な行動を臨床的方法によって解明しようとする「メディカルな心理学」の重要性を強調した。そして彼は生理学や精神医学の研究成果を求めて経営大学院に働きかけ、ドナムの努力によって一九二六年に経営大学院に就任した。

一九二八年、メイヨーはホーソン・リサーチに参加し、非指示的面接方法による「面接計画」を指導し、科学研究を行うことを主導した。同時に、産業調査室を率いていた彼は、そのスタッフのF・J・レスリスバーガー、

L・W・ウォーナー、T・N・ホワイトヘッド、またヘンダーソンをホーソン・リサーチに導き、人間関係論を形成する基盤をつくったのである。(4)

こうして一九二六年、人間問題を中心とした経営の全体性を扱う経営大学院の確立を目指すドナム、全体としての人間の解明に向けた疲労研究所を率いるヘンダーソン、全体情況の心理学の構想を持ち産業調査室を率いるメイヨーの三頭体制が始まり、ハーバード大学経営大学院を舞台に彼らの相互作用による社会過程を通して、経営学の新紀元を切り拓く活動が展開されていくことになる。

「近代産業の方法が出現して以来、世界中の文明は際立った変化を経験しています。今や、工場と機械生産の確立によって引き起こされた社会問題に注意が向けられておりますが、この産業の再編成の基礎を形成するにあたって実り豊さを証明した科学研究は、その跡の人間および社会の諸問題に対して顕著な形で適用されたことが未だもってなされておりません」というドナムの言葉に象徴されるように、(5)そこには共通する二つの問題意識があったと指摘できる。

第一に、変化と安定の問題である。フーバー大統領時代の個人主義重視は社会に急速な進歩をもたらしたが、科学技術の進展に伴う機械化の急激な展開によって経済は行き詰まり、社会の不安定さが増大した。その結果は政府の集権化への回帰であった。それゆえ、イニシアティブを促す個人の自由と安定のための政府の集権化による統制、すなわち「個と全体の問題」を如何に解決するか、の問題である。

第二に、産業文明の特質は「専門化」にあり、とくに科学の専門分化によって、科学の抽象的観念がそのまま具体的な実在として取り違えられる過ちである「具体性取り違えの誤謬」(A・N・ホワイトヘッド)に陥る問題である。社会科学に対する大きな期待を持つものの、現状は科学研究の専門分化によって全体を全体性において捉えることができず、その結果、経済学に見られるように、科学は彼らの経験を掴まえ得るものではなかった。

こうした問題意識から、進歩と安定という現下のもと、産業における人間問題、人間関係の問題の解明に向けた科学の構築を目指そうとするが、そのためには、科学そのものを問い直さなければならなかった。それゆえに、新たな科学を求めて、「われわれは、何処からでも、どのような方法でも、始められるところから始めましょう」（メイヨー）、これが当初の情況であった。

4　一般組織論の構築に向けて――チェスター・I・バーナード――

ニュージャージー・ベル電話会社の社長であったC・I・バーナード（Chester I. Barnard 1886－1861）は、ニューディール政策の経済効果に関連して、人間協働を貫く根源的問題として個（個人主義）と全体（全体主義）の問題を論じ、双方のバランスによる発展を求めることが重要である、とする問題意識を有していた。そして実務の世界での「専門化」によって広い視野に立てず、情況全体への感覚を有していない実務家を問題としていた。

具体的な世界に身を置いていた彼は、自らの経験と観察から、「あらゆる協働努力には、共通して見られる非常に明確な一般的要因がある」として、さまざまな人間協働にみられる一般化の可能性を確信した。しかし、その一般化に向けた努力が必ずしも科学的ではないと自覚したバーナードは、科学方法に関する文献をむさぼるように読み、「具体的諸問題への哲学的接近」に向うことになる。一九三一年からのニュージャージー州緊急救済本部の組織化問題を指導したときに、バーナードはさまざまな人間協働における斉一性を直観的に習熟し、「社会科学で忘れられてきた最も重要な事柄」として組織の科学の探求に突き進んでいく。

しかし、経験の世界に適用される精神過程について、知的偏重と論理的推理の過程への誤った強調があり、その結果は非論理的過程の有用性への過小評価と軽視であった。バーナードにとって、非論理的精神過程が「最終結果、純効果、全体の関心を感じ取る心のはたらきのごとき、あるいはまた具体的部分を知覚することが同時に全体という見えざるものを含んでいるという精神」であり、彼は、非論理的精神過程を生かしうる科学方法を求めていたのである。(6)

このように、それぞれの立場は異なるものの、ドナム、ヘンダーソン、メイヨーの三頭体制とバーナードは、期せずして同じ問題意識に立って課題を探求していたのである。そしてバーナードは、一九三四年、経営大学院でウィークエンド・コンファレンスを主宰していたＰ・キャボットとつながりを持ち、一九三六年からハーバードのスタッフと積極的な知的交流を図るのであった。

三　科学者集団の胎動に向けたアルフレッド・Ｎ・ホワイトヘッドとヘンダーソン

1　近代科学と「具体性取り違えの誤謬」

新たな科学を模索し始めた経営大学院に哲学的基盤を与えた人物は、ヘンダーソンの尽力によってハーバード大学哲学教授として迎えられたアルフレッド・Ｎ・ホワイトヘッド（Alfred N. Whitehead 1861−1947）である。彼が就任した翌一九二五年に行ったローウェル講義「科学と近代世界」は、近代科学を支える世界観、宇宙観を批判的に検討し、近代科学の無機的で機械論的な宇宙観に替わる有機体論的な宇宙観に基づく新たな哲学を打ち出した。ドナム、ヘンダーソン、メイヨーはともにローウェル講義を聴き、彼の有機体哲学に傾倒していき、バーナードもまたアルフレッドの著作に精通して行ったのである。

ホワイトヘッドが近代科学の問題として指摘するのは、近代科学の抽象的諸観念がそのまま具体的な実在として取り違えられる過ち、すなわち「具体性取り違えの誤謬」（fallacy of misplaced concreteness）である。「科学はある決まった一群の抽象的観念に注意を固定し、他の一切のものを無視し、科学が握って離さなかったものに関係の深い知識や理論のどんな端くれも余さず拾い上げる。この方法は、抽象的諸観念が穏当である限りは、勝利を収める。しかし、いかに勝ち誇っても、その勝利は限られた領域内のことである。この限界を無視すれば、不幸な見落としを犯すようになる」。

彼にとっては、「機械を備え、一団の工員を抱え、一般大衆に社会的に奉仕をし、組織と企画の才によって経営され、株主を富ませる力を潜めた工場は、さまざまの生きた価値を示している、一つの有機体である。われわれが養いたいと思うものは、そのような有機体を全体層において把握する習慣である」。しかるに、「それは〔アダム・スミス死後の経済学〕は、現代精神に悲惨な影響を与えた一組の抽象的観念を人々に深く植え付けた。それは産業を非人間的なものにし」、益よりも害のほうが多かったのである。

ホワイトヘッドは、「全体層において把握する習慣」を妨げ、経済学による「具体性取り違えの誤謬」に陥らせ、経験の世界と科学の世界の乖離をさせている最大の障害を、物質と精神とを峻別したデカルトの物心二元論に求めた。そして、「科学的な抽象的諸観念が大きな成功を収めた結果、これらの抽象的観念を事実の最も具体的な解釈として認める仕事が哲学に課せられることになった」として、経験の世界と科学の世界を結合する自らの哲学を示す。(7)

2　新たな科学と「有機体の哲学」

ホワイトヘッドの哲学は、物心二元論を超え、物質と精神とを一元的に捉えんとする有機体論である。その有機体の特質は、全体性、過程性、創発性である。(8)

全体性…全体は、単なる部分の総和ではなく、それを超え出るものとして統合されている。それは部分に還元されるものではなく、それを構成する諸部分の相互関係に注目することにある。

過程性…「実在とは、過程である」という言葉に集約され、有機体は絶えず自己を生成していく過程として存在する。その生成過程は、自らの統一の中へ他の諸々の部分の相と自らを部分とする全体としての相を抱き入れるのである。

創発性…存続するものは、自己完結ではない。あらゆる出来事の諸相がそのものの本質自身に入り込み、現実世界の多を一に統合する生成の過程で新しさを生み出すことである。主体の客体化を通しての再主体化であり、価値の創出である。

有機体論では、あらゆる具体的実在は、それ自体一つの全体性であり、また常住不変ではなく、つねに諸々のものを集めて、新たな出来事として過程性において捉えられ、その過程性のうちに、新たな価値を現実化する創発性を有している。こうした有機体の特質は、機械論的宇宙観からの「主語‐述語」という「実体‐属性」の思考様式、時空から切り離された「単に位置を占める（simple location）」性質を排除することになる。ドナムによる「知っていること」と「教えること」という実践と理論が異なるという実感、ヘンダーソンによる科学の専門分化が進んでいくことの危機感、メイヨーによる人間有機体への部分的理解への不満と非論理的行動の解明の必要性、さらにはバーナードによる情況全体への感覚を有していない実務家の問題と自らの「具体的諸問題への哲学的接近」など、彼らが経験の世界から掴んだ疑問、既存の科学への批判に根拠を与えたのがホワイトヘッドであり、有機体哲学であった。

科学のみならず日常においても、抽象的観念なしには思惟することはできない。だが、「単純化は、抽象、分離、隔離を通して、また他の条件を一定とすることによって達成される。日々の生活では他の条件は決して一定ではなく、隔離は不可能であり、分離は困難であり、抽象は危険である。もしもわれわれが人間の生活と呼ぶ事柄や過程を知ろうとするならば、われわれは抽象的な分析の結果を総合するために、あらゆる努力を払わなければならない」(9)。その努力を意味あるものとするのが哲学の機能であり、科学を支える、あるいは理論を貫く世界観、宇宙観の批判的検討を行うことである。ホワイトヘッドが提示した哲学は、経験の世界と科学の世界の結合であり、そのための有機体論であった。

3　科学方法と「ヒポクラテスの方法」

ホワイトヘッドは近代科学が拠って立つ世界観、宇宙観への批判的検討を行い、自らは有機体哲学を主張した。有機体哲学に基づき、ハーバード経営大学院を舞台として新たな科学を構築しようとした彼らは、その科学をどのように構築しようとするのか。その方法的手続きが問題となるが、それに応えたのが、ヘンダーソンであった。パレートに出逢い、社会科学の成立を確信したヘンダーソンは、科学方法の手続きとして「ヒポクラテスの方法」を確立した。それは、「第一に、物事に対する身をもって得た、習い性による、直観的な習熟（intimate, habitual, intuitive familiarity with things）、第二に、物事の体系的な知識（systematic knowledge of things）、第三に、物事についての有効な思考方法（an effective way of thinking about things）」である[10]。

通常われわれが注目するのは、第二の「物事の体系的な知識」であるが、その体系的知識に示される事実ないし斉一性は、第三の「物事についての有効な思考方法」である理論ないし概念枠組み（conceptual scheme）に基づいている。ヘンダーソンによれば、概念枠組みは、「道行を助ける歩行杖」のようなものであり、思考する際の道具である。それは、既知の事実から未知の事実への筋道となり、新たな事実が発見され、また自らの思考を堅固にし、事実のみならず推理を支える機能も有している。それゆえ、物事の体系的な知識の発展は、いかなる概念枠組みを用いるかにかかっている。

その概念枠組みは、科学者の経験から導き出されるが、人間の「経験という過程は、無限に多くの非常に異質な変数の相互依存性を含むもの」であり、「諸要素が分かち難く結び合った有機的過程である」。それゆえ、概念枠組みが経験を構成する諸要素を余すところなく反映してない限り、概念枠組みによる記述は多くの中の「一つにしか過ぎない記述」である。[11] 人間の経験が「有機的過程」であるゆえに、事実はつねに近似的な接近しかできず、見出された「事実は、近似的定義である」ことを、われわれは認識しなければならない。

したがってヘンダーソンは、「医学研究におけるヒポクラテスがそうであったように、研究者が分析的で主知的であるよりも適応的である過程の結果として、その情況に充分に精通するまで、明けてもくれても辛抱強く、具体的なケースに対して冷静で、感情に左右されず、また経験によって徹底的に証明できる研究でなければならないことを、わたくしは充分に確信しています。」と主張する。

ホワイトヘッドが「具体性取り違えの誤謬」を指摘し、経験の世界と科学の世界の結合を目指して有機体哲学を示したが、社会科学の「理論と実践の乖離」という現状を目の当たりにしたヘンダーソンは、「理論と実践の結合（union of theory and practice）」を目指すための方法として「ヒポクラテスの方法」を提示したのである。「物事に対する身をもって得た、習い性による、直観的な習熟」を科学方法の手続きの第一の要素に位置づけたのは、彼が理論と実践の乖離を防ぎ、「具体性取り違えの誤謬」に陥らないために、研究者がつねに経験という具体の世界に身を置くことを研究者の不可欠な要件として示したものと理解される。ヘンダーソンが、科学について「首尾一貫した事実の知識」としてだけではなく、「科学者と呼ばれる行動」、そして「科学者たちの相互作用によるある種の社会的過程」という〝科学する〟行動過程として捉えているのは、何よりも実践と理論の結合を目指すからに他ならないのである。

そして、われわれが科学を〝科学する〟と捉えるからこそ、「ヒポクラテスの方法」の第三の要素である「物事についての有効な思考方法」、すなわち概念枠組みに注目することになる。なぜならば、経験という「有機的過程」から掴み取られた経験の世界をどのようなものとして捉えるかという宇宙観を基礎に概念枠組みは構築されており、「首尾一貫した事実の知識」は、この概念枠組みから導き出されるからである。

われわれが経営学の理論史である経営学史の研究を行う場合、科学者の〝科学する〟という行動過程を解明するとともに、この概念枠組みこそが批判的検討をすべき直接の研究対象となる。理論と実践を何処まで結合させているかの鍵は、概念枠組みである。概念枠組みが科学者の経験を通して掴み得たいかなる宇宙観に基づいているのか、そしてその宇宙観を何処まで徹底させて概念構築に反映させているのか、を問うのである。ここに、わたくしが示そうとする経営学史の研究方法がある。

四　有機体の哲学に基づく概念枠組みの構築

両大戦間のハーバード大学経営大学院において、近代科学の物心二元論からもたらされる「具体性取り違えの誤謬」を避け、理論と実践の結合を目指そうとする科学者集団が胎動した。そして「ヒポクラテスの方法」に基づいて人間協働の科学、すなわち人間関係論とバーナード理論が生成されるならば、それらの概念枠組みは、ホワイトヘッドの有機体哲学に基礎づけられていることになる。このことを検討すべく、ここでは人間観における概念構築、そして組織概念を取り上げ、有機体の特質である「全体性」、「過程性」、「創発性」が反映されているか明らかにしてみよう。

1　T・ノース・ホワイトヘッドの人間観

人間関係論が基礎に置くホーソン・リサーチの当初は、テイラーの科学的管理法が前提にする「経済人」に基づいて行われた。しかしその調査研究の結果、「社会人」の人間観に基づく人間関係論が形成されることになる。その「社会人」は、金銭的動機によって支配される「経済人」を否定し、同僚や監督者との関係、職場集団への帰属、一体感によって行動する人間観と理解されている。だが、単なるこの理解では、「社会人」という人間観は

「経済人」と同じ宇宙観のもとに捉えられ、「実体‐属性」の思考様式、時間および空間から切り離されて「単に位置を占める」という物心二元論に基づく機械論的宇宙観に立っていることになる。人間関係論の提示する「社会人」は、慎重に吟味されなければならない。

　最初に「社会人」の人間観を提示したのは、メイヨーでもレスリスバーガーでもなく、経営学史上で忘れられている人物、T・ノース・ホワイトヘッド（Thomas North Whitehead 1891–1969）である。ノースは、哲学者のアルフレッドの長男であり、一九三一年に英国から米国に渡り、経営大学院の事業論助教授としてホーソン工場に赴き、継電器組立作業テスト室の調査結果を基に、人間関係（Human Relations）という表題を初めてつけた論考を著した[12]。彼は、その論考の中で、『経済人』という十九世紀の非現実的な観念の背後に、満足は集団の中の充分な結びつきに依存している、という真の社会（a real social man）人が立っていることを気づかせる」として「社会人」の人間観を提示した。

　ノースの「真の社会人」は、機械論的宇宙観を超えようとし、金銭的動機に基づく行動であっても、その金銭的動機に意味を与えている人間の根底にある社会性に眼を向けている。彼は、「人間の満足が究極的に社会的現象である」とし、労働者の「行動は、論理的基礎に基づいて編成されるが、しかしそれが動機づけを与えるものではない。仕事が最終的に遂行されるのは、自己表明の欲求を充たす情況の**今、此処**（*here and now*）のゆえである」と述べている[13]。この記述にある「**今、此処**」は、ノースの父であるアルフレッドの有機体の哲学で強調されている語である。

　「今、此処」の時間に関して、過去、現在、未来がそれぞれに切り離されているのではない。「今」という現在には、過去が溶け込み、未来を先取しており、過去と未来が出逢っているのである。他方、「此処」という空間については、他の諸々と切り離され、孤立して「単に位置を占めている」のではない。自らを構成している諸部分が絡み合い、また自己を部分として全体と絡み合い、あらゆる出来事が他のすべての出来事と関連しあって、つねに新たに創造される統一体である。それは「過程性」において捉えられる有機体である。

「真の社会人」における「社会」とは、「人間相互の活動」を意味し、満足は人間相互の活動の現象において捉えられ、そして「真の」意味は、経済人のような孤立した存在という「単に位置を占める」のではなく、有機体の「今、此処」に相集まっている「人間相互の活動」であることを忘れてはならない。もちろん、ノースが捉える「過程性」は、人間相互という人間関係に限定されているが、アルフレッドの有機体哲学に基づく宇宙観を人間観に反映させ、理論と実践の結合をノースが目指していたと言える。

2　バーナードの人間観

有機体の哲学に立つ人間観をさらに明確に示したのが、バーナードである。彼の人間観の特色は、物的要因、生物的要因、社会的要因の統合物としての「個人の地位」、そして活動、心理的要因、選択力という「人間の特性」の二面的捉え方に表れている。

バーナードの人間観について、三戸　公は、哲学上の二つの立場である決定論と自由論を統合する枠組みとして、「大胆にしかもきわめて高次元に設定した」と評し、彼の人間観を「全人仮説」と名付けている。三戸は、この人間観を、『組織は経済人仮説ではとらえきれない』ということを明確に意識し、組織を十全にとらえきるのに不可欠な人間仮説」であると鋭く捉えているが、「全人仮説」が拠って立つ宇宙観が「経済人」の宇宙観とは異なるものであると、もう一歩踏み込むことが必要である。

このことを明示したのは、村田晴夫である。村田は、独自に「同型性」の論理を用い、近代科学の「経済人」の人間観を「水平同型性」と対比させて、有機体論の立場に立つ人間観を「垂直同型性」とし、その特質を明らかにしている。垂直同型性によって人間と協働システムが垂直的に同型であり、個々の人間について、有機体の

特質である「全体性」はもとよりのこと「過程性」が明らかにされている。(14)

バーナードは、「今、此処」での人間存在を捉えるために、「個人の地位」と「人間の特性」の二面的扱いをしているが、「個人の地位」によって「全体性」における「過程性」を、そして「人間の特性」によって「過程性」のうちに「創発性」を描き出している。彼の人間観は、ホワイトヘッドの有機体哲学の特質を明確に反映させた概念構築であり、近代科学を超え、「具体性取り違えの誤謬」を陥らせない概念化への証左であるといえる。

3　組織概念――構成要素としての活動――

経営学の基礎理論は、組織論である。ドナム、ヘンダーソン、メイヨー、レスリスバーガー、ノース・ホワイトヘッド、そしてバーナードは、捉え方に違いがあるものの、「人間の相互作用」を対象にした組織論を構築しようとしていた。彼らは組織の解明において、有機体論的宇宙観に支えられ、またそれを反映させた理論構築を目指そうとし、そのことが一九三〇年代の経営大学院を舞台に、経営学の新紀元を切り拓くのである。

では、彼らが示す組織概念の何処に、有機体的世界観を観ることができるのであろうか。有機体の特質は、「全体性」、「過程性」、「創発性」である。「全体性」についてはシステム論においても強調され、システム論をハーバードに導入したのはヘンダーソンであることは知られている。彼は「人間の相互作用」の分析概念としてパレートの社会システムを用いた。対象をシステムとして捉えることは、その諸要素の相互依存性に注目することであり、これによって組織は部分の総和を超えた「全体性」を意味し、さらに彼は、もっとも一般的な斉一性として均衡概念を提示している。

では、有機体の他の特質である「過程性」と「創発性」の概念化は、如何にしてなされるか。このことを最初に概念を組み込んだのは、人間関係論においては、やはりノース・ホワイトヘッドであった。「今、此処」を重視した彼は、人間相互の活動（interhuman activities）に注目し、それを組織の構成要素とし、大規模な組織を「複合体」と捉えた。[15]

組織の構成要素を人間の活動（activities）とすることの意義は、すでに北野利信と村田晴夫が指摘している。[16]それは、組織を「実体概念に代えて活性（活動）という『場』の概念を第一義的なものとして導入すること」である。近代科学においては、物質として常住不変であり、「実体‐属性」の考え方が基本的前提であった。しかし有機体は不断に変化し、再創造されるものである。ノースは、自らを情況全体に客体化し、それを通して再主体化し、新たな自らを創造していく、そういう過程において有機体は生きている、という宇宙観に立つ。システムである組織を「過程性」と「創発性」において捉え、その構成要素を活動とする、これが有機体哲学に依拠した概念化である。

組織の構成要素を活動に求める概念化へのノースの努力を受け継ぎ、有機体論的宇宙観を明確に組み込んだのは、バーナードであった。自らの統一の中へ他の諸々の部分の相と自らを部分とする全体としての相を抱きいれるのが、有機体の「過程性」の意味である。それを概念化するにあたって、バーナードは協働システム概念を導入する。[17]すなわち彼は、「人間関係が一つの局面に過ぎない産業関係の問題への科学的接近において、人間協働は、あなたがたがこれら三つの物事――生物的、物的、社会的であるもの――を調整する過程を扱っているという提言を出発点としなければならないのであり、ある程度三つのすべての要因を伴わない領域で行われるものは何もありません」と経験的に捉えたのである。[18]

組織を抽象的観念として思惟することは、「具体性取り違えの誤謬」を陥る可能性を宿すのであり、それを避けるために活動を構成要素とした。そうすることによって、組織は「単に位置を占める」のではないとしたが、バーナードはそれをさらに明確にすべく、生物的、物的、社会的諸要因という多を組み入れて一とし、そして一は再び多である、ことを概念化したのである。

組織の構成要素を人々の活動とするバーナードに対して、ヘンダーソンは個々の人間とすべきであると異議を唱えたが、バーナードが頑として譲らなかった。それは、社会の構成要素の問題とともに、彼が「個と全体の問題」を人間協働の根源的問題と位置づけ、「全体性」と「過程性」の特質を有する有機体的宇宙観に立っていたからこそであり、経験の世界と科学の世界の結合を図るためであったのである。

さらに、「創発性」についてである。アルフレッドは、「実在を分析すれば、二つの要因が現れる。活動と、それが固体化されて創発する美的価値とである。また創発する価値は、活動の固体化された形態を示す尺度である」と述べている。[19]「創発する価値」については、ヘンダーソンのパレート研究において、また人間関係論ではノースの社会集団やレスリスバーガーとディックソンの非公式組織の概念において提示されている。そして、「過程性」のうちに新たな価値を創造することを経験的に掴んでいたバーナードは、このことを科学の世界に取り込むために「道徳」という概念を設定した。そして彼は、道徳概念を用いることによって、人間の責任の意味を明らかにし、また組織の行為の質あるいは方向性を問い、人間協働のあり方を問うことを可能としたのである。

五　おわりに――〝経営学の現在〟の課題――

これまでわたくしは、人間関係論者の著作、バーナードの著作が産み出される両大戦間のハーバード大学経営大学院を舞台に繰り広げられた科学者たちの行動、社会過程を示してきた。この考察から導き出されたことは、一九三〇年代のハーバード大学経営大学院に、新たな宇宙観に立った人間協働の科学を構築する科学者集団の胎動があったことである。

三頭体制と呼ばれたドナム、ヘンダーソン、メイヨー、そしてバーナードたちの問題意識は、歴史的転換期にあって変化と安定という現下の情況のもと、産業における人間問題、人間関係の問題への科学の構築を目指す。だが、そのためには、当時の科学の専門分化の進展、そして物質と精神とが切り離された機械論的宇宙論を問題としなければならず、科学そのものを問い直さなければならなかった。彼らが抱いたこの問題を「具体性取り違えの誤謬」と指摘し、彼らの問いに対して哲学的な基盤を与えたのがアルフレッド・ホワイトヘッドであった。彼は、科学の世界と経験の世界の結合を問うべく近代科学を批判的に検討し、有機的宇宙観に立つ哲学を提示したのであった。

科学の世界と経験の世界の結合を目指したホワイトヘッドの有機体哲学を受け留め、「具体性取り違えの誤謬」を陥らないための科学方法の手続き、「ヒポクラテスの方法」を示したのがヘンダーソンであった。その特色は、「物事に対する身をもって得た、習い性による、直観的な習熟」の強調であり、科学者が経験の世界に身を置くことの重視、理論と実践の結合を目指す方法であった。

科学の世界と経験の世界の結合、あるいは理論と実践の結合を実際に可能とするか否かの鍵は、「ヒポクラテスの方法」における「物事についての有効な思考方法」、すなわち概念枠組みである。概念枠組みは、科学の世界と経験の世界の橋渡しをするものである。そして、概念枠組みの検討にあたっては、それらがいかなる宇宙観ないし世界観に立っているかの哲学的批判に耐えうるか否かである。

われわれが、経営学の理論史という経営学史の研究を行う場合、その著作に示されている理論、概念枠組みを検討することが中心となる。しかし検討すべき根本的課題は、概念枠組みを支える宇宙観がいかなるものかを捉えること、その宇宙観と概念枠組みの整合性を問うことである、それは、経験という具体性の世界において抽象的観念の意味を明らかにするものであり、経験の世界と科学の世界の関連性において理論と実践の結合を図らんとすることにある。これがわたくしの示す経営学史の研究方法であり、本研究において、その具体的検討の一端としてノース・ホワイトヘッドとバーナードの人間観と組織概念を取り上げ、ホワイトヘッドの有機体の哲学に基づく概念枠組みであることを明らかにしたのである。

　アルフレッド・ホワイトヘッドは、「わたくしは、哲学とはもろもろの抽象的観念の批判者であると考える。その働きは二重であって、第一にはそれらの観念に抽象的観念としての正当な相対的地位を割り当ててそれらを調和させること、第二に、いっそう具体的な宇宙観と直接に比較してそれらの観念を完全にし、これによってさらに完全な思想図式の形成を促進させること、である」と述べている。[20]

　経営学の理論史研究においては、単なる理論研究のみ、また理論から経験を見るのではなく、その理論を支える、あるいは理論が前提とする経験の世界に対する捉え方、世界観、宇宙観を問い、経験の世界から科学の世界を観ることが不可欠である。そのためにわれわれは哲学を行い、学としての経営学を探求するのである。

　経験の世界と科学の世界の結合を目指し、実践性と科学性を有する経営学に問われている根本的課題、それは、具体的実在を基本的にどのように捉え、概念構築がなされるのかの哲学的な考察である。それを哲学にゆだねるのではなく、理論と実践の結合を追い求める経営学という領域に取り入れること、これが本研究から導き出した結論である。〝経営学の現在〟に生きるわれわれが問うべきは、この課題である。

注

（1） Henderson, Lawrence J., *Introductory Lectures in Concrete Sociology*, edited with an Introduction by Chester I. Barnard, unpublished, in Baker Library Archives, Harvard Business School, pp. 10-11.

（2） Donham, Wallace B., "The Unfolding of Collegiate Business Training," *The Harvard Graduate Magazine*, March 1921, "The Graduate School of Business Administration 1908-1929," *The Development of Harvard University : Since the Inauguration of President Eliot 1869-1929*, ed. by Samuel E. Morison, "Research in the Harvard Business School," (Speech at Stanford) *Stanford Conference on Business Education*, 1926, "The Graduate School of Business Administration," *The Report of the President of Harvard College and Reports of Department, 1919-1920*, "Essential Groundwork for a Broad Executive Theory," *Harvard*

Business Review, Vol. 1 No. 1, Oct. 1922, and "Confidential," March 31, 1937, Donham Collection GB2. 332, Box2, in Baker Library Archives, Harvard Business School. Letter from W. B. Donham to Lawrence J. Henderson, Dec. 27, 1937, Henderson Collection, Folder 4-9, in Baker Library Archives, Harvard Business School.

（3） Henderson, L. J., "What is a School of Applied Science," *The Harvard Graduate Magazine,* March 1918, "The Thermodynamics—Human Biology," (Folder Title) Henderson Collection, Folder 19-18, in Baker Library Archives, Harvard Business School, and "The Science of Human Conduct: An Estimate of Pareto and One of His Greatest Works," *The Independent,* Vol. 119, No. 4045, Dec. 1927. Walter B. Cannon, "Lawrence Joseph Henderson, 1872-1942," *National Academy Biological Memories,* Vol. XXIII, 1943.

（4） Mayo, G. Elton, "The Basis of Industrial Psychology: The Psychology of the Total Situation is Basic to a Psychology of Management," *Bulletin of The Taylor Society,* Vol. IX No. 6, Dec. 1924. Letter from G. E. Mayo to David L. Edsall, Sep.1, 1919, in The Francis A. Countway Library of Medicine, Harvard Medical School. Letter from E. Mayo to Edward Wright, Oct. 31, 1927, Donham Collection Box 37, letter from E. Mayo to G. A. Pennock, April 29, 1929, Mayo Collection Folder 1.088 and 3.072, letter from Emily P. Osborn to A. H. Young, May 1930, Mayo Collection Folder 3.072, letter from E. Mayo to M. L. Putnam, 21 May, 1930, Mayo Collection Folder 1.089, and letter from E. P. Osborn to Young, April and Nov. 1931, Mayo Collection Folder 3.073, in Baker Library Archives, Harvard Business School.

（5） Donham, W. B., "The Graduate School of Business Administration," *The Report of the President of Harvard College and Reports of Department, 1926-1927,* in Baker Library Archives, Harvard Business School.

（6） Barnard, Chester I., "Collectivism and Individualism in Industrial Management," *Philosophy for Managers: Selected Papers of Chester I. Barnard,* edited by W. B. Wolf and H. Iino, Bunshindo, 1986.（飯野春樹監訳『経営者の哲学—バーナード論文集—』文眞堂、一九八六年。）"Mind in Everyday Affairs," in *The Functions of the Executive,* MA. Harvard Univ. Press, 1938, and "Some Principles and Basic Consideration in Personnel Relations," *Organization and Management: Selected Papers,* Harvard Univ. Press, 1948.（飯野春樹監訳『組織と管理』文眞堂、一九九〇年。）"Corporate Management and Morals by Chester I. Barnard," *Conference on a Scientific Study of Industrial Labor Condition, Nov. 13, 1937,* Transcription of Discussion, National Research Council. Letter from Philip Cabot to Chester I. Barnard, Nov. 30, 1934, letter from C. I. Barnard to P. Cabot, Dec. 3, 1934, Cabot Collection Case 3, and letter from C. I. Barnard to W. B. Donham, Jan. 5, 1937, Donham Collection Box 45, in Baker Library Archives, Harvard Business School.

（7） Whitehead, Alfred N., *Science and the Modern World, Lowell Lectures, 1925,* New York, The Free Press, 1926.（上田泰治・村上至孝訳『科学と近代世界』ホワイトヘッド著作集第6巻、松籟社、一九八一年。）

(8) ホワイトヘッドの有機体の特質については、村田晴夫は、「全体性、能動性、過程性」としている。村田と私の違いは、「能動性」と「創発性」である。村田晴夫『管理の哲学―全体と個・その方法と意味―』文眞堂、一九八四年。七頁、六六―六七頁。
(9) Henderson, L. J., "The Harvard Fatigue Laboratory," *Harvard Alumni Bulletin,* Vol. XXXVII, No. 18, Feb. 8, 1935, p. 551.
(10) Henderson, L. J., "Address before Asso. Harvard Clubs, Indianapolis, May 15, 1937," Henderson Collection Folder 19-21, in Baker Library Archives, Harvard Business School, pp. 1-2. 三井　泉は、ヘンダーソンの研究方法をプラグマティズムに結びつけ、その思想的基盤を明らかにして、経営学における「実践」と「科学」の意味を問うている。三井　泉「アメリカ経営学における『プラグマティズム』と『論理実証主義』」『組織・管理研究の百年』（経営学史学会編）文眞堂、二〇〇一年。
(11) Henderson, L. J., "An Approximate Definition of Fact," *University of California Publication in Philosophy,* No. 14, 1932, pp. 183-184.
(12) Whitehead, Thomas N., "Human Relations within Industrial Groups," *Harvard Business Review,* Autumn, 1935.
(13) Whitehead, T. N., "The Scientific Study of the Industrial Worker," *Harvard Business Review,* July, 1934, pp. 470-471.
(14) Barnard, Chester I., *The Functions of the Executive,* MA. Harvard Univ. Press, 1938, pp. 10-15.（山本安次郎・田杉　競・飯野春樹訳『新訳　経営者の役割』ダイヤモンド社、一九六八年。）三戸　公『管理とは何か―テイラー、フォレット、バーナード、ドラッカーを超えて―』文眞堂、二〇〇二年、一五〇頁。村田晴夫『管理の哲学』上掲、二三―二四頁。
(15) Whitehead, T. N., "Human Relation within Industrial Groups," *op. cit.,* pp. 6-8.
(16) 北野利信「バーナードの挫折」『大阪大学経済学』第三二巻・第二・三号、一九八二年、一〇八頁。村田晴夫『管理の哲学』上掲、五八―五九頁。
(17) 協働システム概念の導入については、すでに飯野春樹と加藤勝康が主著の執筆過程との関連で論じているが、ここでは、概念枠組みとそれを支える宇宙観との関連で取り上げている。飯野春樹『バーナード研究―その組織と管理の理論―』文眞堂、一九七八年、一四五―一六六頁。加藤勝康『バーナードとヘンダーソン― *The Functions of the Executive* の形成過程―』文眞堂、一九九六年、二四五―二四六頁。
(18) "Corporate Management and Morals by Chester I. Barnard," *op. cit.,* pp. 93-95.
(19) Whitehead, Alfred N., *Science and the Modern World, Lowell Lectures, 1925, op. cit.,* p. 199.『邦訳』二六六―二六七頁。
(20) *Ibid.,* p. 87.『邦訳』一二〇頁。

七　アメリカの経営戦略論と日本企業の実証研究
――リソース・ベースト・ビューを巡る相互作用――

沼上　幹

本稿は、リソース・ベースト・ビュー（Resource-Based View：以下、ＲＢＶと略す）の構築に少なからぬ貢献のあった野中郁次郎・伊丹敬之他の研究成果を出発点として、一九八〇年代初頭から九〇年代におけるＲＢＶを中心にアメリカの経営戦略論の流れを大まかに描く作業を行なう。その作業を通じて、二〇〇〇年代半ばにおけるわが国の経営戦略論研究の課題と問題を明らかにすることが本稿の目指すところである。

一　一九八〇年前後からの日本企業研究

一九八〇年前後に、アメリカの経営戦略論の影響を強く受けつつも、オリジナリティに富んだ日本企業の経営戦略に関する実証研究が創始された。本稿では、その中でも、吉原・佐久間・伊丹・加護野の『日本企業の多角化戦略』（一九八一）と加護野・野中・榊原・奥村の『日米企業の経営比較』（一九八三）に注目することにしたい。

まず吉原他（一九八一）は Rumelt（1974）の方法に準拠しつつ日本企業の実証研究を実施し、「バランスを欠いた過剰な分権化・多角化を行なう時期があることが却って企業成長にとって望ましい」という仮説にたどり着く。この仮説は、情報的経営資源の蓄積をカギ概念として理論的に展開され、Itami（1987）の〈見えざる資産〉と〈オーバーエクステンション〉という概念へと発展していく。人間の学習能力を考慮に入れると、現時点で保有する経営資源と適合的な戦略ではなく、少し無理をした経営戦略（オーバーエクステンション）が長期的には最適である、というのである。この Itami（1987）の経営資源への注目は、八〇年代半ば以降にアメリカを中心として生成しつつあったリソース・ベースト・ビュー（ＲＢＶ）に影響を及ぼしていく。

加護野他（一九八三）も一方では欧米の経営学の研究を真摯に踏襲しつつ、同時にオリジナルな結論を導き出した研究である。同書は、欧米で当時主流を占めていたコンティンジェンシー理論を基本的なフレームワークとして用い、Hofer & Schendel（1978）などから経営戦略の要因を学び取って質問票を作成し、日米の主要大企業に関して戦略・組織の両面にわたる包括的な調査を行なった研究活動の成果である。日米の上場企業に対して広範に実施された質問票調査の結果と、それを解釈する際に依拠した Weick（1969）などの影響故に、日本企業はグループ・ダイナミクスを維持しつつ製品戦略へと競争優位の源泉をシフトさせ、イノベーションを創発していくことが重要だと彼らは主張している。

その後、グループ・ダイナミクスを通じたイノベーションに注目した野中は、日本企業による製品開発プロセスの実証研究と、情報創造・知識創造プロセスの理論的研究を創始することになる。製品開発プロセスに関する実証研究が Imai et al.（1985）及び Nonaka（1988）に結実し、その本質部分の理論化作業が野中（一九八五、一九九〇）や Nonaka（1994）及び Nonaka & Takeuchi（1995）にまとめられていく。

以上のような伊丹・野中を中心とする二つの業績群とその後の研究の流れは、①経営資源、とりわけ企業の構成員である人と集団の学習を重視する、という特徴と、②人と集団の相互作用を通じた学習を重視するが故に、戦略の実行・生成プロセスを重視する、という特徴を併せ持っていた（Mintzberg, 1973）。[1]このような特徴をもつ研究は、Porterの業界の構造分析やＰＰＭ等の分析的戦略とは親和性が低い。実際、野中はPeters & Waterman（1982）に倣って、PorterやＰＰＭ等を「分析的戦略」として批判していく。この反分析的戦略という志向性は、その後、1990年代のポジショニング・ビュー（以下、ＰＶと略す）とＲＢＶという対立関係が浮かび上がるにつれて、日本の実証系経営戦略の研究者たちが自らをＲＢＶ陣営の一角へと位置づける自然な流れを形成していく原因となったのではないかと思われる。

二　リソース・ベースト・ビューの生成

1　リソース・ベースト・ビューの基本的な特徴

一九九〇年前後から経営戦略論の学説はＲＢＶとＰＶという二つの大きな学派の対立として捉えられることが多くなり、前述してきた日本人研究者による研究業績はＲＢＶ側の重要な構成要素として扱われていく。ここでＰＶとは、基本的にPorterの業界の構造分析のような、産業組織論（経済学）を基礎に置いた経営戦略論をイメージして名付けられた研究群の呼び名である。時と場合によって他の多数の業績もＰＶに分類されるが、基本的には新古典派経済学を基礎として共有した経営戦略論研究者の研究をＰＶという言葉は指している。その意味ではＰＶの定義は比較的容易である。

これに対してＲＢＶと呼ばれる戦略論の学派を定義することは、実は難しい。なぜなら、ＲＢＶは企業固有の経営資源が重要であるという認識を共有する論者たちを一つにまとめて表現する言葉であって、特定の研究方法

図1　RBV（Resource-Based View）への主要な業績の流れ

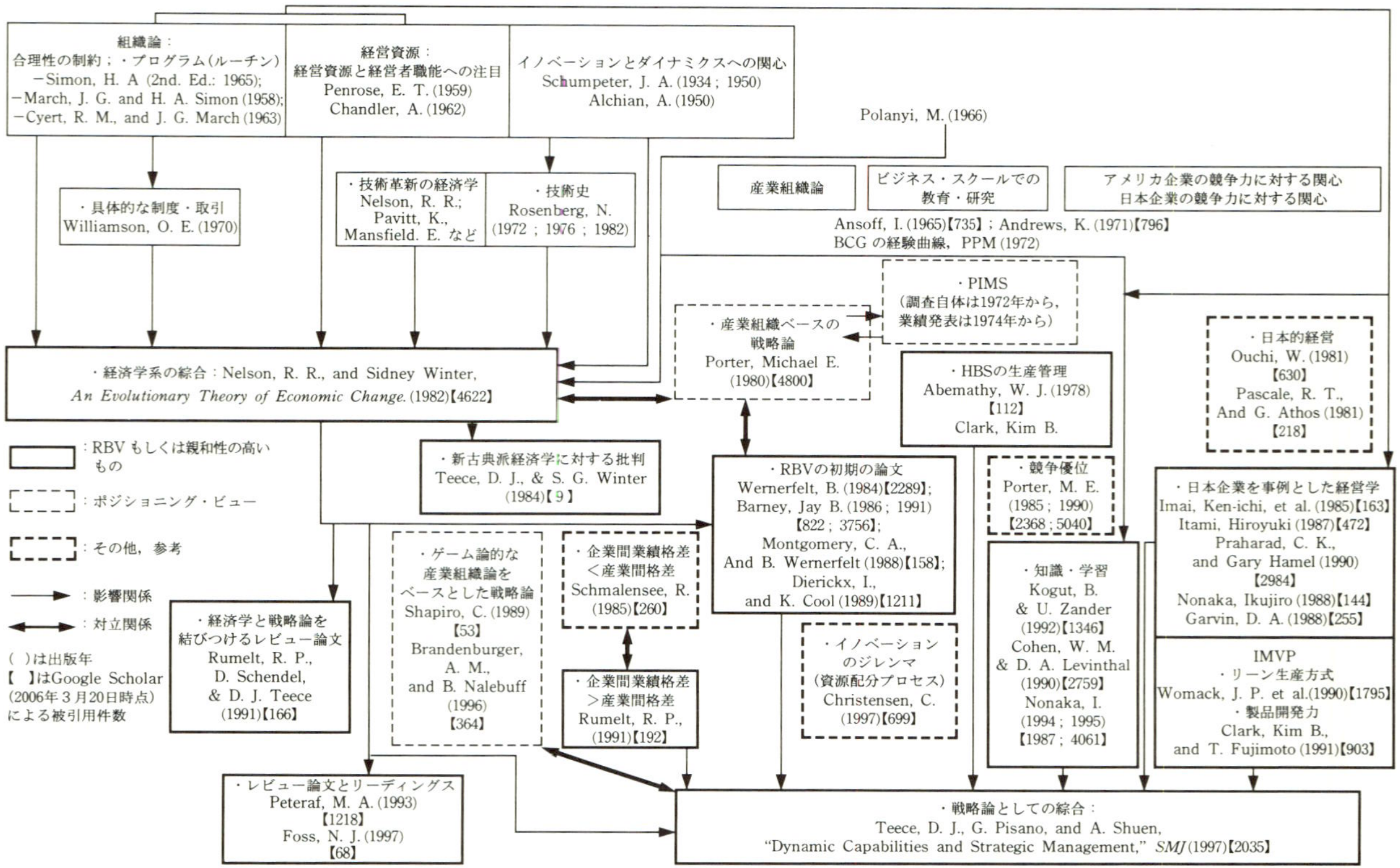
組織論：
合理性の制約；・プログラム（ルーチン）
－Simon, H. A (2nd. Ed.: 1965);
－March, J. G. and H. A. Simon (1958);
－Cyert, R. M., and J. G. March (1963)
経営資源：
経営資源と経営者職能への注目
Penrose, E. T. (1959)
Chandler, A. (1962)
イノベーションとダイナミクスへの関心
Schumpeter, J. A. (1934；1950)
Alchian, A. (1950)
Polanyi, M. (1966)
・具体的な制度・取引
Williamson, O. E. (1970)
・技術革新の経済学
Nelson, R. R.;
Pavitt, K.,
Mansfield. E. など
・技術史
Rosenberg, N.
(1972；1976；1982)
産業組織論
ビジネス・スクールでの
教育・研究
アメリカ企業の競争力に対する関心
日本企業の競争力に対する関心
Ansoff, I. (1965)【735】；Andrews, K. (1971)【796】
BCG の経験曲線, PPM (1972)
・PIMS
（調査自体は1972年から，
業績発表は1974年から）
・産業組織ベースの
戦略論
Porter, Michael E.
(1980)【4800】
・経済学系の綜合：Nelson, R. R., and Sidney Winter,
An Evolutionary Theory of Economic Change. (1982)【4622】
・HBSの生産管理
Abemathy, W. J. (1978)
【112】
Clark, Kim B.
・日本的経営
Ouchi, W. (1981)
【630】
Pascale, R. T.,
And G. Athos (1981)
【218】
：RBV もしくは親和性の高い
もの
：ポジショニング・ビュー
：その他，参考
：影響関係
：対立関係
（ ）は出版年
【 】はGoogle Scholar
(2006年3月20日時点)
による被引用件数
・新古典派経済学に対する批判
Teece, D. J., & S. G. Winter
(1984)【9】
・RBVの初期の論文
Wernerfelt, B. (1984)【2289】;
Barney, Jay B. (1986；1991)
【822；3756】;
Montgomery, C. A.,
And B. Wernerfelt (1988)【158】;
Dierickx, I.,
and K. Cool (1989)【1211】
・競争優位
Porter, M. E.
(1985；1990)
【2368；5040】
・日本企業を事例とした経営学
Imai, Ken-ichi, et al. (1985)【163】
Itami, Hiroyuki (1987)【472】
Praharad, C. K.,
and Gary Hamel (1990)
【2984】
Nonaka, Ikujiro (1988)【144】
Garvin, D. A. (1988)【255】
・ゲーム論的な
産業組織論を
ベースとした戦略論
Shapiro, C. (1989)
【53】
Brandenburger,
A. M.,
and B. Nalebuff
(1996)
【364】
・企業間業績格差
＜産業間格差
Schmalensee, R.
(1985)【260】
・企業間業績格差
＞産業間格差
Rumelt, R. P.,
(1991)【192】
・経済学と戦略論を
結びつけるレビュー論文
Rumelt, R. P.,
D. Schendel,
& D. J. Teece
(1991)【166】
・イノベーション
のジレンマ
（資源配分プロセス）
Christensen, C.
(1997)【699】
・知識・学習
Kogut, B.
& U. Zander
(1992)【1346】
Cohen, W. M.
& D. A. Levinthal
(1990)【2759】
Nonaka, I.
(1994；1995)
【1987；4061】
IMVP
・リーン生産方式
Womack, J. P. et al.(1990)【1795】
・製品開発力
Clark, Kim B.,
and T. Fujimoto (1991)【903】
・レビュー論文とリーディングス
Peteraf, M. A. (1993)
【1218】
Foss, N. J. (1997)
【68】
・戦略論としての綜合：
Teece, D. J., G. Pisano, and A. Shuen,
"Dynamic Capabilities and Strategic Management," SMJ (1997)【2035】

論や具体的な経営戦略手法などがそれに対応して存在しているようなものではないからである。図1には、一九九七年に出版されたTeece et al.（1997）による動的能力観（dynamic capability view）の論文をＲＢＶの研究群の一つの到達点として捉えた上で、そこに流れ込む主要な研究業績が記入されている。新古典派経済学に批判的な立場の経済・経営学系の研究業績を綜合したNelson & Winter（1982）の影響を受け継いだ経営戦略論の研究者たちと、日本企業の競争力を解明しようとして戦略生成のプロセスや知識創造のプロセスに注目した実証研究者たちの業績が共にＲＢＶに流れ込んでいることが図1に描き込まれている。

これら多様で異質な研究がまとめられているため、ＲＢＶの共通特徴を抽出するのは難しいが、ここでは敢えて次の二点に大まかにまとめておくことにしよう。[2]

⑴ 基本的な分析枠組（主要な変数）

初期のＲＢＶの論者たちは、製品―市場に見られる〈製品〉そのものや〈競争相手に対する競争優位〉という「表層」の現象と、その「背後」・「深層」に原因として存在する競争優位の源泉とを明確に区別するところから議論を始めている（Wernerfelt, 1984 ; Prahalad & Hamel, 1990 ; Hamel & Prahalad, 1994）。[3] 競争優位という「表層」の現象を説明する上で、①同じく「表層」（製品―市場）における競争ポジションの保有という原因と、②経営資源という、目に見えない「深層」の要因の二つのうち、ＰＶは前者を主張し、自らは後者に注目するという問題の捉え方を採用する。この競争優位が一時的なものではなく永続している理由は、①競争ポジション自体が自己維持を可能にするものであるのか、あるいは②競争優位を支える原因としての経営資源がユニークであり、他社によって模倣・獲得されにくいかのいずれかである。ＲＢＶの論者によれば、ＰＶの考え方は①前者であり、自らの立場は②後者である、と位置づけられる。[4]

⑵ 経営資源の中身

ＲＢＶで重視される経営資源の中でも重要なのは、二つのレベルの組織的なプロセスである。[5] 第一のレベルの組織的プロセスは、プログラム（program）もしくはルーチン（routine）と呼ばれるものである。このルーチンが顧客にとって価値をもつ財・サービスを生み出し（valuable）、他社には存在せず（rare）、模倣が不可能である（inimitable）ことで、比較的長期にわたる高い経営成果が維持される（Barney, 2002）。しかし、環境は変化するので、そのルーチンを環境変化に合わせて変革したり、組み合わせたり、というダイナミックな変化に対応する能力も必要である。これはダイナミック・ケイパビリティ（dynamic capability：動的能力）と呼ばれる。ルーチンが、いわゆる技術力やマーケティング力などを想定した概念であるのに対して、ダイナミック・ケイパビリティは環境変化に対する適応能力を司る管理者集団の能力や組織文化などを想定して用いられる概念である（Teece et al., 1997；Tallman, 2003）。

これら二種類の組織的なプロセスが持続的な超過利潤の具体的な源泉であるためには、それらは他社が簡単に模倣できないものでなければならない。他社が模倣できない理由としてＲＢＶが頻繁に指摘する要因は、①暗黙知や因果関係の曖昧性故に、自分でも再生産できない、②再生産は出来るが知的所有権を保護する法律等の体制が整っているという二点である。組織のもつ知識に暗黙知の要素が強く存在することや因果が曖昧であることを強調する研究がＲＢＶにおいて強い関心を集める理由は、暗黙知を初めとする知識移転の難しさが、この経営資源に基づいた持続的な超過利潤を説明する上で便利だからである（Kogut and Zander, 1992; Nonaka, 1994; Polanyi, 1966；Teece et al., 1997）。

2　ＲＢＶの論争的な性質

以上二点の特徴を読めば即座に了解されるように、一見、「経営資源が重要だ」という日本の実証研究家たちの信念と親和性の高い議論の集積のように見えて、その実ＲＢＶには、新古典派経済学系の経営戦略論と論争関係にある新古典派ではない経済学系の要素が入り込んでいる。初期のＲＢＶの業績は、ポーターの競争戦略論に対する自らの位置づけを意識してはいるものの、新古典派を基礎に置くＰＶと鋭く対決しながら自分たちの陣営を形成していく、という論争的学派形成という目的意識に基づいて提出されていたわけではなかった（Barney, 1986; Itami, 1987; Prahalad & Hamel, 1990; Wernerfelt, 1984）。とりわけ、日本企業の実証研究を行なっている研究者たちは、〈日本企業が人的資源を重視し、それ故にダイナミックに成長を遂げている〉という現象を説明するために経営資源の重要性を強調していただけである。だが、ＲＢＶ陣営の側から経営戦略論と経済学の関係を論じたRumelt et al.（1991）や、ＲＢＶの発展形である動的能力観を構築したTeece et al.（1997）では、「ＰＶと対決するＲＢＶ」という構図が明確に形成されてきたように思われる。

そもそも経営戦略論は環境の機会・脅威と自社の経営資源をダイナミックに関係づけることであるから、経営資源自体への注目は古くから存在する（藤田、二〇〇四）[6]。それにもかかわらず一九八〇年代に、このような常識的な論点が殊更に取り上げられるようになった理由の一つは、おそらく「戦略経営の舞台の中心に近いところに経済学的思考法が移動」[7]し、「八〇年代における経済学からの最大の影響力を持つ貢献は疑いもなくPorterの*Competitive Strategy*（1980）であった」[8]ことであろう。企業環境の分析に軸足を置いたPorterの業界の構造分析が影響力を増したため、「組織の強みと弱みに関する内部分析も、機会と脅威に関する外部分析も、共にこれまでの文献で注意を集めてきてはいるが、近年の研究は企業の直面する競争環境における機会と脅威の分析に主眼が置かれる傾向にある」[9]という認識がアメリカの経営戦略研究の間で徐々に強まっていたのである。

ＲＢＶの論者たちはこのＰＶに対抗するべく、新古典派の主流とは一線を画するSimon（1965）やAlchian（1950）などの経済学・経営学の業績や、それらを綜合したNelson & Winter（1982）を重視した。この新古典派批判のスタンスと、①「経営資源を重視した企業経営による高い経営成果」を主張する日本企業等の実証研究、②経営資源の移転可能性が限られていることを強く主張する組織知識に関する研究などが結びつくことで、一九九〇年代にＲＢＶという研究運動が非常に大きな広がりをもって形成されていったのである。

なお、Simon や Alchian、Nelson & Winter (1982) の影響は、ＲＢＶのルーチン重視や進化論的枠組み重視に現われている。たとえば新古典派が経済主体による主体均衡（合理性）の概念を用いてモデルを構築するのに対抗して、これらの反主流派は、個々の主体は合理的な計算の結果ではなくルーチンに縛られて行動しているという仮定を導入する。また、新古典派が市場均衡によりマクロ状態を説明するのに対し、Nelson & Winter 等は多様な行為主体のルーチンが環境によって選択淘汰された結果としてマクロ状態を説明する。彼らは、個別主体の合理的な行為選択を出発点とする新古典派と決別するために、個別主体は合理的でないものの、マクロには定常状態が成立することを説明するために、意図に基づく説明ではなく、進化論に頼ったのである (Elster, 1983)。本来、経営資源の重要性と進化論との間に論理必然的な結びつきは存在しないと思われるが、ＲＢＶが進化論的な議論を好む背景には、このような新古典派に対する批判的姿勢が存在するのである。

三　論争的な学派形成の問題点

論争を通じて学派を形成しようとする試みは、一方では皆の注目を集めて研究作業を飛躍的に進めることができるが、問題も多い。ＲＢＶとＰＶの「論争」に関して言えば、本来対立していない点が殊更に対立点としてクローズアップされたり、より本質的な問題が見えにくくなっていたりという問題が発生しているように思われる。

1　論争的な特徴故に生じる問題①：対立の演出・創出

本来対立しているととらえる必要のないところまで、対立しているとRBVの論者が記述しているケースは少なくない。たとえば、まず第一に、RBVの研究者は経営資源の重要性を指摘する際に、①顧客にとって価値があり、②稀少であり、③模倣が困難であるという条件を強調する（Barney, 2002 ; Foss, 1997）。あたかもRBVのみがこの種の条件に光を当てているかのように主張されるが、実際のところ、これらの条件は、顧客にとって代替がきかない、競争相手の数が少ない、参入の脅威が小さい、といったPVの言葉で容易に置き換えることができる。

また第二に、現状のPV的研究が個別企業レベルの経営資源を直接議論していないとしても、その枠組みを個別企業レベルまで突き詰めていけば経営資源を考えざるを得ないので、原理的にPVとRBVが対立するとは言えない。たとえば業界の構造分析手法では、業界内企業グループ間の利益率格差を説明するのに戦略グループという概念を用い、その利益率格差が解消されない原因は移動障壁（mobility barrier）（戦略グループを移動するのを妨げる一種の参入障壁）があるからだと捉えられる。この業界内・グループ間利益率格差をもう一歩進めて、グループ内・企業間利益率格差を説明しようとすれば、「企業間の移動障壁」にたどり着くはずである。「企業間の移動障壁」とは、ある企業が他の企業のようになることを妨げる障壁であるから、その源泉は企業固有の経営資源であると考えるのが自然であろう。つまり、PVの枠組みを個別企業レベルの分析に用いれば、個別企業間の経営資源の相違を視野に入れることが必要であり、しかもそれは原理的に可能だ、ということである。(10)

第三に、RBVが主張する超過利潤の源泉に関する議論は、PVの陣営の意見を極端に狭く定義しすぎており、それによって初めて対立点を浮き立たせているという側面も見られる。RBVの側から見た整理によれば、PVは経営資源の裏打ちなど存在しなくても、製品―市場におけるポジションのみで超過利潤が発生していると主張している。しかし、一切の独自経営資源の裏打ちを持たずに製品―市場におけるポジショニングのみで独占利潤が発生するという考え方は明らかに単純すぎ、実際に Porter（1980）はそのような議論を展開していない。経験効果や製品差別化などの要因を枠組みに導入した途端に、経営資源の裏打ちをもった参入障壁・移動障壁の議論を行なっていることになるはずだからである。

2　論争的な特徴故に生じる問題②：盲点の出現

ＲＢＶの議論がＰＶとの対比にエネルギーを割くことで発生するもう一つの問題は、当初日本の研究者たちが重視していた〈研究としての面白み〉がＲＢＶの議論から消えていったことである。たとえば、われわれ日本の経営戦略研究者の見地からすると、ヒトという経営資源を重視した枠組みは、学習というダイナミックなプロセスを導入することで直観に反する命題を生み出すことを可能にしていた点が魅力的であった（伊丹・軽部、二〇〇四。軽部、二〇〇三）。たとえば Itami（1987）は、組織メンバーが時と共に実行を通じて学習することを戦略策定の際に考慮に入れると、現時点で経営資源に適合している戦略は長期的には経営資源のポテンシャルを十分に生かすことができず、逆に現時点では一見「無理」に思われる戦略が長期的には適切な成長経路を実現可能とする、と主張していた。組織メンバーの学習能力という比較的簡単な仮定を一つ追加するだけで、直観に反する仮説を生み出し、実証研究を進めていくことができる。しかしＲＢＶとＰＶという二項対立の図式に素直に従えば、むしろ企業の利益率のバラツキを説明できるのは産業の特徴であるのか、それとも経営資源の特徴であるのか、といった実証研究にエネルギーが割かれることになる（Rumelt, 1991）。もちろんそのような実証努力は貴重なものではあるが、同時に、直観に反する仮説を生み出していくという社会科学の本質的な興味深さが失われていく点には注意が必要である（沼上、二〇〇〇）。

四　残された研究課題

日本の実証系経営戦略論研究者たちがすべてＲＢＶとＰＶの対立という構図を真剣に受け止めてきたわけではない。しかし、このＰＶと対峙するＲＢＶという図式の中で、しかも日本発の実証研究がＲＢＶの中核を成しているという意識の下では、いくつかの重要な研究課題と問題が見落とされがちであった可能性がある。

まず第一に、日本企業の戦略と組織に本質的な欠陥が存在するのではないか、という問題意識の形成がやや遅れ気味であった点が指摘できる。戦略を策定するリテラシーが不足しているとか、組織劣化が進むメカニズムが存在するなどといった議論は、現場に近い経営コンサルタントからは既に指摘されていたものであったが（三枝、一九九四）、経営戦略論の実証研究者たちの間で主たる論点になるのは、二〇〇〇年代初頭からである（三品、二〇〇二、二〇〇四。沼上、二〇〇三。延岡、二〇〇二）。

戦略と組織の劣化問題に日本の経営戦略論研究者が注目するのがこの時期まで遅れた理由として、①多くの日本の製造業企業の業績が既に一九九〇年代半ば以降、回復軌道に乗っていたという事実を指摘することもできるが、同時に、②日本的な人的資源を重視する経営戦略が優れたものだという認識をＲＢＶとＰＶの論争の中でわれわれ研究者が強化し続けていたという点も指摘できると筆者は考えている。今後、日本企業の人的資源重視・プロセス重視の経営がどのような問題に直面するのかという観点から、日本企業の経営戦略に関する実証研究の積み上げが必要であると思われる。

第二に、もともと野中などに見られた分析的戦略に対する批判的な態度が、やはり一九九〇年代のＲＢＶとＰＶの対立図式の中で存続し、その結果、日本におけるＰＶやゲーム論的アプローチの経営戦略論の研究不足という結果が放置されることになったように思われる。この問題は実務と研究の両方の観点から重要である。「経営管理者を独自で模倣されにくい優位性の創出に方向付け、顧客や競争相手とゲームを行なうことを避けるように方向付ける」[11]というＲＢＶは、たしかに蓄積を軽視しがちなアメリカ企業の経営にとって適切な方向であったかもしれない（三品、一九九七）。しかし、日本企業の現実を直視するならば、逆に、蓄積のみではなく戦略的な駆け引きを通じて利益の出るポジションを確保する手腕を磨く、という側面も強調される必要があるように思われる。また、ゲーム論的アプローチは事後的に条件を設定すれば何でも説明できてしまう、という後知恵的な説明が多いという問題を指摘されることもあるものの、同時に、個人にとって合理的に見える行為であっても、多数のプレーヤーによって同時に追求されると、誰にとっても望ましくない状態が実現する、といったような「直観に反する洞察」を豊富に生み出せるアイデアの宝庫である（浅羽、二〇〇一。Brandenburger & Nalebuff, 1996. Ghemawat, 1997. McAfee, 2002）。これまで人間の学習能力に注目して直観に反するＲＢＶ的な仮説を探求してきたのと同様に、ＰＶをゲーム理論によって捉え直すことで直観に反する仮説を多数生み出し、研究を活発化できるはずである。またゲーム論的な企業間の相互作用の結果として、経営資源の蓄積が左右され、それが次のゲームの条件を形成していくというような両者を綜合したダイナミックな研究も可能であろう。

第三に、ＲＢＶとＰＶの対立という図式の中では、経営資源という言葉を使うことで却って見落としたものがあるのではないか、というＲＢＶ自身の理論的反省が不足していた可能性がある。本来、日本企業の実証研究者たちは日本企業におけるミドルの主体性に焦点を当てた研究をしていたはずなのだが、「経営資源」という言葉が用いられるようになることで、研究者の思考の中では〈主体としての人間〉が後背に退き、〈客体としての人材〉に自然に注意が集中してしまうという問題が発生していた可能性がある。経営資源という中核的な概念がもつ、主体性を消失させてしまう効果など、理論的に深く考えるべき問題がまだ残されているのである。

アメリカの研究者たちはアメリカの学界における現状とアメリカ企業の実態の両方の環境に直面して理論化作業を進めている。それ故に、彼（女）らにとって重要な論点は、必ずしも日本の学界と日本企業にとって重要であるとは限らない。一九八〇年前後から創始された日本人研究者による日本企業研究の歴史を読み解くと、アメリカの経営戦略論から素直に、真摯に学ぼうとする姿勢を堅持することが、一方で計り知れないメリットをわが国の経営戦略論研究にもたらしてきたことは確実であろう。だが他方、素直に、真摯に学ぼうとする態度が、実は日本の学界と企業に適合していない問題へとわれわれ実証研究家の目を誘ってしまうという問題も存在しうる。いつの時代にも、歴史的・社会的コンテクストに注意を払わなければ、研究の方向付けを誤る可能性がある、ということを以上の議論から再確認できるように思われる。経営戦略論の実証研究に携わる者は学説史研究に携わる人々よりも目の前の現実と、輸入物の理論の二つに注意を奪われ、それらが置かれている歴史的・社会的コンテクストを見失う傾向が強いのかもしれない。この傾向を緩和するためには実証研究に携わる者も経営学説史を学ぶことが是非とも必要なのである。この点を第四番目の課題・示唆として本稿を締めくくることにしたい。

注

（1）　このような立場をプロセス学派（process school）と呼ぶ。これに対してPorter等、戦略の最終的な到達点の設計のみに関する議論を展開するものを内容学派（content school）と呼ぶ。

（2）　以下にまとめられている項目は、ＲＢＶの論者たちの議論を沼上が問題点を明確化するために敢えて単純化したものである。それ故、客観的というよりもＲＢＶの論者の視点から見たポジショニング・ビューの特徴づけが行なわれている。

（3）　たとえばWernerfeltの議論は、製品―市場を扱うポーターの業界の構造分析に加えて、その製品を生み出すための戦略的な経営資源について業界の構造分析を行なう、という発想の下に展開されている（Wernerfelt, 1986; 1995）。また、より経営実践家向けのPrahalad & Hamel (1990) 及びHamel & Prahalad (1994) も、競争力の強い商品やデバイスそのもの（表層）に目を奪われるのではなく、むしろその背後（深層）に存在する組織の能力（competence）こそが重要である、という議論を展開している。

（4）　たとえばＲＢＶの主要なレビュー論文として評価されているPeteraf (1993) によれば、ポジショニング・ビューでは超過利潤の正体は独占レントであり、ＲＢＶではリカーディアン・レントもしくはパレート・レントである。

(5)　論者によっては経営資源とルーチン（プログラム、コンピテンス）、ダイナミック・ケイパビリティという三つを区別する研究者も存在するが、人的であろうと物的であろうと、組織的なプロセスの中で用いられることのない経営資源を想定することは非常に困難であると思われるので、ここでは両者を区別しないことにし、後二者の組織的なプロセスのみに注目しておこう。なお Teece, et al. (1997) は資源と組織ルーチンを区別するが、Barney (2002) は区別していない。

(6)　藤田はこの点を主張する際に、ＳＷＯＴ分析や Hofer & Schendel (1978), Selznick (1957) の独自能力などに言及している。

(7)　Rumelt, Richard P., Dan Schendel, and David J. Teece, "Strategic Management and Economics," *Strategic Management Journal,* Vol. 12, p. 8.

(8)　*Ibid.,* p. 8.

(9)　Barney (1991), p. 100.

(10)　実際、ＲＢＶの創始者の一人である Rumelt (1984) は、「…移動障壁を企業のグループに限定する理論的理由は存在しない。だから私は個別の企業間で事後的にレントを均等化してしまうのを制限するような現象に言及するのに孤立化メカニズム（isolating machanism）という語を用いることにしたい」と述べ、模倣困難性の概念が移動障壁を個別企業レベルに下ろしただけのものであることを自ら認めている。

(11)　Teece, et al. (1997), p. 528.

参考文献（本文中に引用したもののみ。図を除く）

Alchian, A. A., "Uncertainty, Evolution and Economic Theory," *Journal of Political Economy,* Vol. 58, 1950, pp. 211-222.

浅羽　茂「競争戦略論の展開：経済学との共進化」新宅純二郎・浅羽　茂編『競争戦略のダイナミズム』日本経済新聞社、二〇〇一年、一―二五頁。

Barney, Jay, "Strategic Factor Markets: Expectations, Luck, and Business Strategy," *Management Science,* Vol. 32, No. 10, 1986, pp. 1231-41.

Barney, Jay, "Firm Resources and Sustained Competitive Advantage," *Journal of Management,* Vol. 17, No. 1, 1991, pp. 99-120.

Barney, Jay, *Gaining and Sustaining Competitive Advantage* (2nd Edition), Upper Saddle River, NJ, Prentice Hall, 2002.

Brandenburger, Adam M., and Barry J. Nalebuff, *Co-opetition,* New York, NY : Currency, 1996.

Elster, Jon, *Explaining Technical Change: A Case Study in the Philosophy of Science,* Cambridge, Cambridge University Press, 1983.

Foss, Nicolai J., (ed.), *Resources, Firms, and Strategies: A Reader in the Resource-Based Perspective,* Oxford, Oxford University Press, 1997.

藤田　誠「経営資源と競争優位性：Resource Based View 小史」『早稲田商学』第四〇〇号、二〇〇四年九月、六一―八九頁。

Ghemawat, Pankaj, *Games Businesses Play: Cases and Models,* Cambridge, MA, The MIT Press, 1997.

Hamel, Gary, and C. K. Prahalad, *Competing for the Future*, Boston, MA, Harvard Business School Press, 1994.（一條和生訳『コア・コンピタンス経営』日本経済新聞社、一九九五年。）

Hofer, C. W., and Dan Schendel, *Strategy Formulation: Analytical Concepts*, St. Paul, MN, West, 1978.（奥村昭博・榊原清則・野中郁次郎訳『戦略策定』千倉書房、一九八〇年。）

Imai, Kenichi, Ikujiro Nonaka, and Hirotaka Takeuchi, "Managing the New Product Development Process: How Japanese Companies Learn and Unlearn," in Clark, Kim B., Robert H. Hayes, and Christopher Lorenz, (Eds.), *The Uneasy Alliance: Managing the Productivity-Technology Dilemma*, Boston, MA, Harvard Business School Press, 1985, pp. 337-375.

Itami, Hiroyuki, *Mobilizing Invisible Assets*, Cambridge, MA, Harvard University Press, 1987.

伊丹敬之・軽部　大（編著）『見えざる資産の戦略と論理』日本経済新聞社、二〇〇四年。

加護野忠男・野中郁次郎・榊原清則・奥村昭博『日米企業の経営比較―戦略的環境適応の理論―』日本経済新聞社、一九八三年。

軽部　大「見過された分析視角：E. T. Penroseから「資源・能力アプローチ」へ」『一橋論叢』第一二九巻五号、二〇〇三年、五五五―五七四頁。

McAfee, R. Preston, *Competitive Solutions: The Strategist's Toolkit*, Princeton, NJ, Princeton University Press, 2002.

Mintzberg, H., "Strategy-Making in Three Modes," *California Management Review*, Vol. 16, No. 2, 1973, pp. 44-53.

三品和広「『蓄積』対『組み合わせ』―日米比較の仮説―」『一橋ビジネスレビュー』第四五巻第二号、一九九七年、七五―八三頁。

三品和弘「企業戦略の不全症」『一橋ビジネスレビュー』第五〇巻第一号、二〇〇二年、六―二三頁。

三品和広『戦略不全の論理―慢性的な低収益の病からどう抜け出すか―』東洋経済新報社、二〇〇四年。

Nelson, R. R., and S. G. Winter, *An Evolutionary Theory of Economic Change*, Cambridge, MA, Belknap Press, 1982.

延岡健太郎「日本企業の戦略的意思決定能力と競争力」『一橋ビジネスレビュー』第五〇巻第一号、二〇〇二年、二四―三八頁。

野中郁次郎『企業進化論―情報創造のマネジメント―』日本経済新聞社、一九八五年。

野中郁次郎『知識創造の経営―日本企業のエピステモロジー―』日本経済新聞社、一九九〇年。

Nonaka, Ikujiro, "Toward Middle-Up-Down Management: Accelerating Information Creation," *Sloan Management Review*, Vol. 29, No. 3, 1988, pp. 9-18.

Nonaka, Ikujiro, "A Dynamic Theory of Organizational Knowledge Creation," *Organization Science*, Vol. 5, No. 1, 1994, pp. 14-37.

Nonaka, Ikujiro, and Hirotaka Takeuchi, *The Knowledge-Creating Company: How Japanese Companies Create the Dynamics of Innovation*, Oxford, Oxford University Press, 1995.

沼上　幹『行為の経営学―経営学における意図せざる結果の探究―』白桃書房、二〇〇〇年。

沼上　幹『組織戦略の考え方―企業経営の健全性のために―』ちくま新書、二〇〇三年。

Peteraf, Margaret A., "The Cornerstones of Comparative Advantage: A Resource-Based View," *Strategic Management Journal,* Vol. 14, No. 3, 1993, pp. 179-191.

Peters, Thomas J., and Robert H. Waterman, Jr., *In Search of Excellence: Lessons from America's Best-Run Companies,* New York, NY, Harper & Row, 1982.

Polanyi, Michael, *The Tacit Dimension,* London, Routledge & Kegan Paul, 1966.

Porter, Michael E., *Competitive Strategy,* New York: Free Press, 1980.

Prahalad, C. K., and Gary Hamel, "The Core Competence of the Corporation," *Harvard Business Review,* Vol. 68, No. 3, 1990, pp. 79-91.

Rumelt, Richard P., *Strategy, Structure, and Economic Performance,* Boston, MA, Division of Research, Harvard University, 1974.

Rumelt, Richard P., "Towards a Strategic Theory of the Firm," in Lamb, Robert Boyden, (ed.), *Competitive Strategic Management,* Englewood Cliffs, NJ, Prentice-Hall, 1984, pp. 556-570.

Rumelt, Richard P., "How Much Does Industry Matter?" *Strategic Management Journal,* Vol. 12, No. 3, 1991, pp. 167-186.

Rumelt, Richard P., Dan Schendel, and David J. Teece, "Strategic Management and Economics," *Strategic Management Journal,* Vol. 12, 1991, pp. 5-29.

三枝　匡『経営パワーの危機』日本経済新聞社、一九九四年。

Selznick, Philip, *Leadership in Administration: A Sociological Interpretation,* Berkeley, CA, University of California Press, 1984.

Simon, H. A., *Administrative Behavior,* (2nd. Ed.), New York, Free Press, 1965.

Teece, David J., Gary Pisano, and Amy Shuen, "Dynamic Capabilities and Strategic Management," *Strategic Management Journal,* Vol. 18, No. 7, pp. 509-533.

Tallman, Stephen, "Dynamic Capabilities," in Faulkner, David O., and Andrew Campbell, (eds.), *The Oxford Handbook of Strategy, Volume I: A Strategy Overview and Competitive Strategy,* Oxford, Oxford University Press, 2003, pp. 372-403.

Weick, Karl E., *The Social Psychology of Organizing,* Reading, MA, Addison-Wesley, 1969.

Wernerfelt, Birger, "A Resource-Based View of the Firm," *Strategic Management Journal,* Vol. 5, 1984, pp. 171-180.

Wernerfelt, Birger, "The Resource-Based View of the Firm: Ten Years After," *Strategic Management Journal,* Vol. 16, 1995, pp. 171-174.

吉原英樹・佐久間昭光・伊丹敬之・加護野忠男『日本企業の多角化戦略』日本経済新聞社、一九八一年。

八　経営戦略研究の新たな視座
――沼上報告「アメリカの経営戦略論（ＲＢＶ）と日本企業の実証的研究」をめぐって――

庭本佳和

一　経営戦略論の発展――沼上報告の問題意識と学史的位置――

アメリカ経営学を中心にした経営学の現在というのであれば、経営戦略論が大きな位置を占めるであろう。経営学の新しい研究領域とはいえ、経営戦略論も既に半世紀近い歴史がある。学史的研究がなされても不思議ではないが、現在も発展し流動しているため、学史研究者には苦手な研究領域といえる。深く議論するためには、非会員の戦略研究専門家にそれを託さざるを得なかった。それが招待報告である沼上報告にほかならない。

沼上報告の問題意識は、日本企業に対する日本人研究者の実証研究を一九九〇年代のリソース・ベースト・ビュー（ＲＢＶ）の流れの中で検討して、日本の実証研究が見逃したものを抉りだし、わが国の戦略研究における現在の課題と問題を明らかにしようとするところにある。この点をより明確にするため、経営戦略論の発展を素描し、まず沼上報告の学史的位置を明らかにするところから、この討論報告を始めよう。

１　戦略計画論（一九六〇年代後半〜一九七〇年代）

経営戦略論は、一九六〇年代に、「戦略計画論」ないし「戦略策定論」として生成した。環境適応にかかわる経営の中核概念、戦略概念は、まずチャンドラーの経営史研究（『戦略と構造』1962）に捉えられ、「構造は戦略に従う」と命題化された。このチャンドラー命題に立って多角化戦略を解明したH・I・アンゾフの『企業戦略論』(1965) によって、戦略論は「戦略策定論」として理論的に確立されるとともに、一般にも普及した。アンゾフに比べると、戦略の概念規定がやや緩やかであるが、個人的価値や公共義務も戦略の構成要素に含んで戦略枠組を提示したK・R・アンドルーズ『企業戦略の概念』(1971) がそれを確かなものにした。もっとも、アンドルーズの著書は、戦略計画論を超えて、戦略経営論を予想したような風格を漂わせている。

２　戦略経営論（一九七〇年代末〜一九八〇年代）

一九六〇年代から七〇年代にかけて、企業は戦略計画概念を急速に受け入れたが、必ずしも十分な成果をあげられなかった。その原因をR・N・パウル達は①不正確な予測、②実行能力の制約、という二点に求めている。予測は今日でも困難な問題であるが、それゆえ一層、乱流的環境下の困難な状況に速やかに対応する組織の実行能力、戦略能力（自律的戦略行動）が重要になる。組織の考察を欠いた戦略計画論ではこれを扱えず、戦略経営論に委ねざるを得なかった。このパラダイム転換を端的に表現したのが、アンゾフ他の『戦略計画から戦略経営へ』(1976) であろう（ワーキング・ペーパーでは一九七四年に既に戦略経営や組織能力に論及している）。

このように、戦略経営概念を創り出し、普及させたのもアンゾフであり、戦略経営パラダイムでも、前パラダイムに引き続いて代表的形成者になった。『戦略経営論』(1979)、『戦略経営の定着 (Implanting Strategic Management)』(1984) が、この時期の彼の奮闘を示している。ホファー・シェンデルの著作を中心にしたウェスト・シリーズとその後の研究も、このパラダイム形成に大きく寄与した。その他にも多くの研究者がこのパラダイム

(ないしこの名称)のもとに論じ、今日に至っている。それら論者の間にも違いが見られるが、共通点を探るとすれば、一つの戦略プロセスの中に計画プロセスと執行プロセスをもつということであろう。いわば戦略プロセスと組織プロセスが交差し結合するという点で、早くからバーナードが関心を示し、基本的枠組を提示してきたものである。ここに注目すればR・A・バーゲルマンの戦略と組織の相互作用モデル(1983)も典型的な戦略経営論といえよう。また、この時期にM・E・ポーターの競争戦略研究(1980)は既に現れていた。

確かに戦略経営論は、乱流的環境に適応するには高い組織能力が必要であるとの認識から生まれた。しかし、このパラダイムの形成当初(確立期)は、組織能力も特に執行能力が注目されたにすぎず、環境認識能力や戦略創造(事業構想)能力、あるいは競争優位を創る独自能力にはまだ眼が届いていなかった。もっとも、執行能力であれ、組織能力が認識されれば、組織認識が深まるのは時間の問題である。この点は第二節で論じたい。

3　競争戦略論の展開(一九九〇年代～現在)――沼上報告の対象研究と問題提起――

一九八〇年代の後半から、特に九〇年代に入ると、戦略経営論に対する十分な吟味と展開がなされないままアンゾフ流戦略論への関心が急速に薄れ、競争戦略研究が経営戦略論の前面に躍り出てきた。それは、一九八〇年代末から九〇年代初頭にかけて世界が大きく転換し、今日に至る社会的大変動の起点となったことと無縁ではあるまい。たとえばベルリンの壁の崩壊(1989)を契機に社会主義国家体制が崩れ、経済の一元化や労働市場の一元化が進んだ結果、あらゆる企業は弱肉強食の市場原理が貫徹する大競争時代、グローバル競争時代に突入した。中国経済の台頭もこれに拍車をかけており、二十一世紀に入ってますます大きな存在となっている。この時期に、わが国の家電系メーカーはこれら動きの直撃を受けて業績を悪化させ、まさしく「失われた一〇年」となった。

冷戦の終焉はまた地球環境問題を、世界政治の舞台に押し上げた。地球の危機は九〇年代に人々に深く浸透し、その対処如何が企業の盛衰を決めるまでになっている。たとえば自動車会社の世界戦略がこれを視野に収めて展開されていることは周知の事実であろう。さらに九〇年代に急進展した情報化（ネット化）が企業経営のあり方、事業の変容に大きく影響したことは、ここで述べるまでもない。いずれもが従来の競争ルールの変更であり、企業競争を激化させる。「競争優位」はアンゾフの『企業戦略論』（1965）以来、重要な戦略の構成要素であったとはいえ、従来とは質も速さも異なる環境状況に直面して、一九九〇年代以降の経営戦略論は、競争戦略の構築を中核に理論展開がなされてきた。ポジショニング・アプローチと資源アプローチがその代表である。報告者（沼上）を含めた、わが国の実証的経営戦略研究は資源アプローチと連動しつつ展開された。

この点を論じるにあたり、沼上は一九八〇年代初めの二つの実証研究、吉原・佐久間・伊丹・加護野『日本企業の多角化研究』（1981）と加護野・野中・榊原・奥村『日米企業の経営比較』（1983）に注目する。前者の実証研究から引き出された「バランスを欠いた過剰な分権化・多角化が却って企業成長に結びつく」という仮説が、伊丹（1987）の「見えざる資産（情報的経営資源）」と「オーバーエクステンション」概念に発展し、八〇年代後半以降にアメリカを中心に生成しつつあったリソース・ベースト・ビュー（ＲＢＶ）に影響を及ぼしていくと見るからだ。確かに、伊丹は情報的経営資源の重要性を強調してＲＢＶに寄与した。そして単純な概念であるが、「オーバーエクステンション」概念によって資源形成プロセスに踏み込んだ点は、むしろ多くのＲＢＶを超えていよう。

沼上によれば、後者の実証研究はコンティンジェンシー理論の枠組を用いて「①日本企業が現場重視の競争優位志向に対して、アメリカ企業が製品戦略重視の競争戦略志向であること、②日米優良企業は価値・情報共有を中心にした濃密な相互作用（グループ・ダイナミックス）とともにルールによる組織統合（ビュロクラティック・ダイナミックス）をも重視する」ことを見出したという。しかし、この発見事実の内容は、コンティンジェンシー理論の枠組とは乖離していることを指摘しておかねばならないだろう。そのため、ワイクの影響のもとに発見事実を解釈して、「グループ・ダイナミックスを維持しつつ製品戦略へと競争優位の源泉をシフトさせてゆくこと、またそうすることで主体的に大きなバリエーション（イノベーション）を創発させていくことが重要である」と結論づけざるを得なかったのである。コンティンジェンシーの理論枠とワイク理論が結びつくか否かはここでは問わないが、この結論を基礎に展開された野中の組織的創造理論（1990, 1995）が、日本発の理論として世界を席巻しつつ、ＲＢＶの流れを形成してゆくことになる。野中の暗黙知理解に些か問題があっても、それが「移転困難な経営資源が持続的競争優位の源泉」というＲＢＶの主張と結びつきやすかったからでもある。もっとも野中の知識創造理論は、その名称にもかかわらず、知識創造よりむしろ知識共有化プロセスに説明の力点が置かれていることには注意を要するだろう。暗黙知そのものの働きに関する説明が乏しいのは、そのためである。

伊丹や野中の研究の影響もあって、その後のわが国の戦略研究は、ＲＢＶへの傾斜を強めてゆく。これが「失われた一〇年（実際は二〇〇〇年前半までの十数年）」に、沼上自身も関与した『リーディングス日本の企業システム』をはじめ、「日本企業の強さの研究」が多数継続された理由の一つとなった。これが沼上の認識である。そこには実践性を強く意識した実証研究でさえ「企業の深刻な現実」との乖離を免れなかったという沼上の深い思い（反省）があろう。その原因は、沼上も指摘するように、経営研究のベスト・プラクティス志向や自動車など優良企業のＶ字回復ということも大きかった。このような状況の中で、ある意味では場違いな「日本企業の強さの研究」が排出され、家電系メーカーなどの深刻な業績悪化は見逃されることになった。

ところで、わが国の戦略研究が傾斜したＲＢＶとは、持続的競争優位の源泉を、「産業構造の進展の中に優位に位置取りする」競争ポジショニング（ＰＶ）ではなく、その保持する「稀少かつ模倣困難な価値ある経営資源」に求める戦略論の総称である。その起源をＥ・ペンローズの『企業成長の理論』（1959）にまで遡ることができるかもしれないが、直接的にはワーナーフェルトの論文「資源に基づく企業観（Resource-Based View of the Firm）」（1984）に始まる。Ｊ・Ｂ・バーニーはその代表的論者であるが、コア・コンピタンス論で有名なＧ・ハメルとＣ・

Ｋ・プラハラードの研究（1990, 1994）もＲＢＶの一角を占めていよう。それらＲＢＶ研究群の中で、沼上はＤ・Ｊ・ティースらの「動的能力観（dynamic capability view）」（1997）を一つの到達点と見る。この見方に討論者（庭本）も異論はない。だが、このティースらの研究が「ＰＶと対決するＲＢＶ」という構図をつくり上げた。この論争的学派形成は、ＲＢＶのルーチン重視や進化論的枠組重視に現れただけでない。ＰＲとの対立を演出・創出して議論と実践的示唆を歪め、それが日本研究者にも跳ね返ったと見る沼上は、「ＰＶに対峙するＲＢＶの中核部分を日本発の研究が担っているという自負心と世界的にも認められた理論運動の中で仕事をしているという安心感に浸って、日本企業の問題に対する認識が遅れ、分析（ＰＶ）的戦略の研究・教育がおろそかになった」と総括している。この沼上の言葉は、わが国の実証的戦略研究を担ってきた当事者のものだけに重い。しかし、そのような研究状況を生みだした原因の一つは、戦略経営論の吟味が不十分だったことにあるのではないだろうか。第二節で、戦略経営論を展開した討論者（庭本）の一九八四年論文の一部を紹介して、この点を明らかにしてみたい。

二　戦略経営論の展開——庭本佳和「戦略的経営パラダイムの展開」一九八四年より——

戦略計画論から戦略経営論へのパラダイム転換は、戦略論の関心領域と研究領域を著しく拡大した。当然、その採用するアプローチは統合アプローチとならざるを得ない。それも三つの方向がある。

一つは規範的戦略論と記述的戦略論の統合という戦略論内部の統合で、戦略と経営哲学の統合である。二つに戦略が行動に至るプロセス（戦略↓行動計画↓予算↓行動）における研究領域の統合で、戦略と行動（組織）の統合である。三つに産業組織論、マーケティングの成果との統合であり、戦略概念はより精緻化し、内容も豊かになった。これら議論も考慮すると、戦略経営論のもとでの戦略概念は、⑴戦略概念の拡大化、⑵戦略概念の統合化、⑶戦略概念の階層化、⑷戦略概念の精緻化、⑸戦略概念の道徳化（価値化）、という点が特徴的である。

1　戦略概念の拡大化（問題領域の拡張）

戦略計画論に比べて、戦略経営論における戦略概念の大きな特徴は、その対象とする領域の拡大にある。たとえば、アンゾフが『企業戦略論』（1965）で展開したものは、経済領域に限定（ＰＶは今なおここに限定）した製品－市場戦略であった。しかし彼も「戦略計画から戦略経営へ」のパラダイム転換を遂げる過程で戦略概念の拡大をはかり、社会的責任領域を戦略論として展開する道を開いた。社会のあり方が戦略概念の拡大を要請したともいえる。地球環境問題が緊急課題として浮上した今日では、その要請は一層強くなっていよう。

このような戦略概念の拡大は、問題領域の拡張にとどまらず、環境観の革新を伴う。経済環境以外に社会環境や政治環境、さらに自然環境をも考慮するということは、単に経済環境にそれら環境が加わっただけに終わらない。それらが一体となった環境間関係や相互作用に視座が据えられるからである。

2　戦略概念の統合化

戦略論のパラダイム転換を促したいま一つの要因は、「戦略－組織」関係にある。「構造は戦略に従う」というチャンドラー命題に依拠して、多くの論者は戦略研究から組織的局面を捨象してきた。アンゾフの『企業戦略論』（1965）はその典型である。しかし、戦略的行動は環境認識（解釈）能力、戦略執行能力に依存し、さらに戦略策定プロセス自体が政治的な組織コンテクストに大きく左右される（図2も参照）。特に乱流的環境のもとでは瞬時に対応する組織能力が求められるが、優良企業は、創造能力はもちろん、キャッチアップ能力も実に高い。

ここに戦略経営論は、戦略策定プロセスだけでなく、執行プロセスが考察の対象となる。それを前述の問題領域の「拡大化」とは別の意味で、「戦略概念の拡大化」と受け取る論者もいる。しかし、アンゾフが強調している

図１　アメリカと日本の戦略行為モデル

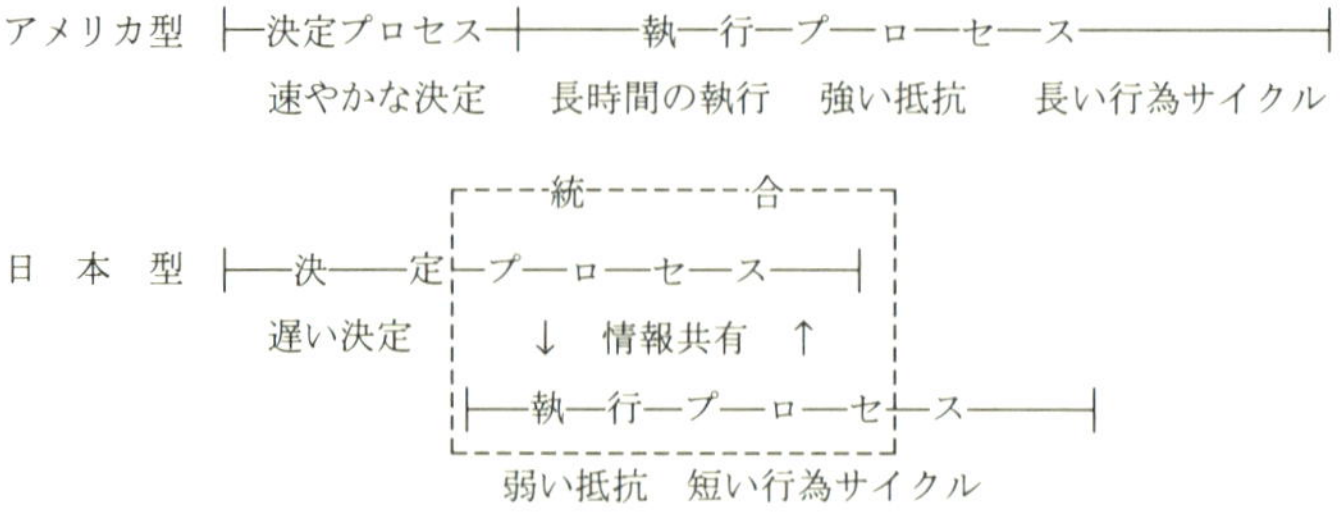

（Ansoff［1982］を一部変更）

図２　戦略概念の階層性と組織能力

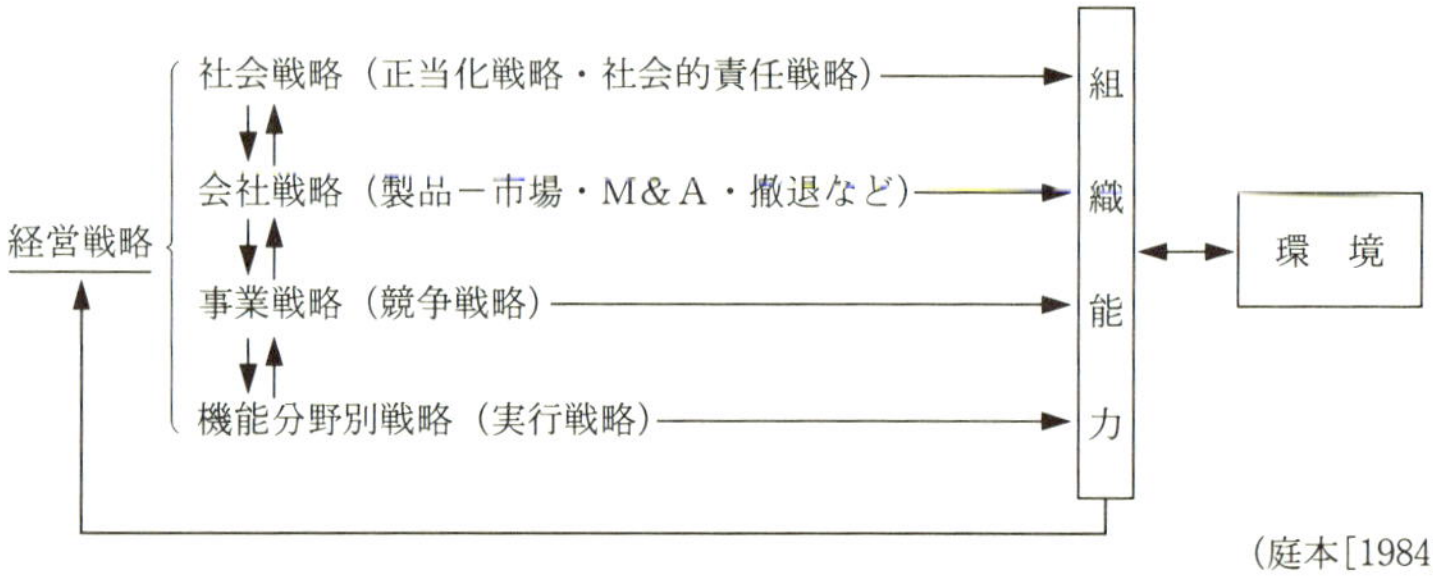

（庭本［1984］）

図３　組織（戦略）文化と環境（情報）認知

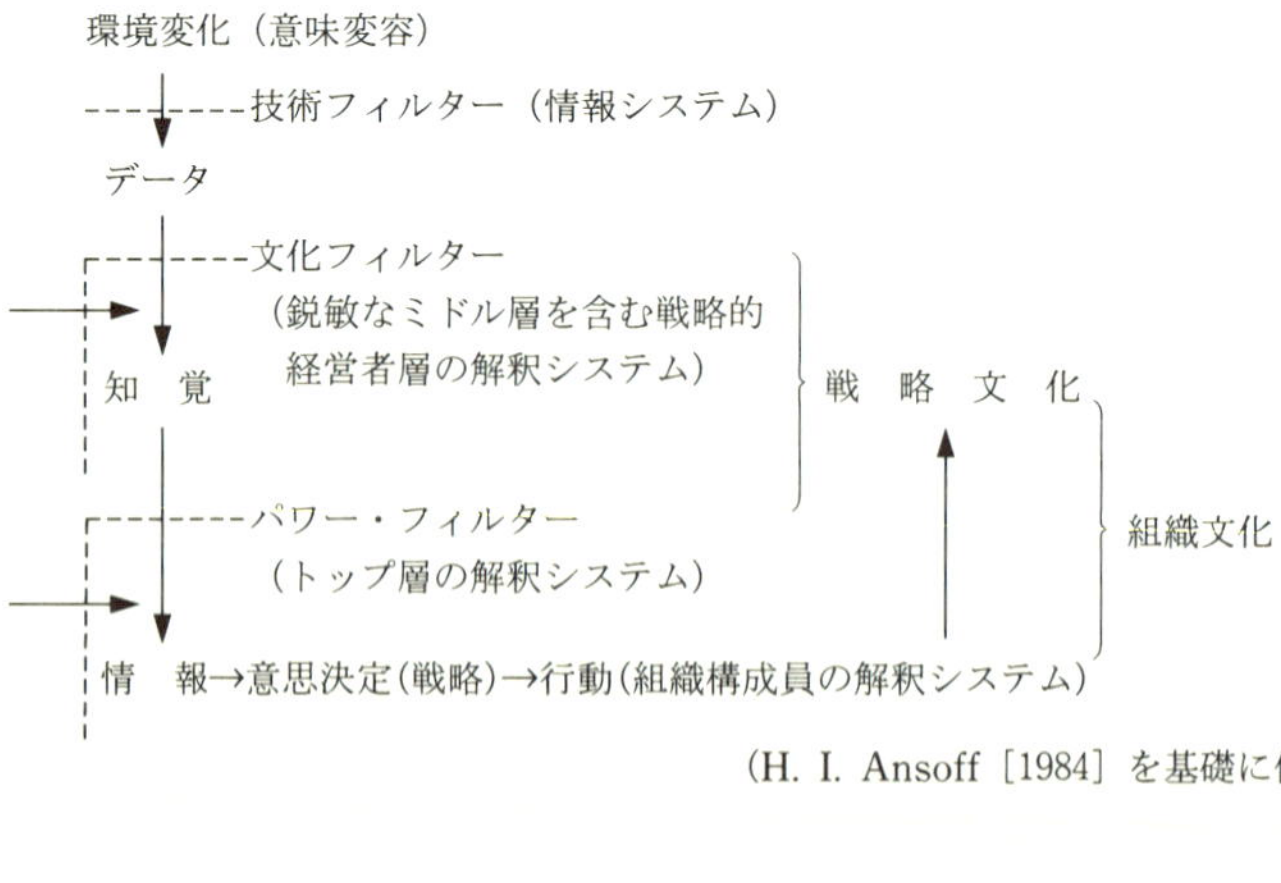

（H. I. Ansoff［1984］を基礎に作成。）

のは、戦略概念の単なる拡大ではなく、新しい戦略を創造し、管理する能力であり、計画の中に執行を構築する統合、あるいは現場情報を計画に反映させる統合である。学習ー行為アプローチをとるのもそのためであり、彼は日本的経営にその一つのモデルを見ている（図1）。一見、決定の遅い日本的経営も、決定と執行が重複し、知識や情報が共有化されているため、戦略プロセス全体としては速やかに進むためである。

戦略概念の統合的把握が組織理解を深めたことはいうまでもない。執行能力から始まった組織局面の理解も、やがて環境認識、戦略創造を担う組織能力へと進み、戦略概念の道徳化（価値化）への道を切り開くのである。

3　戦略概念の階層化

戦略経営論が明らかにしたものに、戦略概念の階層性があり、これにはホファー＝シェンデル（1978）が大きく貢献した。彼らによれば、経営戦略は全社戦略、事業戦略、機能分野別戦略からなる。

このような戦略の階層的把握、特に全社戦略と事業戦略の区別は、事業のライフサイクルと企業の生命とを区別して企業の発展過程の理解に役立つだけではなく、多角化企業の資源配分、組織戦略の重要性を浮かび上がらせた。もちろん、企業の盛衰は事業の成否にかかっているから、競争戦略としての事業戦略と実行戦略としての機能分野別戦略とが鍵を握っているが、その相互作用的関係が重要だ。そして付随的なことであるが、戦略の階層的理解は、アンゾフがもたらした「戦略的」と「戦略」の区別を巡る問題（混乱）に一つの解答を与えるだろう。

ホファー＝シェンデルは、その編集した『戦略経営』（1979）では、企業が社会的に行動することを確保するための戦略を加え、アンゾフに倣って「企業戦略（enterprise strategy）」と名づけている。これはその後、ホファー達によって「社会戦略（societal strategy）」と明確にされた。この社会戦略が全社戦略以下を方向づけるが、環境認識も、社会問題に事業機会を見つけ、実行するのも、組織能力に依拠していることには注意を要する（図2）。戦略概念の道徳化（価値化）に関連する問題であるが、それが企業に主体性を与え、経営能力を決定するのである。

4　戦略概念の精緻化

戦略経営論において、戦略概念（戦略分析）は精緻になった。戦略概念の階層的把握と分析手法の発展とがこれを切り開いたといえる。この点ではボストン・コンサルタント・グループ（ＢＣＧ）によって提唱された「経験曲線」（累積生産量―コスト関係の経験則）、ＧＥによって開発された「ＰＩＭＳ」（マーケットシェアー―利益関係の実証的研究）、特にこの両者を結びつけたＢＣＧのプロダクト・ポートフォリオ・マネジメント（ＰＰＭ）は、多角化企業や複数事業企業に、合理的で論理的な投資の方向や選択基準を示している。

競争構造の精緻な分析には、ポーターをはじめとする産業組織論の貢献が大きい。ポーターはベイン＝メイスンらの「産業構造→経営行為→業績」という生態的な主張をゲームの理論を導入して動態化させ、「産業構造⇄経営行為⇄業績」と定式化し直した。その際、「戦略グループ」概念を一般化した「移動障壁」概念を用いて、産業構造の成熟度や構造的性質、その中での競争上に位置に応じた競争戦略を具体的に展開している（沼上も指摘しているが、この「移動障壁の概念」を個別企業に移したものがＲＢＶの「模倣困難性の概念」だとルメルトが認めていることは興味深い）。

戦略経営パラダイムのもとでの研究は、概念が精緻で、操作的で、適合的になった。経営戦略のこのような傾向を、後に野中は「経営戦略の科学化」と表現している。

5　戦略概念の道徳化（価値化）

図2で示したように、環境を認識（解釈）し、戦略を創造し、戦略を実行するのは組織であり、戦略は組織能力に左右される。組織能力は、組織構造とそれに付随する管理システムだけからなるのではない。そこには、存続した組織が創り出す規範、態度（雰囲気）、思考（理念や哲学）などの価値システムをも含んでいる。長期に渡って組織メンバーに浸透し共有されるに至った組織価値を、バーナードは組織道徳と呼ぶ。もちろん、彼はこれが

文化であることは承知していたが、後に一般的にも「組織文化」と呼ばれ、戦略の形成と執行に多大な影響を及ぼす。それは組織価値組織が解釈枠組として働くからである（図3）。ここにアンゾフもまた戦略的経営能力の構成要素として戦略文化をあげるまでになった。当然、戦略文化の変革なしに戦略の創造や革新はあり得ない。このように戦略の創造・形成・執行に組織価値が影響を与える側面を、「戦略概念の道徳化」と呼ぶことにしたい。

討論者（庭本）の一九八四年論文は、戦略経営論を以上のように把握した後、それがバーナード理論を基礎パラダイムとして展開されていることを、アンゾフの経営認識の深まりに確認し、終えている。ＲＢＶはまだ現れていなかったから、当然、触れていない。もし、この枠組でＲＢＶを捉えるとすれば、戦略概念の道徳化（価値化）と深く関連していよう。たとえば、ＲＢＶの一角を形成するコア・コンピタンス概念は、バーナードの自律的道徳制度↓セルズニックの独自コンピタンス↓アンドルーズの「組織の独自コンピタンス」の流れの中から生まれた。ＲＢＶの到達点ともいえるティースらの動的能力は、戦略の創造や革新を担う組織能力であり、その一つの表現である「戦略概念の道徳化」と深くかかわっている。ティースらも自らの「動的能力」定義でそれを認めている。

このように見ると、組織重視の「戦略概念の統合化」は必然的に「戦略概念の道徳化（価値化）」を引き起し、能力的ＲＢＶへの道を切り開いていたのである。したがって、戦略経営論を十分に検討し把握していれば、ＰＶとＲＢＶはそれぞれに位置を占め、原理的に対立しないことも容易に理解できたであろう。

三　経営戦略研究の新しい視座——ＰＶとＲＢＶの対立・論争を超えて——

１　沼上の問題認識と新しい研究視座

既に見たように、沼上報告は自らも関与した日本の実証的戦略論の見逃したものを素直に認め反省した上で展開されている。わが国の戦略研究をリードしてきたという自信の裏打ちもあるのであろうが、その態度は真摯である。その上で、ＲＢＶの論争的学派形成の問題点を明らかにしてゆく。まず、ＲＢＶによる対立の演出・創出である。確かに、ＲＢＶは対立ならざるものを対立的に捉え、ＰＶの理解を妨げた面を否定できない。またＲＢＶの議論がＰＶとの対比にエネルギーを割いた結果、社会科学の研究としての面白みが消えていったと指摘する。その例として学習のダイナミックなプロセスを挙げているが、これはＲＢＶの経営資源観の問題である。

研究視座にかかわる沼上の重要な指摘は、社会的・歴史的コンテクストに立脚した実証的戦略論の要請だろう。たとえばＲＢＶおよびその論争的性格がアメリカの社会的・歴史的コンテクストから生まれたものであり、それが必ずしも日本の学会と日本企業には重要とは限らない。それどころか、誤りに導くこともある。それをＲＢＶの流れに身を置いた沼上はそれこそ身をもって学んだ。わが国の社会的・歴史的コンテクストを認識しない実証研究は、わが国企業の現実を見失うこともある。これが沼上報告の結論であり、問題提起であった。

ＲＢＶの議論からの社会科学的面白みの喪失と研究における社会的・歴史的コンテクストの重要性の指摘は、いずれも示唆に富んでいる。その他にもいろいろ深い議論がなされているが、この二点に絞って検討したい。

2　ＲＢＶの経営資源観

まず、ＲＢＶの社会科学としての面白みの喪失は、その論争的性格に由来するというより、もっと根本的なＲＢＶの経営資源観に内在するように思われる。沼上はティースに従って、経営資源を技術力やマーケティング力といった組織ルーチンないしプログラムと、それを創り替える管理能力や組織文化からなる動的能力と説明する。動的能力はもちろん、組織ルーチンもまた組織能力である。経営資源を広く捉えれば、組織能力も経営資源といえる。ＲＢＶの代表的論者であるＪ・Ｂ・バーニーも「これらさまざまな呼称（経営資源、コンピタンス、ケイパビリティ）の意味するものはほぼ同じ」と見た。もとより資源と能力を同義に扱い、資源的視角で能力を資源から説き起こせば、能力は客体的な資源一般の属性理解に埋没し、能力がもつ主体的側面や能動的側面は弱められよう。それはバーニーの資源理解に端的に現れている。自らの理論内で「何が競争上価値ある資源か」を決定できず、「市場条件がそれを決める」（バーニー）と述べて、ＰＶもそれを担う一つと認めざるを得なかったのも、その資源観（能力観）のゆえである。プラハラード＝ハメルが、一九九〇年論文ではコンピタンスを「集合学習が生みだす組織調整力と統合力（知識を獲得し適用する組織能力）」としながら、一九九四年著作では客体面である資源理解から「新製品を生みだす技術の束」と説明して、コンピタンス概念の混乱を招くのも、ここに起因していよう。

このように見ると、能動的主体的側面（学習的側面）が弱いのはＲＢＶの本質のように思われる。それは、ティースの「動的能力観」をＲＢＶの一つの到達点と見る沼上の場合も例外ではない。確かに「組織メンバーの学習能力という比較的簡単な仮定を一つ追加するだけでも直観に反する仮説を生みだし、実証研究を進めていくことができる。しかし（中略）企業利益率のバラツキを説明できるのは産業の特徴であるのか、それとも経営資源の特徴であるのか」という沼上の提案と問題提起（『予稿集』二五頁）は、すぐれている。しかし、学習能力を含む組織能力が経営資源だと自覚していたら、二項対立的把握は起こりにくいし、学習能力という仮説の追加が必要だったと思われない。むしろ、そのような提案自体がＲＢＶの資源観を浮き彫りにしているといえるだろう。

３　歴史的・社会的コンテクストと日本企業のＲＢＶ的性質

アメリカでＰＶが競争戦略として中心的地位にあったのは、さまざまな市場が発達しているというアメリカの歴史的・社会的コンテクストのゆえであり、オペレーション以上に戦略が重視されたのもそのためである。そこではＲＢＶは批判的見地からＰＶを鍛えるアンチテーゼとして意味をもち得たであろう。翻って、わが国の場合、最近まで人材を含む資源の市場調達は難しく、資源を内部蓄積することが必要であった。加えて欧米企業をモデルにしたキャッチアップ経営のもとでは、戦略展開能力以上に、資源を生かすオペレーション能力（あるいはオペレーションを生かす資源）が力を発揮した。「戦略なき経営」と揶揄されながらも、躍進する一九八〇年代の日本企業を研究すれば、当然にＲＢＶ的性質が浮かび上がってこよう。それはわが国の歴史的・社会的コンテクストに由来する。しかし、八〇年代半ば以降に深刻化した経済摩擦は、この歴史的・社会的コンテクストが変化しつつあることを暗示していた。実証的戦略研究者は、単に歴史的・社会的コンテクストに注意を払わなかったのではない。この変化に注意を払わず、ＲＢＶ的競争優位を普遍的なものと見て、現実を見失ったのである。

実証研究であれ、学説研究であれ、「対象に浸りつつ、対象に溺れない」ことが肝要である。これを忘れて批判的な眼を失えば、実証研究は「現にある企業の姿」を描いて終わる。「失われた一〇年」といわれた九〇年代後半、優良企業の業績回復傾向からＲＢＶ的な「日本的経営」の有効性を強調する日本企業の強さの研究が排出したのは、その典型であろう。報告時に沼上が日本企業の業績回復例に出したトヨタやホンダ、あるいはリコーやキャノンは、単にＲＢＶ的性質でそれを実現したのではない。ＲＢＶ的性質を生かす戦略によって、それを可能にした。その企業行動は、「地球環境意識の高まり」や「モデル創造の必要性」といった一九九〇年代以降の歴史的・社会的コンテクストに沿っている。

このように見てくると、「企業経営の現実」を重視する実証研究は、学説研究以上に歴史的・社会的コンテクストから問題意識を汲み出すことが必要であり、それを無視した実証研究はあり得ない。その意味では「今さら」の感もないではないが、それでも「歴史的・社会的コンテクストを踏まえた実証的戦略研究」という沼上の主張は、経営戦略研究の新しい視座の提示には違いない。今後はこの視座のもとに、わが国の実証的戦略研究はより深く進展するであろう。

参考文献（紙幅の関係で、著名な文献は省いた。また第七章、沼上論文に掲載の文献も除いた。）

Barnwy, J. B., "Is the Resource-Based View a Useful Perspective for Strategic Management Research? Yes," *Academy of Management Review,* 26, 2001.

Hoffer, C. K., E. A. Maurray, R. Charan, and R. A. Pitts, *Strategic Management,* West, 1980.

Hoffer, C. W., and D. E. Schendel eds., *Strategic Management,* Little Brown, 1979.

庭本佳和「戦略的経営パラダイムの展開――アンソフの経営認識とバーナード理論――」『千里山商学』（関西大学大学院）一九八四年。庭本佳和『バーナード経営学の展開』文眞堂（二〇〇六年）第十一章に所収。本稿に引用した文献は概ねここに掲載している。

Paul, R. N., N. B. Donavan, and J. W. Taylor, "The reality gap in strategic planning," *Harvard Business Review,* May-June, 1978.

Porter, M. E., "The Contributions of Industrial Organization to Strategic Management," *Academy of Management Review,* Vol. 6, No. 4, 1981.

Prahalad, C. K., and G. Hamel, "The Core Competence of the Corporation," *Harvard Business Review,* May-June, 1990.

Ⅱ　論攷

九　スイッチングによる二重性の克服
——品質モデルをてがかりにして——

渡辺伊津子

一　はじめに

企業を取り巻く環境の不確実性の高まりとともに、ここ数年、組織の二重性に関する議論が再び活発になってきている。(1) ここで「二重性」とは、創始の段階における「探索」と実施段階での「コントロール」のように、必要ではあるが、互いに対立する属性を持ったプロセスの存在である。この分野に関する研究に共通しているのは、組織の適応能力がこの二つの相互に矛盾する属性をうまく操作することができるか否かに依存しているということである。これまでの研究は、矛盾する属性をいかに共存させるのかという問題をめぐって展開されてきたし、その度に両方の属性をたくみに操作することで競争優位を獲得している企業組織に注目が集まってきた。しかしながら、こうした意味での二重性の議論では組織の二重性がどのようにして解決されるのかが明らかにされていない。本稿では、この問題を明らかにするために「スイッチング」(Louis and Sutton, 1991) という概念に注目し、二重性の問題を解決するためには、組織のスイッチング能力が不可欠であるということ、組織はこの能力を高めることによって適応能力を確保することができることを主張する。そしてそのために必要な条件を示す。

二　スイッチングと二分岐思考の罠

ルイス／サットン（Louis and Sutton, 1991）によると、スイッチングとは、現在の認知構造（集団および組織の場合には一般に暗黙的に保持され共有されている認知構造）に基づいた自動的な認知処理モードから意識的な認知処理モードへ、その反対に意識的な認知処理モードから自動的な認知処理モードへと認知処理モードを切り替える移行プロセスを指す。この移行プロセスは、センシング（状況の感知）とスイッチング（認知ギアの切り替え）を含む。スイッチングという移行プロセスに焦点を当てることは、個人、集団および組織における「状況に応じた選択能力」の重要性、ならびに組織がそれを反復することによって選択能力を高める可能性を示唆している。意識的処理モードへと切替えを喚起する状況については、新規性（技術変化など）、矛盾（組織の衰退など）、そして積極的思考への意図的要請（人的資源計画など）がある。(2)

組織が高いスイッチング能力を持たなければならないという場合、スイッチングを阻害する要因について考える必要がある。ここでアメリカ製造業（自動車および半導体産業）における「初期の」品質運動（一九八〇年～一九八五年）の経験を参考にすることができる。当時アメリカ企業は、日本企業が生み出す高品質の製品によって市場占有率の低下・収益の悪化を余儀なくされ、その生存を脅かされていた。こうした状況は、当時のアメリカ企業が、まさにルイス／サットン（Louis and Sutton, 1991）のいうスイッチングを喚起する状況（組織の衰退）にありながら、「状況に応じた選択能力」を持っていなかったことを示している。そしてこうした事態を導いた最大の原因は、当時のアメリカ企業の経営者が保持していた認知構造にあった（Cole, 2000）。コールによると、彼らは過去の経験や訓練に裏づけられた信念の強力な保持者であり、その認知構造はコストと品質は基本的に両立しないという、コスト重視（品質軽視）のものであった。この認知構造によって、品質の重要性を示す初期の兆候が見逃されただけでなく、それ以上に低コストと高品質を両立させるという日本発の「品質モデル」の理解が妨げられたのである。

経営者によらずとも、われわれが二項対立的な要素からなる認知構造を持つことについては、たとえば『パーソナリティーの理論』(Kelly, 1963) によって指摘されている。それによると、われわれの認知構造は「二項対立で構成される概念システム (dichotonnomous construction system)」であり、こうした二項対立的ないし二分岐の概念システムを用いて物事を知覚し解釈している。特に経営者や管理者は、こうした概念システムを用いて自らの組織や管理を解釈するため、たがいに対立しあうプロセスを許容できなくなるのである (Reger, Gustafson, Demarie and Mullane, 1994)。また環境のスキャニングに関する議論 (Jackson and Dutton, 1988) では、組織の戦略策定者は「脅威」と「機会」という二つの概念図にしたがって戦略的事項を解釈する傾向をもつことも明らかにされている。これらの議論に共通しているのは、われわれには複雑な事象を、限定された方向に単純化して解釈する傾向があるということである。この傾向が顕著になると思考は「肯定的なもの（魅力的な属性）と否定的なもの（望ましくない属性）」(Kelly, 1963) あるいは「肯定的・統制可能・潜在的利得」と「否定的・統制不可能・潜在的損失」(Jackson and Dutton, 1988) というように二項対立的、あるいは二分岐的になりやすい。

二重性という問題を解決するにあたって重要なスイッチングという移行プロセスの阻害要因となる二分岐的な思考の影響は、実にこの点にこそある。事実、当時のアメリカ企業の経営者にとって、品質は「否定的なもの」と認識されたし、品質モデルは彼らの理解を超えるものであった。品質の競争力とその原因の両方に関する合図は、二項対立的な二分岐思考によって見逃されてしまったのである。二分岐思考が導く最悪の自体は、一方の属性の最大化である。二重性の議論（Evans, 1989；1999）によれば、一方の属性の最大化は、確実に個人および組織の衰退を招くものである。なぜなら、正反対の属性は組織に適度な緊張状態を生み出し、それが望ましい組織変化につながるからである。どのような属性もその正反対の属性によって同時にバランスされていなければならないのである。この場合の組織変化とは、たとえば標準的作業手続きの変更といった組織の漸進的変化のみならず、認知構造を変更するといった革新的な変化を含む。組織は、スイッチング能力を高めることで一方に片寄った属性の最大化を食い止め、二重性を補完的に解決し、それによって適応能力を高めることができる。

三　品質モデルにおけるスイッチング能力向上の仕組み

アメリカ企業の経験がわれわれに示唆していることは、組織のスイッチング能力を、経営者の能力として捉え、彼らのみにこれを任せることは必ずしも得策ではないということである。重要なことは、経営者も含めわれわれが二分岐思考を持つことを前提としたうえで、スイッチング能力を高める組織的な仕組みを構築することである。こうした仕組みを考えるにあたって、当時アメリカ企業が苦労して導入しようとしていた日本発の「品質モデル」に改めて焦点を当てる。なぜならこのモデルは、当時のアメリカ企業にとって困難と感じられた低コストと高品質を同時に達成しており、それゆえにスイッチングに必要な組織的条件を考えるにあたって有益であると考えられるからである。

日本発の品質モデルの第一の特徴は、正反対の属性を同時に考慮することを可能にする概念が採用されていることである。これは品質の定義に現れている。品質は結果としての製品属性の点からではなく「プロセス」の点から理解されている。品質を定義づけるにあたって、結果としての製品に焦点を当てる場合には、新しい機能の追加は必然的にコストの上昇を意味することになる。これに対してプロセス定義では、顧客のニーズを認識し、測定し、これらの尺度をデザインの仕様やプロセスの尺度にリンクさせるプロセス自体の向上がコストだけでなく品質の向上につながるというように、あくまでもプロセスの点から品質が理解されている。プロセス定義は、この意味でより包括的な品質概念であり、コストと品質を同時に考慮するための思考枠組みを与えるものである。こうした定義の採用は、組織におけるパラドックスやジレンマの原因となっている概念上の限界を克服する点で有効である (Poole and Van de Ven, 1989)。

第二の特徴は、新しい概念を具体化する融合プロセスを組織内につくりだし、これによって正反対の属性を同時に実現することである。融合プロセスとは、品質管理プロセス、特にその中心的な考え方であり手法である工程管理のプロセスを指す。たとえばトヨタ生産方式において「コストと品質は工程においてつくりこめ」と言われるように、基本的な作業要素やタスクを識別し、さまざまな非効率を消滅させることによって、コスト削減と品質向上の両方を達成するプロセスである。このプロセスの特徴は「計画・実施・確認・アクション」というサイクル、すなわちパフォーマンス関連のフィードバック・ループを持つことである。

第三に、エラーをスイッチングの合図として利用していることである。一連の品質管理プロセスは、顧客のニーズを認識し測定することから始まるが、これは顧客の受容可能性を品質向上提案の評価フィルターとして用いるためである。組織内の諸活動を外的評価と密接に結びつけることで、現在の状況との矛盾としてのエラーが生じる。この場合のエラーは、具体的には顧客の受容可能性にもとづく標準からの逸脱であり、管理図およびマネジャーからの合図として、あるいは目標の未達成として意図的に表面化され、スイッチングの合図として利用されている。

第四の特徴は、スイッチングの主体が経営者ではなく組織の下位メンバーになっていることである。合図に反応して、エラーを削減していく活動が改善活動であるが、この活動がうまくいくかどうかは、多くの場合スイッチングの主体的行為者としての現場従業員の行動に依存しており、彼らは「標準的活動」と「改善活動」という二重の仕事が要求される。そこでは既存の作業手続きや仕事のやり方だけでなく、それを越えた新しいアイデアを生み出すために必要な認知モードへの切り替え、すなわちスイッチングが要求されることになる。(3)

第五に、スイッチングの主体を支援する組織コンテクストをつくりだしていることである。現場従業員にとって二重の仕事という組織的要請は大きなストレスとなり、認知的および行動的な「回避」をもたらす。その結果、スイッチングは生じにくくなる。しかしながら、ストレスが適度なものと感じられる場合には、スイッチングの可能性は逆に高まる（渡辺、二〇〇五年）。この点で、組織はその資源を提供することによって、個人を支援することができる。

品質モデルがそうであるように、組織内部でスイッチングの合図をつくりだすことの利点は、組織がその大きさや性質をコントロールできることである。スイッチングは、認知コンフリクトの発生を前提としており、それゆえに内部からの合図は組織に大きな利益を与える（Louis and Sutton, 1991）。しかしながら、その一方で脅威に関する議論（Staw, Sandelands and Dutton, 1981）で明らかにされているように、「外生的で予期しない刺激」は脅威を生み出し、硬直的な反応を引き出す傾向がある。その場合には当然のことながらスイッチングの可能性は低下することになる。

四　求められるより高次のスイッチング能力

品質モデルはスイッチングの条件整備を考える上で、きわめて示唆に富んでいる。とくに具体的であるために、その意義は大きい。しかしながら、品質モデルは周知のように、本来、作業手順や品質管理を中心に、いわゆる「改善活動」の一環として展開されてきたものである。そのため、そのままのかたちで、全体としての組織レベルにまで一般化するには少し無理がある。そこで以下では、既に明示した品質モデルの五つの組織条件に依拠しつつ、拡張したより高次のスイッチングについて、プローブ・アンド・ラーンを中心に考察する。

より高次のスイッチングのための第一条件は、継続的改善と不連続なイノベーションの両者を同時に考慮するための新しい概念の採用である。たとえばコール（Cole, 2001；2002）は、イノベーションを大規模で不連続な変化として理解するのではなく、「創造的な解決」とすることの重要性を指摘している。この定義によると、イノベーションは、小規模にも大規模にも生じるものであり、多かれ少なかれ不連続である。したがってどのような創造的解決も継続的改善と関連していると理解することができ、イノベーションを一方の極に「連続的なイノベーション」（継続的改善）、そして他方の極に「不連続なイノベーション」というように、対立的に考える必要はなくなる。

第二に、新しい概念を具体化する具体的なプロセスを創出することである。既に触れたようにコール（Cole, 2001；2002）は継続的改善とイノベーションの融合プロセスとして「プローブ・アンド・ラーン」を提示している。これは継続的改善を製品開発に組み込んだプロセス（Cole, 2001；2002）であり、モトローラ社における携帯電話の製品開発などで採用されている。プローブ・アンド・ラーンは、「探索・テスト・評価・学習」という学習関連のフィードバック・ループにもとづいて、製品開発プロセスの初期段階におけるエラーを否定し去るのではなく、むしろ活かそうとする。そうすることでこの実験的なプロセスは、連続的イノベーションの積み重ねによって不連続なイノベーションを達成することを狙うのである。

第三に、エラーをスイッチングの合図として利用することである。プローブ・アンド・ラーンによる一連の製品開発プロセスは、一般に未熟なテクノロジーを持つ製品の初期バージョンで初期の市場に参入することから始まるが、プローブ・アンド・ラーンはそのさいに生じたエラーをエラーとして修正するだけでなく、顧客との相互作用を通じてエラーや失敗を「意図的に」生み出し、スイッチングの合図として利用するのである。組織学習に関する近年の研究が示しているように、エラーや失敗はそれまで成功してきた組織の尊大さからの認知的転換の引金を引き、「柔軟性に富むあるいは新規な状況に適した組織の能力」を育てる（Sitkin, 1992）。特に「小さな失敗（small loss）」は、脅威硬直的な反応を引き起こすことなく組織メンバーに共有された認知構造に対する疑問を生じさせ、組織のスイッチング能力を高めることができる。プローブ・アンド・ラーンは、こうした小さな失敗の効用を最大限に引き出そうとするのである。

第四に、スイッチングの主体を下位メンバーに移行させることである。先に述べたように、品質モデルでは、一連の品質管理プロセスがコントロール可能なものとみなされ、「計画」が重視されるため、現場従業員に期待されるスイッチングの範囲は限定されている。彼らに期待される役割はスイッチングの合図と一定の手続きに従って、エラーを削減することでしかない。これに対して、プローブ・アンド・ラーンにもとづくプロセスは、過去の意思決定の見直しを含んだ「非線形的な」性質を持っており、それゆえ計画というよりはむしろ「実施」が重視される。実施の重視は、当の実行担当者が、市場や技術を探索してエラーを創出する主体であると同時に、エラーから学習する主体でもあることを意味している。彼らは自らがつくりだすスイッチングの合図に応じて、認知構造（集団レベルで共有されている製品や技術に対する集合的な諸仮定）を、それまでの自動的な処理モードから、意識的処理モードへと切替える。すなわちスイッチングを行うのである。

第五に、スイッチングの主体を支援するコンテクストを整えることである。スイッチングの主体の支援には、まず主体たる担当者に大幅な自由裁量と必要な資源を与えることが必要になるが、それだけでは十分ではない。

顧客も含めて、メンバーはそれぞれその専門性に依拠した思考を持つため、何を肯定的なものとみなすか、何をそうでないものとみなすかは一様ではなく、そこに認知コンフリクトや論争、多様なパースペクティブの衝突が生じる。エラーに関する解釈などを含めて「探索、テスト、評価、学習」という一連のプロセスを通じて生じるこの事態は、しばしば組織を混乱させる。したがって、組織は条件整備をして混乱を防がなければならない。そのさい重要なことは、担当者が分裂や政治争いに陥ることなく、多様なパースペクティブやコンフリクトを活かすことができるようにすることであり、また、そのためのコンテクストなのである。建設的な緊張状態は望ましい組織の変化を維持するためにはどうしても必要であり、そのために、組織にとって支援コンテクストの整備が何より重要となるのである。

五　おわりに

本稿では、探索プロセスとコントロールプロセスという、企業活動にとって共に必要ではあるが、たがいに対立する属性を持つ二つのプロセスを二重性として捉え、この二重性という問題を解決するためには「スイッチング能力」、すなわち、二つの認知モードを状況に応じて切り替える能力が不可欠であることを強調した。しかしながら、スイッチングは自動的に起こるわけではない。なぜなら、われわれには事象を二項対立ないし二分岐的に捉える傾向があり、切り替えにとって、一種の阻害要因となっているからである。したがって二重性という困難な問題を解決するためには何よりも先ず、この二分岐的な思考から自由にならなければならない。そしてそのためには必要な条件を整備しなければならない。

そこで本稿では、「品質モデル」をその手がかりとして採り上げた。なぜなら、品質モデルは互いに対立し、矛盾する属性を持つコストと品質を両立させているからである。そしてそのモデルを「スイッチングという観点から」捉えなおすことによって必要とされる条件について考察し、さらに「プローブ・アンド・ラーン」とのつながりについて言及したのである。提示されているのはそうした作業の結果としての条件である。そのいずれも、二重性と言われている問題が、「本来的に対立するものであるというよりも、むしろ組織自体によって対立的なものとされている」という可能性を、したがって解決の不可能な問題ではないことを示しているように思われる。そしてそのインプリケーションは、経営学史的にみても大きいように思われる。

注

（1） Gibson and Birkinshaw (2004), Zi-Lin, He and Poh-Kam, Wong (2004), O'Reilly and Tushman (2004) などがある。

（2） ルイス／サットン（Louis and Sutton (1991) によれば、組織学習論では、このような「状況」について、すなわち「いつ学習に入るのか」についての議論は積極的に行われてこなかった。組織学習論の焦点は主に意識的認知処理モードに置かれており、その中で低次と高次の学習、いわゆる「シングル・ループ学習（single-loop learning)」と「ダブル・ループ学習（double-loop learning)」が区別された。したがって、学習とスイッチングの関係については、学習の必要性に気づき認知モードを切り替えるプロセスとしてスイッチングを捉えることができる。

（3） その結果、スイッチングが生じれば、標準作業手続きが変更される可能性が高まる。

主要参考文献

Cole, R. E., "Market Pressures and Institutional Forces," in R. E. Cole and W. R. Scott ed., *The Quality Movement & Organization Theory,* CA : Sage Publications, Inc. 2000.

Cole, R. E., "From Continuous Improvement to Continuous Innovation," *Quality Management Journal,* Vol. 6, No. 4, 2001, pp. 7-21

Cole, R. E., "From Continuous Improvement to Continuous Innovation," *Total Quality Management,* Vol. 13, No. 8, 2002, pp. 1051-1056.

Evans, P. and Doz, Y., "Dualistic Organization," in P. Evans, Y. Doz and A. Laurent, ed., *Human Resource Management in International Firms,* Basingstoke : Macmillan Press, 1989, pp. 219-242.

Evans, P., "HRM on the Edge : A Duality Perspective," *Organization,* Vol. 6, No. 2, 1999, pp. 325-338.

Gibson, C. B. and Birkinshaw, J., "The Antecedents, Consequences, and Mediating Role of Organizational Ambidexterity," *Acad-*

emy of Management Journal, Vol. 47, No. 2, 2004, pp. 209-226.

Jackson S., and Dutton, J., "Discerning Threat and Opportunities," *Administrative Science Quarterly,* Vol. 33, 1988, pp. 370-387.

Kelly, G. A., *A Theory of Personality : The Psychology of Personal Constructs,* New York : W. W. Norton & Company, 1963.

Louis, M. R., and Sutton, R. I., "Switching Cognitive Gears : From Habits of Mind to Active Thinking," *Human Relations,* Vol. 44, No. 1, 1991, pp. 55-76.

O'Reilly III, Charles A. and Tushman, M. L., "The Ambidextrous Organization," *Harvard Business Review,* April, Vol. 82, Issue 4, 2004, pp. 74-81.

Poole, M. S., and Van De Ven, A. H., "Using Paradox to Build Managent and Organization Theories," *Academy of Managenet Review,* Vol. 14, No. 4, 1989, pp. 562-578.

Reger, R., and Gustafson, L. T., Demarie, S. M., and Mullane, J. V., "Reframing the Organization : Why Implementing Total Quality is Easier Said than Done," *Academy of Management Review,* Vol. 19, No. 3, 1994, pp. 565-584.

Staw, B. M., Sandelands, L. E., and Dutton, J. E., "Threat-Rigidity Effects in Organizational Behavior : A Multilevel Analysis," *Administrative Science Quarterly,* Vol. 26, 1981, pp. 501-524.

Sitkin, B. S., "Learning Through Failure : The Strategy of Small Losses," in L. L. Cummings and Barry M. Staw ed., *Reserch in Orgazniational Behavior,* Greenwich, CT : JAI press, Vol. 14, 1992, pp. 231-266.

Zi-Lin He, and Poh-Kam Wong., "Exploration vs Exploitation : An Empirical Test of the Ambidexterity Hypothesis," *Organization Science,* Vol. 15, No. 4, July-August, 2004, pp. 481-494.

渡辺伊津子「二重性の管理とスイッチング〜個人レベルの観点から〜」日本経営学会誌、第十三号、二〇〇五年、八六—九八頁。

十　組織認識論と資源依存モデルの関係
――環境概念、組織観を手掛かりとして――

佐々木　秀　徳

一　問題の所在

周知の通り、組織研究の今日の動向としてWeickをはじめとする組織認識論（Organizational Epistemology）の研究成果が注目を集めている。一方で、組織単独ではなく複数の組織を考えるマクロな視点に立った組織研究たる組織間関係論（Inter Organization Theory：以下ＩＯＴと表記）も十分な市民権を得ており、理論研究並びに実証研究も蓄積されてきている。その一つである資源依存モデル（Resource Dependence Perspective）に関して言えば、組織認識論と関連させて考察された研究成果もある。[1] このような研究成果に加えて、実際に両理論の文献が相互に参照している経緯に注目すれば、[2] 両理論には共通項が存在していると考えられる。

本稿では、組織認識論と資源依存モデルの関係を明らかにすることを目的とする。この関係が明らかになれば、一方の理論の範囲内において、他方の理論の守備範囲を応用問題として捉えることができるか否かを検討することができるようになる。この目的を達成するために、以下では両理論の中心的論客であるWeickとPfefferを機軸として両理論の登場背景、関心並びに研究領域について考察し、両理論の共通項並びに差異事項から理論間関係について明らかにすることを試みる。

二　組織認識論と資源依存モデルの登場背景とその研究関心

1　組織認識論の登場背景とその研究関心

組織認識論が台頭してきた背景には、①遠田による経営学の中心的テーマのシフト（行為→意思決定→認識）、②組織観の歴史的変遷、③コンティンジェンシー理論から組織認識論へのシフト、④情報処理モデルから組織認識論へのシフト等の要因がある。(3) その守備範囲並びに射程は、組織の中で行為している人々の認識活動に焦点を当て、行為者の視点から組織現象を照射するものとされる。(4) 組織認識論のキーワードは「意味」であり、行為者は情報に反応するのではなく、情報がもたらす意味に反応することを主要命題とする。それゆえ、組織認識論の代表的論客として、意味形成（sensemaking）を謳っているWeickをあげることができる。加えて、彼自身が展開した組織化理論（ＥＳＲモデル）は、組織の複雑性の全てを説明することを意図したものではなく、組織認識論（Organizational Epistemology）が構築される前座に位置することを望んでいる、という主張からもWeickが組織認識論の論客であることを確認することができる。

なお、組織化理論と意味形成の理論とは独立して展開されてきた研究であり、後者は意思決定や合理的モデルが組織論上抱えてきた束縛を打破することを意図している点で前者とは異なっている。(5) しかし、組織化理論の各組織化プロセスは、意味形成の諸特性と重なる部分が大きいので、(6) 組織化プロセスを意味形成の特性から整理することができる。すなわち、組織化理論は同時に意味形成の理論でもある。Weick理論における意味形成の対象は複数存在するであろうが、その中に組織の（外部）環境を含めることもできる。これに関しては、Weick 自身が提示している具体例から一つを引用しておく。

オーケストラが接する環境とは、彼らの前に存在する単なる楽曲ではなく、むしろそれを最初に演奏する段階で行うことである。演奏者は環境に反応（react）するのではなく、（演奏することによって環境を）規定する（enact）のである。[7]

この例では、楽曲そのものという客観的に存在しうる対象に意味を付与して、演奏という行動によって規定されてはじめて組織たるオーケストラの環境となっている。すなわち、Weick 理論における環境というものは組織の外部に独立した客体としてではなく、組織それ自体によって規定ないし制定され構成されたものである。この限りで組織が置かれている環境は、組織それ自身（の行為）が原因となって規定されたものであり、組織それ自身が規定した環境（enacted environment）である。[8]

以上のことから、組織認識論は当該組織が置かれている環境に対する意味づけをその研究対象とし、かかる組織とは独立して存在している状況（circumstance）の中からいかに有益な環境を構築するのか、という主観的環境論を展開することを目論んでいるということになる。

2　資源依存モデルの登場背景とその研究関心

一方で、資源依存モデルは主にＩＯＴの系譜として位置づけられる。[9] ＩＯＴの起源は一九五〇年代後半から六〇年代初頭にかけてコンティンジェンシー理論に引き継がれてゆく Dill（1958）の組織と環境との関係を考察する研究にある。その後 Thompson（1967）や Yuchtman and Seashore（1967）の議論をもとに体系化された資源依存モデルが、七〇年代後半になって支配的なパースペクティブとして登場してきたとされる。また、パワー論としての資源依存モデルは、今日のコンティンジェンシー理論の研究、とりわけ構造的コンティンジェンシー理論の支流としても考察されている。[10]

資源依存モデルの主要な主張は、以下の五点である。[11] ①企業間関係、社会を理解する単位は組織であり、現代は組織社会である。②組織は自立的であるよりは他組織との相互依存によって拘束される。③相互依存している組織間での不確実な行動は、組織の存続、持続的な成功を危うくする。それゆえ、④組織は相互依存を操作しようとするが、必ずしも成功するとは限らない。また、⑤依存のパターンは組織間という外部環境だけでなく、一組織内のパワーポリティクスにも影響し、ひいては組織行動にも及ぶ。要約すれば、資源依存モデルの基本命題は、組織は自らの存続に必要な資源および機能のすべてを自己完結的に作り出せないので、別の環境主体との交換関係に従事せざるを得ない、ということになる。この基本命題をもとにして、資源依存モデルの研究関心は組織の存続メカニズムの解明にあり、多様な制約下において自らの自律性を発揮していこうとする行動主体を分析射程に取り込み、活動主体の役割、権力関係を明示的に分析することにある。[12]

この基本命題から二つのことが考えられる。第一に資源依存モデルでは、組織の存続メカニズムの観点から環境に積極的に働きかけ、その反応に基づき組織を再構造化する活動を組織化と考えている。この考え方は、意思決定過程で生じるバイアスなどの不確実性に対処し構造化する存在として組織を捉えるMarch and Simonのアプローチを継承している。[13] つまり、資源依存モデルの系譜は、①組織間の関係を扱っている限りで純粋にＩＯＴの系譜にあり、②組織と環境に関する研究の延長線上に位置している限りでコンティンジェンシー理論の系譜にあり、③再構造化する存在としての組織観を継承している限りで意思決定論の系譜に位置づけられる。

第二に資源依存モデルでの環境である。資源依存モデルの環境は三つに分けて考えられており、第一の環境は相互連結している個人・組織の全体のシステム、第二の環境は組織が直接相互関係を有する個人及び組織のセット、そして第三の環境は組織が知覚し描写するレベルである。第一のマクロな環境は、第二の環境である焦点組織と当該組織の組織セット間での取引に影響を及ぼす。そしてその取引は第三の環境が焦点組織の組織行動に影響を及ぼした結果提供されるものである。すなわち、第一及び第二の環境での事象は第三の環境が組織行動に影響を及ぼした結果生じるものである。(14)

三　組織認識論と資源依存モデルの共通項ならびに差異

以上の考察から、組織認識論と資源依存モデルには幾つかの共通項を見出すことができる。第一に、両理論の登場背景である。組織認識論の登場要因において四つの経路のうち、意思決定論ならびにコンティンジェンシー理論からのシフトという二つの経路は、資源依存モデルもコンティンジェンシー理論の系譜ならびに意思決定論の系譜にあるということと一致する。このことは両理論が有する問題意識がある程度重なることを意味する。組織認識論において、高橋（二〇〇四）はLawrence and Loacschの研究がアンケートによって環境を調査している点に注目し、かかる手法によって調査された環境は客観的なものではなく組織構成員にとっての主観的なそれであると主張する。(15)しかし、コンティンジェンシー理論においては主観的環境の存在を意図していなかったため、主観的環境を守備範囲とする組織認識論が必要となる。資源依存モデルにおいては、その環境概念を三つに分類し、主観的な環境である第三の環境が残りの二つの環境へ影響を及ぼすという点を重視していた。一方で、意思決定論の系譜としての資源依存モデルは、組織を再構造化する存在として捉えていた。これは、資源依存モデルにおいても組織化を志向していると考えることができ、組織化とは相互連結行動によって多義性を除去する文法である、[16]とするWeickの立場と分析レベルの差や程度の差こそあれ、組織よりも組織化を志向している点で共通している。よって、両理論ともコンティンジェンシー理論の系譜にあることより主観的環境を、意思決定論の系譜にあるということより組織化志向を問題として取り扱おうとしている。

第二に両理論における組織の主体性の強調である。Weick理論においては、組織化プロセスの中で行為主体たる個人がいかに外部状況に対して意味付与をし環境を行動によって規定していくのかという点で主体性を強調しているのに対して、資源依存モデルでは前提条件として組織の存続を所与とはせず、いかに存続していくのかという点で主体性を強調する。

よって、主観的環境の肯定、組織化志向、組織の主体性の強調という三点の共通項に注目すれば、両理論とも組織と主観的環境の関係を究明することを課題にしており、組織による主観的環境の操作が中心テーマとなる。

他方で、以下の二点においては両理論間に差異が認められる。まず、両者の環境に対する考え方に温度差があることを指摘できる。Weickは環境に関する内外の概念の存在を、論理的には肯定するが経験的には否定する。[17]環境とは行為者の頭の中にあり、行為者の経験をより有意味なものにするべく自身によって課せられるものであるとして、環境と行為主体とが一体となって、彼らの行動が制約となりチャンスとなるものとして捉えられている。[18]つまり、Weick理論においては環境の内外を区別せずにその両者を射程としており、規定された環境（enacted environment）は、アウトプットでありインプットではない。[19]他方で、資源依存モデルでは組織の外部環境のみならず組織内のパワーポリティクスという内部環境にも注目し、射程にしているという限りでWeickと重なるが、同時に、Pfefferは環境は組織の活動や結果に作用する事象全体として考えることができるとしつつも、組織の反応を考える上では、現実から与えられるのではなく注意や解釈のプロセスを通して作られるダイナミックなアウトプットであるとも主張する。[20]両者の環境観は、組織の内外を問わず射程にしていることや、主観的環境を肯定するという限りにおいては重なる部分が大きいが、客観的環境については異なる態度を示している。Weick にとって環境は完全に主観的であるのに対して、Pfeffer においては環境は主観的であるが客観的環境も前提としている。

このような環境観の相違は、組織をシステムとみなすシステムズアプローチに立った時の組織観の相違に繋がっていく。システムズアプローチの詳細な検討はここではしないが、本稿ではオープンシステムを外部からのインプット・アウトプットがある組織、クローズドシステムをインプットがなくても自己完結できる組織であると理解する。資源依存モデルに関してはオープンシステムに位置づけられるが、一方で Weick 理論は、クローズドシステムに位置づけざるを得ない。Weick 理論においては、環境に関する内外の概念が否定されているので、組織化としての組織の内外の概念も否定される。組織化としての組織はルース・カップリング（Loose Coupling）な状態である相互連結行動の集合全体であるが、[21] そこには組織という器が存在しているわけではないので、組織の内外という概念が介在する余地はない。相互連結行動の増減によって組織化の規模の大小が変化することがあっても、外部からのインプットと見なされないため、組織化としての組織は自己完結しているクローズドシステムと見なさざるを得ない。

四　資源依存モデルと組織認識論の理論間関係

以上二つの理論について考察してきたが、両理論の関係はどのように考えるのが妥当であろうか。このような理論間関係を本格的に考察するには科学哲学や学問上の方法論をマスターする必要があり、それだけで独立した研究になってしまうが、ここでは本稿で考察してきた二つの理論の共通点ならびに相違点から考えてみたい。

表１　主観的環境と客観的環境の関係

	① S∩O＝φ	② S⊂O	③ O⊂S
環境間の関係 （概念図）	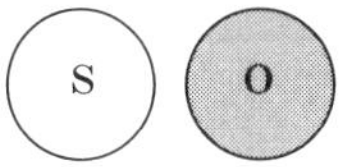	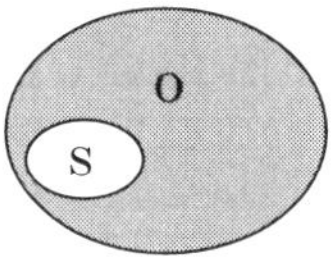	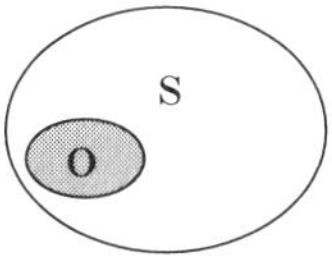
組織認識論の正当化	○	×	○
資源依存モデルの正当化	×	○	○

注：S…Subjective Environment（主観的環境），O…Objective Environment（客観的環境）。丸数字は本文中の数字と一致する。

まず、両理論は複数の共通点があり相違点があるから、完全に独立した個別のものであるというよりは、交わっている部分があるということが分かる。両理論の共通項からは、組織と主観的環境の関係を究明し、いかにして主観的環境を操作するのかに重きを置いていたということを導き出した。

一方で相違点に関して考えれば、客観的環境の許容度合い、組織をシステムと見なすときのシステム観の二点では相容れないように思われる。しかし、システム観に関して言えば、システム概念のオープンとクローズドは絶対的なものではなく程度の問題なので、[22] オープンシステムとクローズドシステムは独立したものではない。クローズドシステムをインプットゼロのオープンシステムとして捉えれば、クローズドシステムはオープンシステムに含めることができる。加えて、システムズアプローチの階層性の議論に従えば、上位システムたるオープンシステムが下位システムたるクローズドシステムの性質を継承するので、[22] クローズドシステム観に立つWeick理論の守備範囲はオープンシステム観に立つ資源依存モデルの守備範囲に含まれる。

また、客観的環境の存在の是非に関しては、主観的環境と客観的環境の関係の捉え方の問題である。両者の関係について、概念的には三つのケースを考えることができる（表1）。①主観的環境と客観的環境が独立しており相互に影響を及ぼさないとする通約不可能な状況。②主観的環境は客観的環境を前提にするという考え方で、主観的環境が客観的環境の範囲を含むという捉え方。③客観的環境は主観的環境を前提とするという考え方で、客観的環境が主観的環境の範囲をカバーするという捉え方。これらの環境間の関係の捉え方のうち、組織認識論と資源依存モデルの理論間関係を考えるに当っては、少なくとも両理論の立場を否定していないものを選択する必要がある。①は主観的環境のみを認める組織認識論の立場を説明することができても、両環境が関係していないので、主観的環境と客観的環境を共に認める資源依存モデルの立場を説明することができない。また、②は、主観的環境を認めることは同時に客観的環境を認めることになるので、資源依存モデルを説明することができても、組織認識論の存在を正当化することは難しい。一方で、③の場合は、客観的環境を否定することは主観的環境を否定することになるが、その逆は真ではなく、主観的環境を認めても、必ずしも客観的環境を認めることにはならない。それゆえ、主観的環境と客観的環境を共に認める資源依存モデルを説明することもでき、なおかつ組織認識論も客観的環境の前提条件である主観的環境に特化した形で存立することが許される。

かくして両理論とも説明できるのは③の立場となるが、この立場の妥当性は、田中（二〇〇三）からも導き出される。田中によれば、これまでの研究では環境は主観的であるというよりは組織の外部の存在として組織に適応を迫る実在として扱われてきたが、本質的には主観的なものであるという。[24] つまり、これまでの研究では①、②のような捉え方であったが、環境が本質的に主観的であるので③の捉え方をすべきであるということになる。

以上より、客観的環境が主観的環境を前提条件とするという捉え方をすれば、ここでも客観的環境も認めている資源依存モデルのほうが、組織認識論よりも説明範囲が広範であるという帰結に至り、資源依存モデルはWeick理論の守備範囲を含む理論ということになる。

五　インプリケーション

資源依存モデルと組織認識論の共通項を括りだし、また差異点について整理することによって両理論の関係について考察してきた。最後に本稿での考察をもとに、今後の両理論の理論研究の方向性や、本稿では扱いきれなかった問題点に触れてインプリケーションとしたい。

まず、本稿での考察では、資源依存モデルは、環境観、システム観のいずれの視点から考えても、組織認識論よりも守備範囲が広いという帰結に至った。このことは資源依存モデルの応用として組織認識論を扱うことができる可能性を示しており、逆に組織認識論は資源依存モデルの限られた範囲においてのみ応用することができる可能性を示している。その具体的な方策は今後の研究に期待したい。次に、本来であれば理論間の関係を考察するには、科学哲学や方法論といったメタレベルでの理論武装が要求されるものである。よって、資源依存モデルならびに組織認識論をメタレベルの観点から評価し、本研究の妥当性について検討することが重要となる。この点も今後の課題としたい。

注

（1）例えば、小橋勉「環境操作戦略発動のプロセス—環境の意味づけの視点から」『経済科学』（名古屋大）、第四八巻第四号、二〇〇一年ならびに、吉田孟史『組織の変化と組織間関係—結びつきが組織を変える』白桃書房、二〇〇四年、一九五—二四〇頁、など。

（2）具体的には、Weick, K. E., *Sensemaking in Organizations*, Sage, 1995, p. 164.（遠田雄志・西本直人訳『センスメーキング イン オーガニゼーションズ』文眞堂、二〇〇一年、二一八頁。）、Pfeffer, J., and G. R. Salancik, *The External Control of Organizations*, Stanford Unversity Press, 1978, p. 13. ならびに、Pfeffer, J., *Power in Organizations*, Pitnam, 1981, p. 25. など。

（3）高橋量一「組織認識論の世界Ⅰ—組織認識論への道程」『経営論集』（亜細亜大）、第三九巻第二号、二〇〇四年。

（4）加護野忠男『組織認識論—企業における創造と革新の研究』千倉書房、一九八八年、二二五—二二六頁。

（5）Weick, K. E., "Enacting an Environment: The Infrastructure of Organizing," Westwood, R. and S. Clegg, eds., *DEBATING ORGANIZATIONS: Point-Counterpoint in Organization Studies*, Blackwell, 2003, pp. 185-186.

（6）Weick, *Sensemaking in Organization*, p. 82.（前掲訳書、一一二頁。）

（7）Weick, *The Social Psychology of Organizing 2nd ed.*, p. 139.（前掲訳書、一八一頁。）なお、この部分は、筆者による訳を当てた。本稿では、enactment を本来の語義、即ち法律を制定するとか、役割を演じるといった不特定のものを行為者によって特定化するというニュアンスを考慮して、制定・規定と訳してある。

（8）田中政光「意味体系としての環境」『組織科学』第三七巻第二号、白桃書房、二〇〇三年、二六―二七頁。

（9）資源依存モデルを含むIOTの系譜は、山倉健嗣『組織間関係―企業間ネットワークの変革に向けて』有斐閣、一九九三年ならびに、佐々木利廣『現代組織の構図と戦略』中央経済社、一九九〇年に詳しい。ここでの考察も全面的にこれらの文献に依拠している。なお、本文中に取り上げた先行研究文献はそれぞれ、Dill, W. R., "Environment as an Influence on Managerial Autonomy," *Administrative Science Quarterly*, Vol. 2, No. 4, 1958, pp. 409-443. Yuchtman, E. and S. E. Seashore, "A System Resource Approach to Organizational Effectiveness," *American Sociological Review*, Vol. 32, No. 6, 1967, pp. 891-903. Thompson, J. D., *Organizations in Action*, McGraw-Hill, 1967.（高宮晋監訳『オーガニゼーション イン アクション』同文舘、一九八七年）を参照のこと。

（10）Donaldson, L., *The Contingency Theory of Organizations*, Sage, 2001, pp. 153-157.

（11）Pfeffer, J., "A resource dependence perspective on intercorporate relations," Mizruchi, M. S., M. Schwartz eds, *Intercorporate Relations: The Structual Analysis of Business*, Cambridge Unversity Press, 1987, pp. 26-27.

（12）佐々木利廣「J. Pfefferらにみる組織論のエクスターナル・パースペクティブ（一）」『経営論集』（明治大）、第二八巻第三号、一九七九年、一二八頁。

（13）角野信夫『アメリカ経営組織論』（増補版）文眞堂、一九九八年、第二章、第八章。また、March, J. and H. Simon, *ORGANIZATIONS*, 2nd ed., Blackwell, 1993. を参照のこと。

（14）Pfeffer and Salancik, *op. cit.*, p. 63.

（15）高橋、前掲論文、六六―六八頁。

（16）Weick, *The Social Psychology of Organizing 2nd ed.*, p. 3.（前掲訳書、四頁。）

（17）Weick, K. E., "Enactment Processes in Organizations," *Making Sense of the Organization*, Blackwell, 2001, p. 184.

（18）Weick, *Sensemaking in Organizations*, p. 31.（前掲訳書、四二頁。）ただし、この部分は訳書ではなく、筆者による訳を採用した。

（19）Weick, *The Social Psychology of Organizing 2nd ed.*, p. 131.（前掲訳書、一七一頁。）

（20）Pfeffer and Salancik, *op. cit.*, p. 190.

（21）Weick, *The Social Psychology of Organizing 2nd ed.*, p. 236.（前掲訳書、三〇六―三〇七頁。）

(22) Kast, F. E., and J. E. Rosenweig, "General Systems Theory : Applications for Organizational and Management," *The Academy of Management Journal*, Vol. 15, No. 4, 1972, pp. 453-454.

(23) システムズアプローチの階層性の議論に関しては、Boulding, K. E, "General System Theory : The Skelton of Science," *Management Scinence*, Vol. 2, No. 3, 1956, pp. 197-208. 等を参照のこと。

(24) 田中、前掲論文、二七頁。

※本稿の提出に当ってレフェリーの先生方から貴重なご意見を頂いた。この場を借りて感謝の意を表したい。

十一　組織学習論における統合の可能性

――マーチ＆オルセンの組織学習サイクルを中心に――

伊藤　なつこ

一　はじめに

組織を取り巻く環境の変化が急速になるにつれ、組織学習や学習する組織に対する関心は同時に高まり続け、今やそれらはよく知られた概念になりつつある。このように、Cyert & March (1963) 以来、組織学習論は多様な展開を続け、今や組織学習の概念は、意思決定論、戦略論、組織間関係論といった経営学の多くの分野で取り上げられるようになった。しかしながらその一方で、組織学習に対する統一的枠組みは依然として確立されていない。したがって、本論文では、組織学習論の主要な研究成果を、March & Olsen (1975, 1976) の組織学習サイクルに関係づけることで、組織学習論の理論的統合を図る。

まず、組織学習論の諸研究の中で、March & Olsen (1975, 1976) の個人の信念→個人の行為→組織の行動→環境の反応という組織学習サイクルに焦点を当て、他の組織学習論研究との比較、検討を通じて、そのモデルの理論的優位性および理論的課題を考察する。それにより、組織学習の基本的特性を明らかにする。次に、それらを統合することにより、組織学習の包括的な全体像を明らかにする。最後に、組織学習論の今後の発展の方向性を示唆する。

二　組織学習の特性――マーチ＆オルセンの組織学習サイクルの考察――

混沌とした組織学習論研究の中で、個人・組織・環境の間の相互作用に注目して体系的に組織学習を捉えているのが March & Olsen (1975, 1976) である。彼らは、完全な組織学習サイクルを次のように示している。ある時、参加者が現在の可能性と制約条件のもとで、自分の考えているあるべき世界と現実の世界との間の違いに気がつく。この差異が個人の行為を引き起こし、それらが集まって組織的行動あるいは選択となる。さらに、外界は何らかの形でこの選択に反応し、それが世界についての個人の解釈や行為の効果に関する認識に影響を与える。したがって、組織学習サイクルは、四つの下位プロセスから構成される。すなわち、①諸個人がもつ認識や選好が、彼の行為に影響する過程、②諸個人の参加を含む行動が、組織の選択に影響する過程、③組織の選択が、環境の変動に影響する過程、④環境の変動が、個人の認識や選好に影響する過程、である。この四つの過程が繋がることで、個人の信念→個人の行為→組織の行動→環境の変化という完全な組織学習サイクル（図1）が完成する。

図１　完全な組織学習のサイクル

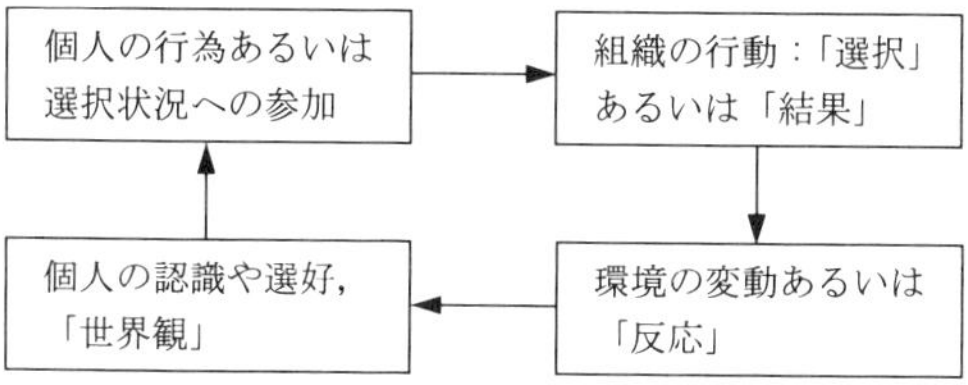

（出所）March & Olsen, 1975, p. 150, Fig. 1 より作成。

他の組織学習論研究との比較、検討によって得られるこの組織学習サイクルの理論的優位性および理論的課題を考察することにより、組織学習の基本的特性を明らかに

図２　組織化の進化モデル

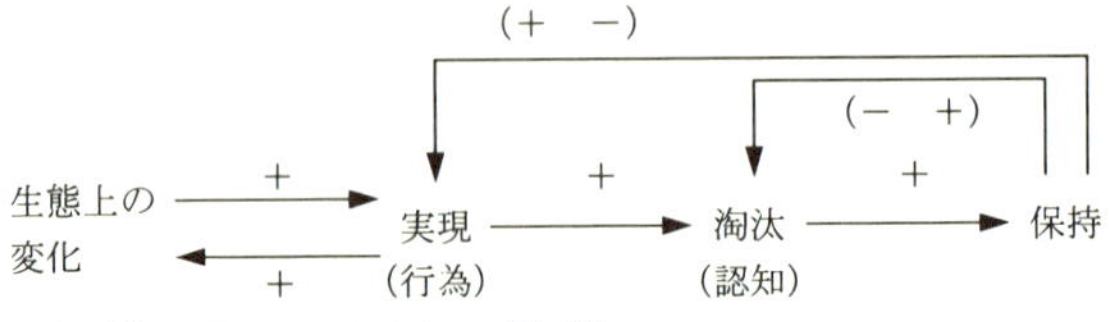

（出所）　Weick, 1979 に一部加筆。

していく。

まず、この組織学習サイクルの理論的優位性として、次の三点を挙げることができる。

第一に、行為の変化と認知の変化という学習の両側面を捉えている。すなわち、組織学習は、行為の変化と認知の変化から構成される。Kim（1993）は、学習は、オペレーショナル学習（技術やknow-howの習得）とコンセプチュアル学習（経験の概念的理解やknow-whyの習得）から成ることを示している。しかしながら、行為と認知の順序に関して、異なる議論がなされている。認知科学の考えでは、まず環境に対する認知が行われ、その後それに基づいて行為が決定される（認知→行為）。他方、Weick（1979）が提示した組織化の進化モデル（図２）では、先に行為が行われ、それに基づいて環境の認知が形成される（行為→認知）。すなわち、まず実現過程において行為が行われ、次に淘汰過程においてその行為に対する意味づけが行われて認知が形成され、それが保持過程において記憶として蓄えられる。また、その保持された記憶は、次に生じる行為と認知に影響を及ぼす。[1] しかしながら、組織学習は、行為の変化と認知の変化が互いに影響を及ぼし合いながら進行しているという点に関しては、一定程度の同意が見られる。

第二に、個人・組織・環境の三つのレベルの間の相互作用に注目して体系的に組織学習を捉えている。すなわち、組織学習では、組織にとっての下位システムである個人、組織、そして上位システムである環境、の間の双方向の影響力を考慮しなければならない。この相互作用を通じて一つのサイクルが完成することで組織学習がもたらされる。

第三に、完全な組織学習サイクルと不完全な組織学習サイクルの両方を提示している。March & Olsen（1975,

1976）は、現実世界において学習が困難な状況を、完全な組織学習サイクルの中の繋がりの一ヶ所が断絶した四つの不完全な組織学習サイクル、すなわち①役割制約的学習、②傍観者的学習、③迷信的学習、④あいまいさのもとでの学習、を用いて説明した。[2]

以上のような点から、March & Olsen（1975, 1976）の組織学習サイクルは、組織学習の概念を包括的に捉えているといえる。しかしながら、次のような理論的課題も残されている。

第一に、組織学習のタイプの分類が示されていない。組織学習は、二つのタイプの学習に大別できる。組織学習論の中で最も有名な分類は、Argyris & Schön（1978, 1996）による「シングル・ループ学習」と「ダブル・ループ学習」という分類である。彼らは、組織学習を、既存の価値観や規範に基づいてエラーを修正するシングル・ループ学習と、その価値観や規範自体を変革するダブル・ループ学習とに分類した。また、Fiol & Lyles（1985）は、現在の課業、ルール、構造への統制を目的として活動が繰り返される「低次学習」と、統制の欠陥に対処するために行動に関するルールを発展させる「高次学習」とに分類した。同様に、March（1991）は、組織学習を古い確実性の「利用（exploitation）」と新たな可能性の「探究（exploration）」とに分類した。以上のように、組織学習は、①外部環境の変化に対して、既存の認知構造に基づいて、行動によって調整する短期的適応過程と、②既存の認知構造自体を変革する長期的適応過程、に分類することができる。[3]

第二に、組織における個人の学習と組織学習の区別が明確ではない。Duncan & Weiss（1979）は、March & Olsen（1975, 1976）の組織学習は、組織における個人の学習を組織活動に結びつけようとしているが、個人の知識がいかにして伝達可能で、合意が得られた、そして統合された組織知識へと発展するのかを論じていないと批判している。したがって、第三の課題とも関連してくるが、March & Olsen（1975, 1976）の組織学習は、むしろ組織における個人の学習にとどまっているといえる。

第三に、組織行動の変化は示されているが、組織構造の変化が示されていない。Duncan & Weiss (1979) は、組織学習論研究の中で、組織構造の変化にまで言及している。組織学習を、行為と結果の関係とそれらの関係に及ぼす環境の影響に関する知識が発展する過程、と定義した上で、そのような組織知識の獲得を通じて、環境に適した組織構造がデザインされる過程を状況適合理論の観点から説明している。(4)

以上のように、March & Olsen (1975, 1976) の組織学習サイクルの考察を通じて、次のような組織学習の基本的特性が明らかになった。第一に、組織学習は、組織メンバーの行為や認知の変化を必要とする。第二に、個人・組織・環境の三つのレベルの間の相互作用を通じて、組織学習は達成される。第三に、組織学習には、シングル・ループ学習とダブル・ループ学習といった異なるタイプの学習がある。第四に、組織学習は、組織行動の変化の側面と組織構造の変化の側面から成る。

そこで、次節では、それらを統合するモデルを提示する。

三　組織学習モデル――組織学習論の統合に向けて――

組織行動と組織構造という組織の対照的な側面の統合という問題に対して、岸田（一九九四、二〇〇五、二〇〇六）は、統合的解釈モデルを提示した。すなわち、Weick (1979) のグループ発展のモデルに Open & 自然体系モデルと Open & 合理的モデルという正反対の因果関係を結びつけ、人間→組織（行動）→環境→組織（構造）→人間という組織の生成・発展のプロセスに関する一つのサイクルを導出した（図3）。(5) そこでは、組織（Organization）は、①新しい組織構造の形成に向けて人々の活動を相互に連結する組織生成（Organizing）の側面と、②形成された組織構造が集合目的に向けて人々の活動を規制する構造統制（Organized）の側面から成り、この

図３　組織の生成・発展のプロセス

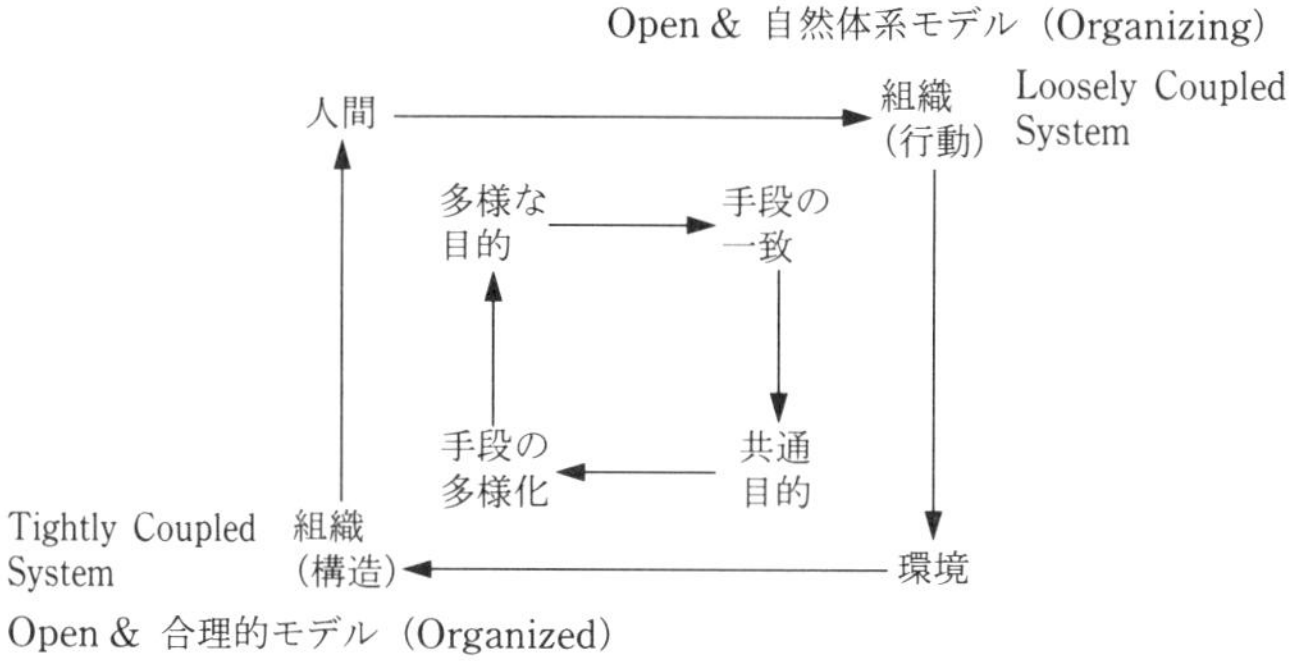

（出所）　岸田，1994，14頁，図１。

図４　組織学習モデル

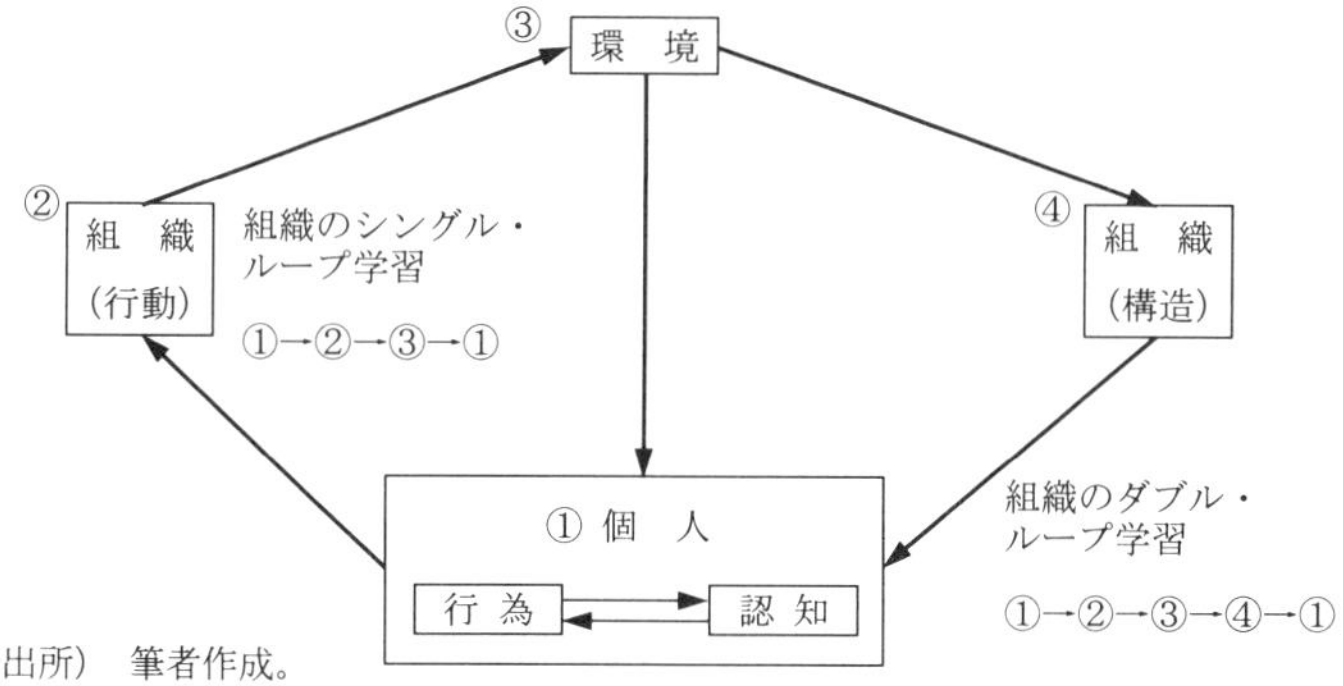

（出所）　筆者作成。

①②の繰返しを通じて、古い組織形態から新しい組織形態へと段階的に発展していく。①の側面における個人は、部分的にしか組織に包含されていない（部分的包含）。すなわち、人間の行動の一部分が組織に属している。したがって、ここでの組織の定義は、Barnard（1938）が示すような、二人以上の人々の、意識的に調整された諸活動および諸力の体系である。他方、②の側面における個人は、組織を自己の目標達成のための手段として利用する（instrumental man）。ここでの組織とは、Schein（1980）が示すような、何らかの共通の明確な目的または目標を、労働・職能の分化を通じて、また権限と責任の階層を通じて達成するために、人々の活動を計画的に調整することである。

岸田（一九九四）の組織の生成・発展のモデルを基に、前節で明らかになった組織学習の特性を経時

表1 組織学習論研究の分類

側面／レベル	行動の調整（シングル・ループ学習）	構造の変革（ダブル・ループ学習）
組 織	Cyert & March (1963), March & Olsen (1975, 1976), Huber (1991), March (1991), Simon (1991), Kim (1993)	Duncan & Weiss (1979)
個 人	Argyris & Schön (1978, 1996), Schein (1985, 2002), Senge (1990), 安藤 (2001)	

（出所） 筆者作成。

的に統合する[6]組織学習モデルを提示する（図4）。ここでは、特定の組織構造の下で組織行動を調整する学習を、組織のシングル・ループ学習（個人→組織（行動）→環境→個人）、組織構造を変革する学習を、組織のダブル・ループ学習（個人→組織（行動）→環境→組織（構造）→個人）として捉える。したがって、組織学習論研究は、⑴組織における個人の学習（組織における個人のシングル・ループ学習とダブル・ループ学習）に焦点を当てたもの、⑵組織行動の調整（組織のシングル・ループ学習）に焦点を当てたもの、⑶組織構造の変革（組織のダブル・ループ学習）に焦点を当てたもの、に分類することができる（表1）。

以上のような考察を通して、本論文では組織学習を、「個人の行為と認知の変化を通じて、組織が環境に適した問題解決活動（組織行動の調整・組織構造の変革）をできるようになる過程[7]」として定義する。

四 結語

今後の組織学習論研究の発展の方向性として、次の三つを示すことができる。

1 組織学習プロセスとその契機

これまでの組織学習論でも中心的に議論されてきた内容であり、組織学習プロセス自体を解明しようとするものである。ここでは、組織学習を引き起こす源泉、および組織学習の進行において必要とされる組織内の変化の考察に重点が置かれている。

２　他組織との協調を通じた組織学習

これまでの組織学習論の課題の一つとして、組織学習の方向性が示されていなかったことが挙げられる。すなわち、組織学習論では、個人レベルと組織レベルでの認知や行為（行動）の変化のプロセスに焦点が当てられてきたが、環境と組織学習の関係はあいまいにしか説明されてこなかった。しかしながら、近年では、組織間関係論や戦略論と組織学習論が組み合わされることにより、他組織との協調といった一定の方向づけがなされた上で、そこからいかにして学習するかが論じられる傾向にある。例えば、Doz & Hamel (1998) や Child (2001)、Child, Faulkner & Tallman (2005) は、アライアンスを通じた組織学習について考察している。また、吉田（一九九一）は、組織間関係の構築が、組織内の慣性を取り除くこと、すなわち組織学習にとって有効であると論じている。したがって、ここでは、環境と組織の間の関係に焦点を当てて組織学習を考察している。

３　組織の学習障害

現実世界において、多くの組織が学習できずにいる状況に鑑み、組織がなぜ学習できないのかを解明しようとするものである。ここでは、組織の学習障害とはいかなるもので、いかにしてそれを克服していくかが中心的課題である。March & Olsen (1975, 1976) は、四つの不完全な組織学習サイクル、すなわち①役割制約的学習、②傍観者的学習、③迷信的学習、④あいまいさのもとでの学習、を提示し、Kim (1993) は、それに三つの不完全な組織学習サイクル、すなわち⑤状況に埋め込まれた学習、⑥分裂した学習、⑦独断専行学習、を加えた。しかしながら、これらの研究では、主として組織学習プロセスに生じる断絶を不完全な組織学習として扱い、結合が障害となる場合を問題にしていない、あるいはその両者を区別していない。したがって、組織学習プロセスに生じる断絶と結合の両側面から組織の学習障害を考察する必要があるであろう。

以上のように、組織学習論は、細分化、精緻化されているといえる。しかしながら、最後に、このようにます個別の論点に焦点が当てられる傾向にある組織学習論に対して、（組織における）個人学習とは異なる、組織それ自体の学習としての組織学習の解明の必要性を指摘すると共に、もう一度理論的統合の重要性を強調したい。なぜなら、組織における個人の学習が成功したとしても、組織が環境を見誤っていたならば、組織は失敗してしまう。反対に、組織の方向づけが正しくとも、それに即した個人の学習がなされなければ、同様に組織は失敗してしまう。すなわち、部分的に検証されたモデルを繋ぎ合わせても全体にはならない。部分的に仮説を作って検証するのではなく、ある程度大まかに全体モデルを作って、検証し、修正していくことが重要であると考える。したがって、その意味で、組織学習論は、組織にとっての下位システムである個人、そして上位システムである環境との関わり、すなわち個人・組織・環境の結びつき、の中での最適な学習のあり方を語らなければならない。

注

（1）Daft & Weick（1984）によれば、組織化の進化モデルにおける狭義の学習は、保持過程に蓄えられた知識が置き換えられることであるが、そのためには保持→実現→淘汰→保持という一つのサイクルが完成しなければならない。したがって、広義に解釈すれば、このモデル全体を組織学習のモデルとして考えることができる。

（2）不完全な組織学習サイクルに関しては、組織の学習障害と絡めて稿を改めて考察したい。

（3）但し、一つの準拠枠組み内での学習と新たな準拠枠組みの学習との間にある概念的相違は極めて重要であると思われるが、実証研究においては、二つの学習のタイプが実践において異なるものであるということが明らかではないかもしれない（Huber, 1991）、との批判もある。

（4）Duncan & Weiss（1979）は、環境を単純・複雑、静態・動態、分割可・分割不能という基準によって六つに分類し、それぞれの環境に適した組織構造を提示した。

（5）岸田（一九八五、二〇〇五）は、経営学説の変遷を次の四つに分類している。すなわち、①クローズド&合理的モデル（環境→組織→人間）、②クローズド&自然体系モデル（人間→組織→環境）、③オープン&合理的モデル（環境→組織→人間）、④オープン&自然体系モデル（人間→組織→環境）、の四つである。

（6）　岸田（二〇〇六）は、正反対の因果関係や性質をもつモデルを統合する枠組みとして、①共時的統合（階層による統合）、②経時的統合（時間による統合）、の二つを提示した。

（7）　本論文では、個人や組織が特定の「行動をしなくなる」という場合も「行動が変化した」ものと見なし、行動の変化を広義に解釈する。

主要参考文献

Argyris, C. & D. A. Schön, *Organizational Learning : A Theory of Action Perspective,* Reading, MA : Addison-Wesley, 1978.

Argyris, C. & D. A. Schön, *Organizational Learning II : Theory, Method, and Practice,* Reading, MA : Addison-Wesley, 1996.

Cyert, R. M. & J. G. March, *A Behavioral Theory of the Firm,* Prentice-Hall, 1963.（松田武彦・井上恒夫訳『企業の行動理論』ダイヤモンド社、一九六七年。）

Duncan, R. & A. Weiss, "Organizational Learning : Implications for Organizational Design," B. M. Staw, ed., *Research in Organizational Behavior,* JAI Press, Vol. 1, 1979, pp. 75-123.

Fiol, C. M. & M. A. Lyles, "Organizational Learning," *Academy of Management Review,* Vol. 10, No. 4, 1985, pp. 803-813.

Huber, G. P., "Organizational Learning : The Contributing Processes and The Literatures," *Organization Science,* Vol. 2, No. 1, 1991, pp. 88-115.

Kim, D. H., "The Link between Individual and Organizational Learning," *Sloan Management Review,* Vol. 35, No. 1, 1993, pp. 37-50.

岸田民樹『経営組織と環境適応』三嶺書房、一九八五年。

岸田民樹「革新のプロセスと組織化」『組織科学』第二七巻第四号、一九九四年、一二一二六頁。

岸田民樹編『現代経営組織論』有斐閣、二〇〇五年。

岸田民樹「アメリカ経営学の展開と組織モデル」経営学史学会（編）『企業モデルの多様化と経営理論』文眞堂、二〇〇六年、一一一二六頁。

March, J. G., "Exploration and Exploitation in Organizational Learning," *Organization Science,* Vol. 2, No. 1, 1991, pp. 71-87.

March, J. G. & J. P. Olsen, "The Uncertainty of the Past : Organizational Learning under Ambiguity," *European Journal of Political Research,* Vol. 3, No. 2, 1975, pp. 147-171.

March, J. G. & J. P. Olsen, *Ambiguity and Choice in Organizations,* Bergen, Norway : Universitetsforlaget, 1976.（遠田雄志・アリソン・ユング訳『組織におけるあいまいさと決定』有斐閣、一九八六年。）

Weick, K. E., *The Social Psychology of Organizing* (2nd ed.), Addison-Wesley, 1979.（遠田雄志訳『組織化の社会心理学』文眞堂、一九九七年。）

十二　戦略論研究の展開と課題
——現代戦略論研究への学説史的考察から——

宇田川　元一

一　本研究の目的

本研究は、現代の戦略論研究、特に戦略化研究（e. g., Whittington, 2002 ; Jarzabkowski, 2005）及び、新制度派アプローチ（e. g., Lawrence, 1999）に対し、学説史的観点からこれらの研究アプローチの意義と課題を考察し、今後の戦略論研究の展開方向性を示すことを目的としている。

戦略論研究は、一九一〇年代に始まり、一九六〇年代に顕著な発展をみせたハーバード・ビジネススクールにおける経営政策（Business Policy）研究、及び、Chandler によるアメリカ大企業におけるM型組織導入プロセスの経営史的研究（Chandler, 1962）をその重要な起源として展開されてきている。実践的な研究としては企業で展開されてきた長期計画にも、戦略論研究の萌芽を見ることは可能であるとされ、また、Barnard（1938）における戦略的要因の指摘は、「戦略」が組織活動上の制約を意識的に解消することを意味することを示した上で、重要な示唆を与えている。今日の戦略論研究に目を向けると、一九八〇年代以降、Strategic Management Journal

を中心に経済学的アプローチに基づく議論の展開が支配的な研究方法として展開されてきている。その一方で、これとは異なる新たな潮流として欧州の研究者を中心に展開される戦略化研究、或いは、実践としての戦略（strategy as practice）と呼ばれる研究、社会的構成主義（social constructionism）の考えに基づいた批判的ディスコース分析に基づく研究のほか、アメリカにおける社会的構成主義の社会組織論的展開である新制度派組織論（new institutionalism）を背景にした研究などが展開されている。これら様々な立場から向けられた「戦略」への視点は、戦略の多様な側面を明らかにする上で有用であると考えられる。そこで本研究では、これらの新しい研究展開と、そこに至る戦略論研究の研究展開との関連性を学説史的に考察しながら、新しい戦略論研究の意義についての考察を展開する。その上で、今後の戦略論研究の理論発展の方向性について考察を行うこととする。

二　戦略論研究の展開

戦略論研究の学説展開を本研究では大きく三つの段階に分けて検討する。第一に、戦略論研究が生み出された草創期（一九五〇年代～一九七〇年代）、第二に、コンサルティングファームによる応用や経済学的アプローチが展開された展開期（一九八〇年代～一九九〇年代）、第三に、「非主流派」の研究の登場と、それ以後戦略化研究等の新しいアプローチがみられる現代（一九九〇年代～二〇〇〇年代）である。これら三つの段階についてそれぞれの研究展開における関心や論点、そして問題点を中心に考察を展開する。

１　草創期の戦略論研究

戦略論研究は、戦略家による組織目的の形成とその実現を戦略の中核概念とし確立された。Chandler（1962）のアメリカ企業におけるM型組織導入の経営史研究は、戦略概念の形成に重要な影響を与えた研究として挙げることが出来るが、その一方で、より戦略概念を明確化したハーバード・ビジネススクールにおける経営政策論研究（Learned, Christensen, Guth, and Andrews, 1965; Andrews, 1971）は、草創期において特に重要な研究と言える。この経営政策論研究に対して極めて重大な影響を与えたSelznick（1957）の制度に関する研究は、戦略論研究の基礎を構築した研究として注目すべき多くの点が見られる。Selznick（1957）と経営政策論研究との概念的関連性は極めて高く、Selznick（1957）によって示された制度化概念を構成する諸要素であるリーダーシップ、独自能力（distinctive competence）、組織性格等の諸概念は、経営政策論研究において、ゼネラリスト、企業能力、企業資源、戦略の実行、環境適応等の概念へと応用され、重要な分析フレームであるＳＷＯＴ分析の枠組みを形成する上で、極めて重要な概念的基礎を提供することになった。その結果、戦略とは組織目的を形成し、組織活動の継続性を生み出す概念として確立されることとなったのである。組織活動の継続性を生み出すためには、戦略家は特定の組織機能に基づいた存在（スペシャリスト）ではなく、組織の諸機能を有機的に結びつける存在（ゼネラリスト）でなくてはならない。そのためには、組織目的に即し、組織に価値を注入する必要が生じる。ただし、その上では、組織は内的諸機能の統合と同時に、組織環境との適応が成し遂げられる必要があるため、組織の内的な独自能力と外的環境との適応関係が問題となる。Andrews（1971）によって示されたＳＷＯＴ分析は、こうした主張を一つの分析枠組み化したものであるが、これはSelznick（1957）における「制度化」概念を応用したものと言えるだろう。かくして、戦略論研究はその草創期において、組織の内的・外的に価値を体現させるための概念として確立されていった。

2　草創期における研究の問題点と展開期の研究

だが、この制度的アプローチとも呼ぶべき戦略論研究は、後にPerrow（1972）によるSelznickへの批判と符合する形で新たな課題が明らかになった。Perrow（1972）は、組織の環境創造の側面、及び、組織間の競争という側面の看過という二つの理論的問題を指摘している。前者については、後に組織論におけるWeick（1979）のイナクトメントの概念を通じて議論が展開される。ここでは組織活動から生じる内的な認知が、組織環境を形成するという側面が示され、組織活動と環境適応との不可分性が示されることとなる。後者の問題点については、環境概念を巡る議論の中で議論が展開される。組織論研究としては、Pfeffer and Salancik（1978）に引き継がれ、資源という物理的存在を通じたパワーの問題として組織コントロールに関する議論が展開されることとなる。後には、前者の論点も含みつつ、社会的構成主義を基礎とした新制度派組織論（e. g., DiMaggio and Powell, 1983）による組織環境概念への再考も展開されている。

組織間の競争について、戦略論研究ではAnsoff（1965）が競争戦略概念の端緒を示し、後にPorterによる競争戦略論によって議論が展開された。この展開期の研究としては、主にCaves and Porter（1978）以降の産業組織論を背景とした経済学的アプローチ、及び、戦略コンサルティングファームによる諸研究（e. g., Henderson, 1979）が挙げられる。この研究アプローチの伝統は現在も戦略論研究の主流とも呼ぶべきもので、ＲＢＶや動態的ケイパビリティアプローチ等、主に一九九〇年代から現在にかけて展開されている研究がその延長線上にあたる。これらの研究では、戦略は競争優位性をもたらすための分析枠組みであると考えられている。従って、草創期の研究に示された組織と戦略との価値的側面は議論の外に置かれ、その結果として、戦略形成主体である組織は理論的に看過された。これがもたらす問題点は、戦略転換が生じるメカニズムを理論的に説明し得ない点にある。特に今日の組織環境の激変は、戦略転換への柔軟性を組織に要求しており（Brown and Eisenhardt, 1998）、戦略転換のメカニズムを解明することへの理論的・実務的関心は高まりを見せている（e. g., Christensen, 1997 ; Sull, 2003 ; Haeckel, 1999）。すなわち、一九八〇年代から一九九〇年代にかけて展開された戦略論研究では、競争環境における競争優位性の確立、抽象化すれば環境適応をその主たる論点としてきたのに対し、徐々に戦略論の論点は戦略転換へと軸足を移そうとしている。その結果、必然的に「なぜ戦略は変わらないのか」という論点が浮上してきたと言える。

3　現代の戦略論研究へ

こうした中、展開期の研究とは異なり、組織論研究の展開、特に一九八〇年代以降台頭した解釈主義や社会的構成主義の概念を背景とした組織論研究の発展から生み出された研究として、第三番目の研究アプローチが戦略論研究において議論されるようになった。「プロセス研究」とも呼ばれるこれらの研究は、米国よりもむしろ欧州の研究者を中心に展開され、米国内でも主流のアプローチとは異なる観点からの研究者によって展開されている。この研究アプローチが当初主に問題としていた点は、展開期の研究に特徴的な組織の文脈を看過した分析的アプローチに対する批判を根底として、戦略が組織の中から生み出されるプロセスを解明すること、及び、戦略の組織における実現（realization）にあった。Burgelman（1983）の研究は前者の問題意識において代表的な研究であり、Mintzberg（1987）やBourgeois and Brodwin（1984）の研究は、分析的アプローチには欠如していた戦略の実現における組織プロセスの重要性を示唆した研究であった。これらのアプローチにおいては、戦略は組織プロセスから生じる行動パターンであると主張される。いかなる戦略を策定するのかという展開期の主張とは別に、それらが実際の組織行動の側面においてどのように実現されているのかについて関心が向けられた結果、「パターンとしての戦略」という観点が注目されたのである。

4　戦略から戦略化へ／制度派から新制度派へ

今日においては、これら戦略論の「非主流」の研究伝統と、Weick（1979）による組織化（organizing）の概念の理論的融合によって、戦略論の論点は大きく変化を遂げつつある。この新たな視点では、旧来の戦略論研究における策定者と実行者という二分法的概念の分離が否定され、戦略を実践（practice）ないし、組織化としてみる観点が新たに示されている。これが今日欧州の研究者によって主張される戦略化研究、ないし、実践としての戦略と呼ばれる研究（以後、戦略化研究と記す）である。戦略化研究では、戦略に対してより社会学的な関心が向けられており、戦略は目標に仕向けられた活動（goal-directed activity）であって、単に経営者のみならず、多様な行為主体間の相互行為によって、組織的な状況の中で実現される社会的実践と理解される（Jarabkowski, 2005）。それ故に、戦略よりも戦略を巡る戦略の組織的現実の生成過程、すなわち、戦略「化」に関心が向けられるのである。

戦略化研究においては、旧来の意味での「戦略」は組織化された行為を戦略の観点から操作化を可能にすることを目的として静態的に捉えたものにすぎず、組織の中で戦略が実際どのように動いているのかを明らかにする上では不十分であると考える。本来、「非主流」のプロセス研究で示されてきたように、戦略は組織活動と不可分の関係にある。それ故に、戦略が日常的な実践の中でどのように組織的な「ある現実」として立ち現れてくるのかを明らかにする必要がある。これによって、戦略が組織活動を通じ維持や転換がなされていく動的な姿を描き出すことが可能になる。この戦略化研究における主要概念である「実践」とは、理論的にはBourdieu（1979）やde Certeau（1980）に示されているように「日常的なものごとのやり方」、日常的に我々が特に意識することなく行っているなにげない行為を指す。こうしたなにげない行為である実践の中には、行為者がその行為を生み出す行為形成の資源が存在し（Suchman, 1987）、その行為を通じて社会的現実が再生産され、それによって行為形成の資源が形成・制約されるという構造の二重性（Giddens, 1984）が存在している。故に、戦略が組織的な現実へと構築される過程である戦略化の過程において、実践と戦略化との不可分な関係があることが理論的に主張される。

一方、主に多国籍企業の戦略を対象とした研究で今日参照されることが多い（e. g., Westney, 1993）新制度派アプローチ（e. g., DiMaggio and Powell, 1983）は、現象学的社会学や社会的構成主義の影響を色濃く受けたアメリカの組織社会学者によって展開された、新たな組織分析アプローチである。彼らは、組織形態の同型性（isomorphism）を手がかりに、アイデンティティを共有する組織間の相互行為が展開される組織フィールドの内部で独自の合理性が形成され、その合理性に適応することによって組織の同型性が生じ、同型化がさらにフィールド内の合理性を高めることを明らかにした。例えば同一の業界に所属していると考える組織同士の活動展開の中から徐々にその業界における成功のルールが確立されるようになり、そのルールへの適応が組織の生き残りのために必要となってくるとする主張である。ここでは、組織環境は客観的なものではなく、間主観的存在として位置づけられている。こうして、戦略論の草創期で展開された制度化の概念に対して、組織が適応すべき環境は組織フィールドに参加するプレーヤー間の相互作用から生じるという点が付け加えられた。新制度派の観点の戦略論への応用は、多国籍企業論での展開に代表されるように、主に異なる地域や事業領域などへの進出等による、環境からの制度的プレッシャーによって組織の活動が変化することを分析対象としているもの（Westney, 1993）や、制度を作り出すことを通じて、自らの立場に対して優位をもたらそうとする組織の働きかけ（Lawrence, 1999）の二つが見られる。いずれの研究においても、組織が適応すべき環境を組織の働きかけによって創り出すことにより、組織に優位性をもたらそうとする過程が戦略として位置づけられている点が重要な論点となっている。

三　現代の戦略論研究の意義

草創期から展開期、そして現代へと続く戦略論研究の展開において、現代の戦略論研究として取り上げた戦略化研究と新制度派の意義を考察すると以下のようになる。戦略化研究、新制度派の双方とも、組織や組織フィールドという集合的概念における戦略の在り様、共有のされ方を分析の対象としている。草創期の戦略論においては、戦略とは組織における価値を体現するための概念として捉えられてきたが、この観点は展開期の研究においては無視されることになったため、戦略論研究において、組織の価値的側面は理論的に看過されてきた。ここで現代と草創期両者の関係をみると、議論の対象に類似性を見ることが出来る。戦略化研究では、組織の実践の中で展開される相互行為を戦略という観点から捉えることを目的としているため、組織メンバーの実践から、戦略のありのままの姿に迫ろうとする。ここで主に焦点となるのは、ある特定の戦略やそれに関連する諸活動に対する組織の意味体系内での妥当性の形成のされ方である。この妥当性の形成という議論には、草創期に示された組織の諸活動の有機的結合、ないし、価値の制度的体現についての議論との類似性が見られる。つまり、戦略化とは、何らかの価値ないし目的に対して組織的な妥当性を形成することを通じて、組織の実践の中に戦略が埋め込まれることとして捉えられているのである。また、新制度派アプローチにおいて主張された環境への働きかけについても同様の観点が見られる。つまり、経営政策論で社会的責任に関する議論がなされたり、或いはSelznickによって社会的役割への適応という概念が示されたりする際には、組織の継続体としての存続には、外的な正当性の獲得が必要である点を指摘している。一方、新制度派アプローチは、組織が適応すべき社会構造や組織環境は、間主観的に構成されるため、組織が環境に働きかけることを通じて、正当性が自らと他のプレーヤーとの相互行為の中から構築されるという側面を主張するのである。

現代に展開されている戦略論研究の二つの視点は、妥当性ないし正当性を巡って組織の内外で展開される活動が、組織の実践や制度的環境の中にどのように埋め込まれるのかを明らかにする研究であり、これは草創期に展開された戦略論研究の問題意識を分析方法論と対象の存在論の観点から、より洗練された形で展開するものである。故に、現代の戦略論研究はある意味で新古典派とも呼ぶべき様相を呈しているのである。

四　戦略論研究の展望と新たな理論的課題

ここまで考察してきた新たな研究の理論的な発展の方向性として、組織の内生的変化と外生的変化から戦略転換が生じる過程の論理化が考えられる。戦略化の観点からは、組織の実践の中に埋め込まれている組織的行為者が、組織に変化をもたらしていく過程を理論化していくことが求められている。また、新制度派については、組織フィールドにおける変化が組織に取り込まれながら、変化を生み出していく論理が求められている。

社会的構成主義の概念を基礎としたマクロ組織モデルに見られる困難さとして、組織化や組織フィールドをシステムとして見た場合に、そのインプット自体もまた組織化や組織フィールドの活動過程からのアウトプットであるというパラドクスがある。このパラドキシカルな再生産が繰り広げられる中でも変化がもたらされる論理を解明するためには、組織の実践に埋め込まれているミクロの行為主体がどのように内生的変化を引き起こしたり、外生的変化を取り入れたりしていくのかを考察する視点が必要であろう。この課題点について、内生的変化については、組織ルーティンの概念を再び問い直すことが一つの観点として注目される。一方、外生的変化については、組織を越えた社会的コンテキストの変化と戦略との関係性を考察することが考えられる。

第一の組織ルーティンに関して、ルーティン的側面とクリティカル（臨界）的側面を二分法でとらえて議論を展開してきた旧来の組織論・戦略論研究に対し、特に戦略化研究には、旧来ルーティンと分類されてきた日常的行為の中から変化が生じる論理を説明しようとしていることに意義が見いだせる。この論点を支える視点として、Feldman and Pentland（2003）では、組織ルーティンを内生的変化の源泉と考える観点が示されている。彼らは、ルーティンが実際に組織において行為にうつされる側面を主体的行為（agency）の重要性から主張する。この行為としてのルーティンという観点に立つと、組織ルーティンとは状況的行為と見ることができ、様々な行為資源との関わりの中で行為が展開され、ルーティンが行為化されるという、旧来の視点にはない行為と結びついた論理が見えてくる。この行為化の過程では、多様な行為資源を結びつける即興的な側面が不可避的に含まれることになるため、それが組織の内生的変化をもたらす源泉となるのである。換言すれば、組織ルーティンとは多様な行為主体による多声的な理解によって社会的に構成されたものであり、静態的に行為と別次元で存在するものではない。行為主体は単純な行為の繰り返しをするのではなく、状況において即興的に行為形成を行い、それ故に組織に内生的変化がもたらされるのである。こうした行為化における変化が、組織の戦略転換にどのようにつながっていくのかを今後理論化する必要があると言える。

一方、外生的変化に関しては、「戦略」概念の組織の枠を越えた社会的コンテキストの中における変化について論じた研究として、戦略のディスコースにおける語りの変化から分析する研究（Barry and Elmes, 1997）や、戦略が経営層にとって有力なディスコースへと変容した過程を論じたKnights and Morgan（1991）などがある。これらは戦略が組織の中で実際に行為化される上での意味の転換を示しており、戦略の外生的な変化を示している。また、制度的環境の変化が組織に取り込まれる過程を明らかにしたVaara, Kleymann, and Seristö（2004）の研究は、新制度派の視点に戦略化の観点も盛り込んだ観点と言える。彼等は戦略を実現しようとする行為主体が、制度的環境の変化が、戦略転換を正当化する資源として動員される過程をディスコースがどのように用いられたのかを分析することから明らかにしている。これらの研究の注目すべき点は、行為者は制度的環境と組織コンテキストの両方に埋め込まれているという視点であり、この中で展開される主体的行為の形成が戦略転換を達成することを示している点にある。

制度的環境は多元的であり（Hung and Whittington, 1997）、組織もまた実践コミュニティ（Brown and Duguid,

2000）という多元的存在として捉えられる。従って、組織の実践コミュニティに埋め込まれた行為主体が、どの制度的環境とどのように結びつくのか、また、その結びつき方がどのように生じるのか、その結びつきの行為化にあたってどのような即興的変化が生じて戦略転換へとつなげていくのか、これらの点についての理論化が待たれている。換言するならば、戦略の外生的変化と内生的変化を結びつける理論の構築が必要であり、その両者を結びつける鍵となる概念は、状況的行為であると考えられる。

主要参考文献

Andrews, K. R., *The Concept of Corporate Strategy,* Homewood, Ill: Dow-Jones Irwin, Inc, 1971.（山田一郎訳『経営戦略論』産業能率短期大学出版部、一九七六年。）

Chandler Jr., A. D., *Strategy and Structure,* Cambridge, Mass: MIT Press, 1962.（三菱経済研究所訳『経営戦略と組織』実業之日本社、一九六七年。）

DiMaggio, P. J., and Powell, W. W., "The Iron Cage Revisited: Institutional Isomorphism and Collective Rationality in Organizational Fields," *American Sociological Review,* Vol. 48, April, 1983, pp. 147-160.

Feldman, M. S., and Pentland, B. T., "Reconceptualizing Organizational Routines as a Source of Flexibility and Change," *Administrative Science Quarterly,* Vol. 48, 2003, pp. 94-118.

Jarzabkowski, P., *Strategy as Practice: An Activity-Based View,* London, Sage Publications, 2005.

Lawrence, T. B., "Institutional Strategy," *Journal of Management,* Vol. 25, No. 2, 1999, pp. 161-188.

Learned, E. P., Christensen, C. R., Guth, W. D., and Andrews, K. R., *Business Policy: Text and Cases,* Hoewood, Ill: R. D. Irwin, 1965.

Perrow, C., *Complex Organization: A Critical Essay,* Glenview, Ill: Foresman and Company, 1972.（佐藤慶幸監訳『現代組織論批判』早稲田大学出版部、一九七八年。）

Selznick, P., *Leadership in Administration: A Sociological Interpretation,* Evanston, IL: Row, Peterson, 1957.（北野利信訳『組織とリーダーシップ』ダイヤモンド社、一九七〇年。）

Vaara, E., Kleymann, B., and Seristö, H., "Strategies as Discursive Constructions: The Case of Airline Alliances," *Journal of Management Studies,* Vol. 41, 2004, pp. 1-35.

Westney, E., "Institutionalization Theory and the Multinational Corporation," Ghoshal, S., and Westney, E., ed., *Organization The-*

ory and *The Multinational Corporation*, New York : St. Martin's Press Basingstoke : Macmillan, 1993.
Whittington, R., "Corporate Structure : From Policy to Practice," In Pettigrew, A., Thomas, H., and Whittington, R., ed., *Handbook of Strategy and Management*, London: Sage Publications, 2002.

十三　コーポレート・レピュテーションによる持続的競争優位
――資源ベースの経営戦略の観点から――

加賀田　和　弘

一　はじめに

大企業を中心に、近年多くの企業が社会的責任（ＣＳＲ）への取り組みに力を入れ始めている。ＣＳＲの遂行は、企業にとってますます重要な課題になりつつあるが、その積極的な推進がすべての企業にとってプラスの影響をもたらすわけではない。そのため、企業はＣＳＲに対して受動的・対症療法的に取り組むのではなく、能動的・戦略的に取り組む必要がある。

本研究では、まず、ＣＳＲに対する規範的・文脈的観点によるアプローチの違いを確認しつつ、社会的合意の有無と経済性・社会性の両立という二つの点から、法令遵守、ＣＳＲ、社会貢献の概念定義を試みる。続いて、企業の社会性（ＣＳＲ、社会貢献活動）と企業目標との関係について考察している。そして最後に、ＣＳＲへの取り組みを、経営資源としてのコーポレート・レピュテーション（評判）を醸成する経営活動の一つとして位置付け、資源ベースの経営戦略（RBV：Resource Based View of the Firm）の観点から、企業はＣＳＲ活動を

図1　CSRへのアプローチ1（規範的・文脈的観点から）

アプローチの種類	①　規範的アプローチ		②　文脈的アプローチ
基本概念	経営思想		経営戦略
内容	啓発的自己利益倫理など	契約倫理	社会戦略など
基本原理	生存倫理的原理	ステイクホルダー対応原理	ステイクホルダー対応原理
行動	社会的見返りを期待しての義務遂行	利益動機と道徳的正直さの融合	ステイクホルダーへの社会的即応性に基づいた実践的対応
視点	事後対応・結果責任的視点	事前対応・予測志向的視点	事前対応・予測志向的視点
具体的な形態	コンプライアンス経営	道徳的経営理念の内在化など	ステイクホルダー・マネジメント 社会的責任投資（ＳＲＩ） グリーン・コンシューマリズム，グリーン調達など

（出所）　合力知工（2004）267頁。

いかに持続的競争優位へと結びつけていくべきかについて検討している。

二　CSRをどう捉えるか

CSRの捉え方は地域、論者によって微妙に異なっており、また、CSRの持つ意味の多義性ゆえにその議論は少々混乱しているように思われる。その理由として、合力（二〇〇四）は、CSRへの現在のアプローチには、普遍的・静態的価値体系である倫理的あるいは経営思想的概念としての規範的アプローチと、企業利益と公共利益の均衡および最適化、社会環境変化への対応プロセスである経営戦略的概念としての文脈的アプローチの二つ（図1参照）が混在したまま議論されている点を指摘している。(1) 前者の規範論的アプローチの重要性を認識しつつも、本研究では、CSRをRBVによる経営戦略の観点から捉えているため、後者の文脈的アプローチ（図1太枠部分）を中心に議論していくこととする。

また、一般には、CSRは法令遵守、社会貢献といった

図2　CSRへのアプローチ2（法令遵守・社会貢献との関連から）

社会的な合意ないし行動規範

法律として確立している	法律以外（社会規範・社会からの要請）として確立している		確立していない		
①法令遵守（法的義務） ・人権尊重・差別（男女，人種，出自等による）の禁止 ・法令遵守型環境対策 ・サービス残業等違法労働の禁止 ・個人情報保護 ・品質・安全基準および管理など	CSR①　省エネ製品 オーガニック食品 品質・安全性の向上			両立	営利性との関係
	CSR② （政府の支援を特に必要とするもの） ・法令未整備の環境対策 地球温暖化対策 燃料電池等の普及 ・知的財産の保護と活用（海賊版への対応など） ・食の安全に関するもの 農薬・健康食品・食品添加物	CSR③ （実施に政府の支援がそれほど必要でないもの） ・政治献金の禁止 UD製品・環境配慮型製品の開発・普及促進 ・従業員への福利厚生 リストラ時の補償，女性登用比率向上努力，子育て，介護休暇の充実と利用促進，職業訓練・教育の充実 ・地域社会への貢献・交流 雇用・地域の活性化	社会貢献 ・メセナ（文化・芸術支援活動） ・フィランソロフィー ・ボランティア	対立	

（出所）大前慶和（1998）154頁を基に加筆・修正して筆者作成。

概念を含めたまま議論されることが多いが、社会的な合意ないし行動規範の有無、営利性・社会性の両立という二点から、法令遵守、社会貢献とは明確に区別されるべき概念(2)であると考えている。（図2参照。）

法令遵守については、営利性と対立していようとなかろうと、企業が経済活動を行う上での最も基本的な所与条件として、国家権力による強制力を伴った「法令」という形で明確に規定されている以上、企業はそれを必ず受け入れなければならない。すなわち、厳密な意味では、法令遵守は、CSRのカテゴリーには入らない。(3) CSR①については、営利性との両立が見られるので、企業はこれを行うインセンティブは高い。問題となるのは、CSR②とCSR③である。両者は同じCSR概念であるが、その実施に政府の支援を必要とするか、支援がなくとも実施が可能であるかによって区別される。CSR②は社会的な合意や行動規範が法律以外として確立しているにもかかわ

図3　企業の社会性と企業目標の関係について

・企業の社会性＝ＣＳＲ＋社会貢献活動
・企業目標＝長期維持発展

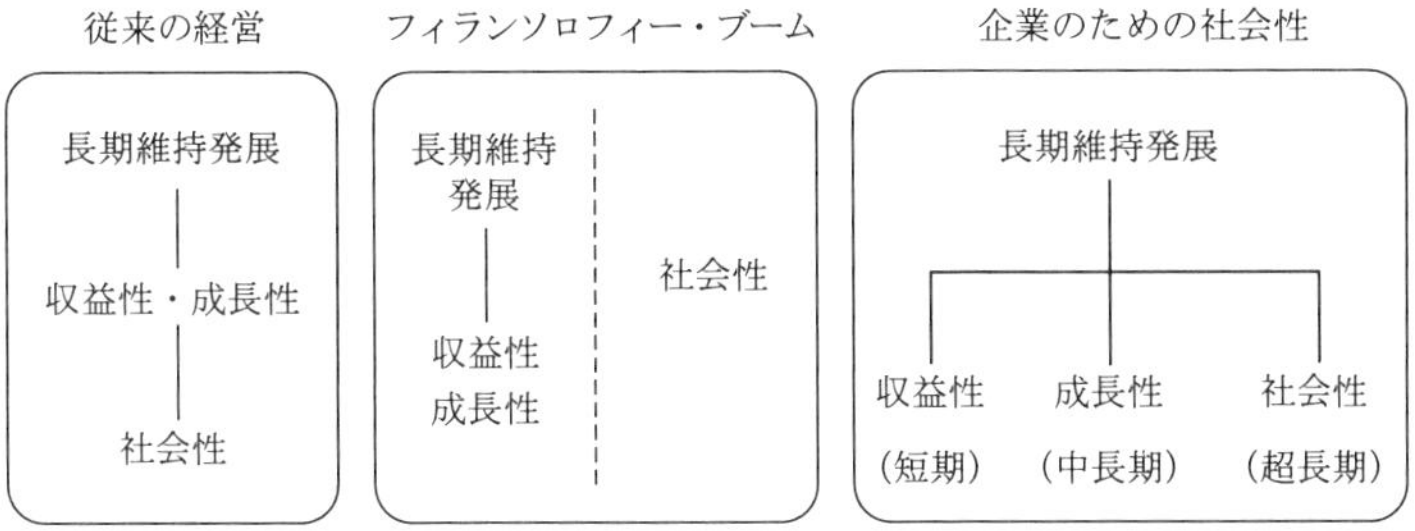

（出所）　岡本大輔（1996）201頁。

らず、営利性と対立し、なおかつ実施に政策面の誘導が必要であるという点で、企業単独では実施しにくい。これはCSRとして企業にその実施を求めていくものであるというよりは、政府が立法化し法的義務とし、政策誘導（補助金の交付、優遇税制などの実施）によって企業に課すべき問題であろう。

問題となるのは、このような領域のうち、実施に政府の支援が必要でないCSR③である。これは、営利性と両立していないために、企業が実施するためのインセンティブとしては高くない。しかし、社会的な合意ないしは行動規範としては、法律以外ですでに確立しているために、CSR③の実施は企業に求められるものである。また、社会貢献に関しては、営利性と対立しており、なおかつ社会的な合意ないし行動規範としても、法律でも、法律以外でも確立しておらず、企業にとっては純粋に利他的な行為となる。[4]

ところで、法的義務には及ばないとはいえ、社会的な合意ないしは行動規範として確立しているが、企業の営利性と両立しないCSR③や、純粋に利他的な行動とみなしてもよい社会貢献（図2の太枠部分）について、企業目標や収益性・成長性などとの関係では、どのように考えればよいのであろうか。岡本（一九九六）は、企業の社会性（＝CSR＋社会貢献）と企業目標（長期維持発展）、成長性・収益性の関係を図3のように整理して説明している。

岡本によると、従来の経営において、企業の社会性は、企業目標である長期維持発展、その手段である成長性・収益性よりも下位に置かれていたという。八〇年代以降については、企業目標である長期維持発展、その手段である成長性・収益性と社会性は、まったく別次元で考えられていた。しかし、現代では、企業の社会性は企業のため（企業の長期維持発展のため）に行われるべきであり、そこでは企業目標である長期維持発展を構築するための収益性（短期）、成長性（中期）と同じ次元で考えるべきもの（社会性は超長期的に企業にとって重要）であると指摘している。(5)

現代の企業にとって、それが大企業であればなおのこと、CSRの遂行は、ますます重要な課題になりつつある。しかし、その効果については、即座に売上や利益といった形で現れるような性質のものではなく、また、その実施がすべての企業にプラスの影響をもたらすわけではない。そのため、CSRをいかに事業活動と統合させていくかという戦略的視点が必要になる。

三　経営資源としてのコーポレート・レピュテーション

その際重要なキーワードとなるのが、コーポレート・レピュテーションという概念である。短期的には、CSRへの取り組みが営利性と両立しない場合であっても、その積み重ねがコーポレート・レピュテーションという経営資源を醸成し、それが結果的・長期的には、他の企業には模倣困難で持続的な競争優位をもたらす可能性があると筆者は考えている。CSRと事業活動の統合とは、まさに、CSRを企業の持続的競争優位のための経営資源、すなわちコーポレート・レピュテーション資源として活用することに他ならない。

レピュテーション（Reputation）とは評判、世評、名声、信望、風評のことであり、一九六〇年代には、すでに消費者行動論の分野でレピュテーションの重要性が指摘されている（Levitt, 1965）が、当時のレピュテーションは、顧客に商品を訴求できる能力として位置づけられていたとされる。[6] その後、七〇年代では、企業の社会的な評価との関係でコーポレート・レピュテーションを定義づけようとする見解が見られるようになり（Moskowitz, 1972, Abbott＝Monsen, 1979）、八〇年代から九〇年代にかけては、その社会的な評価が形成されるプロセスにも目が向けられるようになった。以上をふまえて櫻井（二〇〇五）は、コーポレート・レピュテーション概念に資産の意味づけを与えて「経営者および従業員による過去の行為の結果、および現在と将来の予測情報をもとに、企業を取り巻くさまざまなステイク・ホルダーから導かれる持続可能な競争優位[7]」と定義している。

　この経営資源としてのコーポレート・レピュテーションは、知的資産とともに企業の無形資産の中核をなす概念であり、その中には、製品やサービス、顧客満足といった企業の事業活動そのものに対するビジネス・レピュテーションと、企業の社会的側面や社会活動に関するレピュテーションが含まれている（図4参照）。この二つのレピュテーションは、いわば車の両輪のようなものであり、いずれかが不足していれば企

図4　無形資産・ブランド・コーポレートレピュテーションの関係

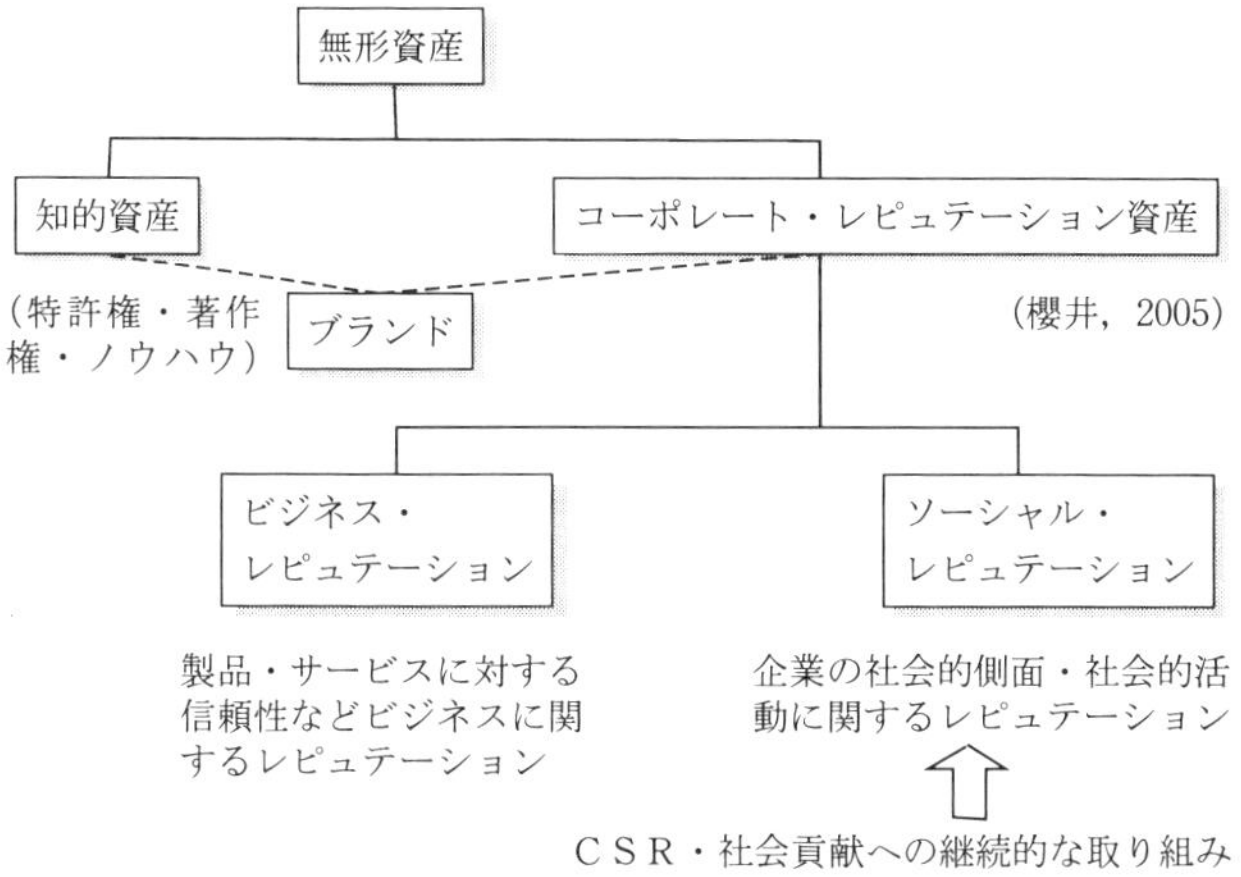

（出所）　筆者作成。

業全体のコーポレート・レピュテーションは低下するといえよう。このコーポレート・レピュテーションの中核をなすのは、株主、債権者、顧客、取引先、従業員、政府、地域社会といった多様なステイク・ホルダーからの信頼、信用、評判である。一方で、企業の反社会的な行動は、マイナスのレピュテーション（レピュテーション負債とも呼ばれる）を生み、昨今の企業不祥事のその後を見ればわかるように、容赦なく社会の糾弾を受けて、場合によっては、倒産の憂き目にさえあうようになってきている。(8)

まさにＣＳＲ・社会貢献への取り組みはこの経営資源としてのコーポレート・レピュテーション、特にその中のソーシャル・レピュテーションを醸成していくプロセスといえる。

四　ＲＢＶ(Resource Based View of the Firm)：資源ベースの経営戦略の観点から

Ｊ・Ｂ・バーニーに代表されるＲＢＶによる経営戦略研究者は、企業を経営資源の集合体とみなし、企業は自社の持つ経営資源を構築・活用することによって競争優位を確立することができると主張する。(9) ここで挙げられている経営資源には四つの種類があり、それぞれ①財務資本（出資者・債権者による金銭、内部留保される利益など）、②物的資本（工場や設備、物理的技術など）、③人的資本（人材育成訓練、従業員が保有する知識、経験、ノウハウなど）、④組織資本（組織構造、公式・非公式の計画・管理・調整のシステムなど）である。そして、自社が持つ経営資源の強み・弱みを分析するための手法としてＶＲＩＯ分析を行うことの重要性を指摘している。ＶＲＩＯとは、それぞれ、経済価値（Value）（外部環境の脅威やチャンスに適応するか?）、希少性（Rarity）（その経営資源を保有するのは少数の競合企業か?）模倣困難性（Inimitability）（競合他社がその経営資源を獲得することは困難か?）、組織（Organization）（その経営資源を活用するための組織的な方針や手続きが確立しているか?）である。また、経営資源を企業が組み合わせたり活用したりすることを可能にする企業属性をケイパビリティと呼び、経営資源とケイパビリティの両方に強みを持つ企業は持続的な競争優位を有する企業と考えることができるとされる。(10)

そこで筆者は、RBVの観点から、左記に挙げた経営資源（特に④組織資本）に、コーポレート・レピュテーションを経営資源として加えることは、これからのCSR・社会貢献活動を考えていく上で大きな意義があると考えている。その理由の一つは、情報化の進展、広告・製品の均質化・供給過剰時代の今日において、企業の持つ無形資産としてのブランドやコーポレート・レピュテーションが、その企業が提供するサービスや製品の独自性を高め、他社との差別化の源泉となりうる、経営上、持続的で模倣困難な競争優位を生み出す可能性があるという点である。

今日の顧客は、企業に対して、その企業が提供する製品・サービスの機能や質に他社との違いを見出しにくくなっており、その代わりに、その企業やブランドが単純に好きか嫌い、あるいはその企業が信頼できるか否か、といった極めて情緒的な感情に基づいて購買行動を決定することが少なくない。この感情による結びつきを顧客との間に築くことは、企業への共感を増大させ、製品購入の可能性を高めるといえよう。このことは、コーポレート・レピュテーションのうち、主にビジネス・レピュテーション（図4参照）に関係することであるが、企業の継続的なCSRや社会貢献活動も同様に、企業への共感や信頼を獲得する有効な手段になり得る。むしろ、ビジネス・レピュテーションとソーシャル・レピュテーションの両方の要素を兼ね備えた場合も多く、特にそのような場合には、CSR・社会貢献活動は他社には模倣困難な強力で持続的な競争優位をもたらす可能性が高い。その一例としてトヨタ自動車のケースを挙げる。

（トヨタ自動車のケース）―ハイブリッドカー・プリウスとエコロジー・レピュテーション資源の獲得―

トヨタ自動車は、一九九七年十二月に世界初の量産型ハイブリッドカー「プリウス」を発売した。同じ一九九七年の十二月には、京都で地球温暖化に関する国際会議が開催されている。この京都会議開催の前後は、官民挙げて様々なキャンペーンが行われ、地球環境問題に対する国民の意識や関心がピークに達した時期にあたる。このまさに絶好のタイミングでプリウスを発売したのである。

トヨタ自動車がハイブリッドカーの開発に着手したのは、一九七一年だといわれている。七〇年代当時は、排ガスに対する規制強化が、自動車メーカーにとって大きな課題となっていた。この頃のトヨタ自動車は、一九七〇年に米国で施行されたマスキー法[11]への対応で、本田技研工業の後塵を拝するなど、この分野で必ずしも業界をリードしていたわけではなかった。しかし、九〇年代以降、トヨタ自動車の環境問題への取り組みは大きく進展することになる。一九九二年に「トヨタ地球環境憲章」を制定し、翌年にはそれをより具体的に企業活動に反映するため「トヨタ環境取り組みプラン」（後に改定、現在は第四次）を策定し、順次目標を達成している。その後、一九九七年一月に「トヨタエコプロジェクト」の推進を宣言し、「あしたのために、いまやろう」「ＥＧＯからＥＣＯへ」というキャッチフレーズや、車の形をした葉っぱのマークを用いたテレビコマーシャルを通じて、燃費の向上、ＣＯ２排出削減、排出ガス削減といった、自らの環境問題への取り組みを積極的にアピールする宣伝活動を行っている。特に、鉄腕アトムのキャラクターが登場する、「前略、手塚先生。二十一世紀に間に合いました。」「あなたが想像した車です。」といったキャッチコピーは、手塚アニメで育った世代に、「プリウス」の持つ未来的な技術革新性を強烈に印象付けたといえよう。ちなみにPriusとは、ラテン語で「～に先立って」という意味である。

その後、一九九九年十一月には、本田技研工業からハイブリッドカー「インサイト」が、翌年四月には、日産自動車から「ティーノハイブリッド」がそれぞれ発売されるが、後発の感を否めず、トヨタハイブリッドシステムのエスティマ、クラウン、ハリアー、レクサスへの搭載、「トヨタエコプロジェクト」をはじめとした一貫した環境戦略、市場一番乗りによるデファクト・スタンダードの確立（松行康夫、二〇〇〇）によって、トヨタ自動車の環境先進企業としてのコーポレート・レピュテーションは、他社の追随を許さないものになっている。(12) 例えば、二〇〇〇年から始まった日経BP社による環境ブランドランキング調査では、「消費者」「ビジネスマン」の両部門においてトヨタ自動車は二〇〇六年まで七年連続で、第一位を獲得している。(13)

図5　CSR・社会貢献とコーポレート・レピュテーションの関係

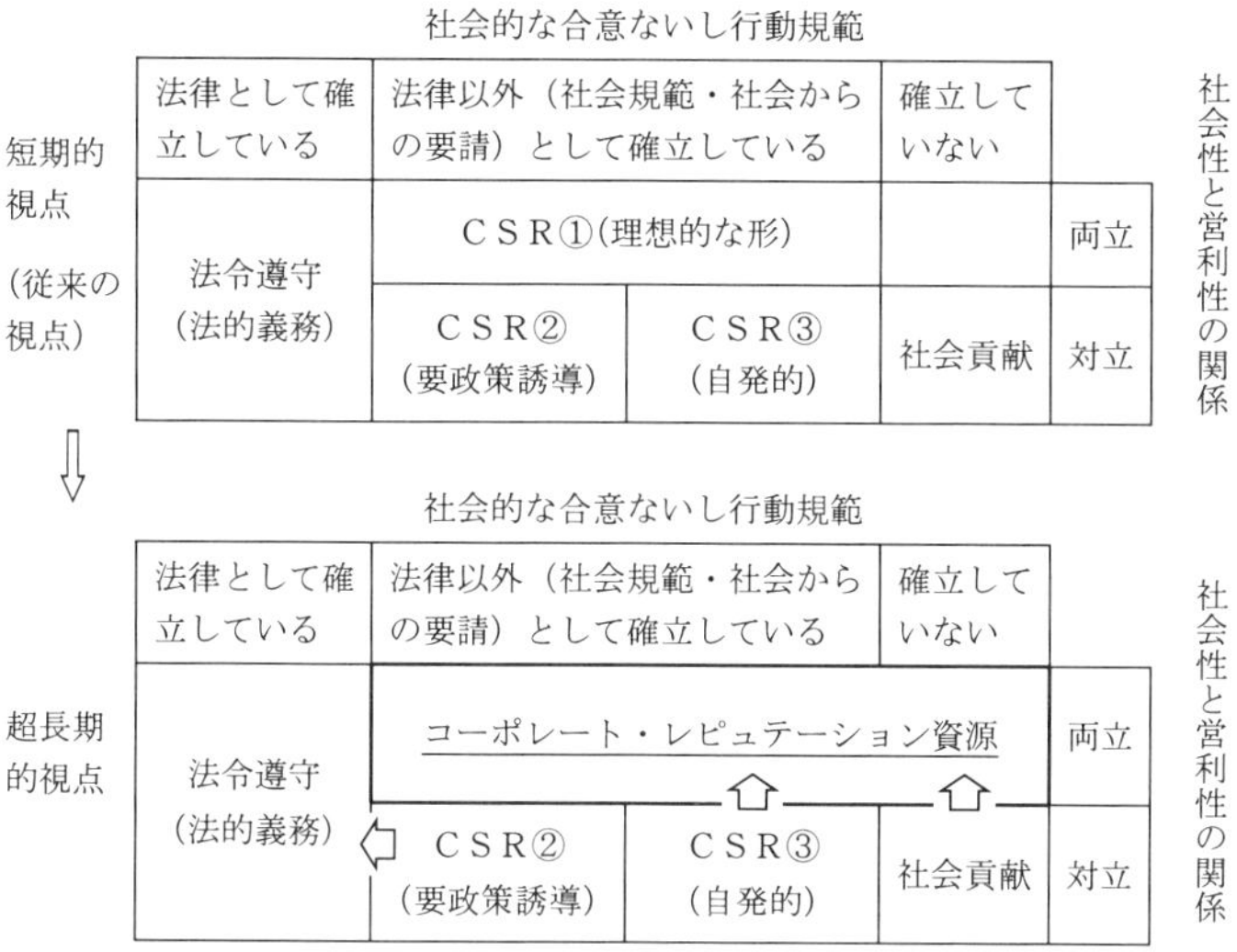

（出所）　筆者作成。

トヨタ自動車のプリウスの例は、技術開発力やその革新性といったビジネス・レピュテーションと、地球環境問題への取り組みを積極的に前面に打ち出すことによるソーシャル・レピュテーションの二つがシナジーを生み、結果として、強力な競争優位性を生み出していることを示しているといえよう。

ＣＳＲ・社会貢献活動をＲＶＢの観点から考えることが重要だと思われる、もう一つの理由について述べておく。それは、現在企業が取り組んでいるＣＳＲ・社会貢献活動は、短期的に収益性などの経済的指標に現れるような性格のものではないために、事業活動との関係が見えにくく、そのため昨今のCSR優良企業の不祥事に見られるように、CSR活動と事業活動との乖離が今後多くの企業で発生する可能性が否定できないことである。

図5で示しているように、CSR・社会貢献活動は粘り強く継続的に、長期に渡って取り組んではじめて経営資源としての優位性を獲得できるともいえる。この点について、毎日新聞の点字新聞の例がある。(14)

五　おわりに

企業の社会性に関する問題は、短期的ではなく、長期的な観点から考えていかなければならない。長期間にわたるCSR・社会貢献活動への継続的な取り組みが、将来的に、模倣困難で持続的な企業の強みにつながる可能性があることを考えれば、CSRに対して、受身でなく積極的に、コストでなく投資として考えていくことが重要となる。企業目的（長期維持発展）と照らし合わせ、戦略的に取り組むことで、特にコーポレート・レピュテーション向上へ結び付け、持続的競争優位獲得のための経営資源として醸成していくべきであろう。CSRへの取り組みは、これまで見られたような、社会からの圧力・要望・要請など、社会のために行うべきことといった受身的姿勢から、企業のための競争優位確立のための資源獲得という、積極的な形で率先して取り組むべき課題へと変化しつつあると筆者は考えている。

注

（1）　合力知工『現代経営戦略の論理と展開』同友館、二〇〇四年、二六五―二六九頁。

（2）　CSRの分類には、Carroll, A. B. (1979) の三次元モデルや、これを改良したCSR修正三次元モデル（森本、一九九四）などがある。

（3）　法的責任（義務）をCSRの範疇に加えるか否かについては、多くの議論があり、例えば高田（一九八九）は、法的責任をCSRに加えるべきではない（高田、二一―二二頁。）としているのに対し、森本（一九九四）は、最低遵守すべき社会規範としての法を能動的・主体的に実践するという意味で、そこに自主性を見出し得るとして、ＣＳＲの基本的内容として法的責任を位置づけている。（森本、七二―七三頁。）

（4）ただし、かつては社会貢献だと考えられていた企業の環境対策が、現在ではＣＳＲの中心的な位置を占め、各種環境関連法の成立により、今後は法令遵守のカテゴリーに移行しつつあるように、これらの区分は時代や価値観の変化に伴って移り変わるものである。

（5）岡本（一九九六）、二〇一―二〇二頁。

（6）櫻井通春『コーポレート・レピュテーション』中央経済社、二〇〇五年、一四―一五頁。

（7）前掲書、一頁。

（8）前掲書、一―三頁。

（9）Barney, J. B. (1991), Teece *et al.* (1997), Wernerfalt, B. (1984).

（10）Teece *et al.* (1997), Wernerfalt, B. (1984).

（11）一九七〇年の十二月に、アメリカで施行され、ガソリン自動車の一酸化炭素、炭化水素、窒素酸化物の排出を、現状の九〇％以上削減することを義務付け、達成できない自動車は期限以降の販売を認めないとする法律。自動車の排気ガス規制法として当時世界一厳しく、クリアするのは不可能とまで言われた。米国では自動車メーカーの反対からその実施が大幅に後退（実施期限を待たずして七四年に廃案）していく中で、日本では、マスキー法で定められた基準と同じ規制が、米国同様に国内自動車メーカーをはじめとする産業界からの強い反対により二年ほど遅れたものの、一九七八年に実施された。

（12）もっとも、「マスキー法」の規制値を最初にクリアしたＣＶＣＣエンジンを開発したのは、本田技研工業であり、同社は、トヨタ自動車のハイブリッドカー登場まで、ＣＶＣＣエンジンやＶＴＥＣエンジンなどの低公害エンジンの開発を通じて、環境にやさしい車作りをリードしてきたといえる。究極のエコカーと言われる燃料電池車の開発では自動車メーカー各社がしのぎを削っており、環境先進企業としてのレピュテーションを確立したトヨタ自動車の優位性が、これからも磐石であるとは必ずしも言えないだろう。

（13）この調査対象企業には、他の環境経営調査（例えば、環境経営の質を評価し得点化したものとして日経環境経営度調査、環境報告書の表彰制度である環境省の環境レポート大賞、（財）地球・人間環境フォーラムの環境コミュニケーション大賞など）では比較的著名なリコー、松下電器、ソニー、日本ＩＢＭ、イオンなどが含まれているにも関わらず、トヨタは一位を保持している。

（14）毎日新聞社は、点字新聞『点字毎日』（週刊）を一九二二年五月十一日の創刊以来、八十四年間発行し続けている。当時の毎日新聞社（当時は大阪毎日新聞社）幹部の「普通の墨字の新聞を読めない視覚障害の人に、自ら指で読める新聞を作るべき」との考えに基づく、まさに、企業の社会貢献活動の一環であるが、週刊であるとはいえ、点字による新聞は、日本はおろか、世界でも唯一毎日新聞しか発行していない。八十四年という長い時間をかけた継続的な活動は、それ自体模倣困難で希少性がある。同時に、このような長期間の継続性は、毎日新聞社の社会貢献活動の真剣さを証明するものでもあり、それは、毎日新聞社に対する信用・信頼・共感を生み、他社新聞社との差別化につながる経営資源すなわち、コーポレート・レピュテーション資源となっているといえよう。

主要参考文献

Abbott, W. F. and Monsen, R. J., "On the Measurement of Corporate Social Responsibility: Self-Reported Disclosures as a Method of Measuring Corporate Social Involvement," *Academy of Management Journal,* Vol. 22, No. 3, 1979, pp. 501-515.

Barney, J. B., "Firm resources and sustained competitive advantage," *Journal of Management,* Vol. 17, No. 1, 1991, pp. 99-120.

Carroll, A. B., "A Three-Dimensional Model of Corporate Performance," *Academy of Management Review,* Vol. 4, No. 4, 1979, pp. 497-505.

Levitt, T., *Industrial Purchasing Behavior, A Study of Communications Effects,* Harvard university, 1965.

Moskowitz, M. R., "Choosing Socially Responsible Stocks," *Business and Society Review,* Vol. 1, No. 1, 1972, pp. 71-75.

Rumelt, R. P., "Toward a Strategic Theory of the Firm," In Lamb, R. B. (Ed.), *Competitive Strategic Management,* Prentice-Hall, 1984, pp. 556-570.

Teece, D. J., Pisano, G. and Suen, A., "Dynamic Capabilities and Strategic Management," *Strategic Management Journal,* Vol. 18, No. 7, 1997, pp. 509-533.

大前慶和「企業の社会性に関する基本的な問題について」『三田商学研究』（慶応大）第四十一巻第三号、一九九八年、一三五―一六〇頁。

岡本大輔『企業評価の視点と手法』中央経済社、一九九六年。

合力知工『現代経営戦略の論理と展開』同友館、二〇〇四年。

櫻井通晴『コーポレート・レピュテーション』中央経済社、二〇〇五年。

高田　馨『経営の倫理と責任』千倉書房、一九八九年。

松行康夫「自動車産業における環境経営と企業間におけるデファクト・スタンダード」『経営研究所論集』（東洋大）第二十三号、二〇〇〇年、四一―五七頁。

森本三男『企業社会的責任の経営学的研究』白桃書房、一九九四年。

十四　人間操縦と管理論

山下　剛

一　はじめに

現代は組織社会であり、組織なしでは成り立たない社会である。組織には管理が不可欠である。しかし言うまでもなくその管理が組織維持のために諸個人を犠牲とするならば、それは本末転倒であろう。したがって現代において管理は一つには〈組織目的と個人目的の統合〉を不可避の課題としていると言える。

ところで、管理には必然的に、ある人間から他の人間への何らかの作用が避けられない。ここには一つの問題が存在しうる。「人間操縦」という問題である。この問題は近年で言えば、オウム真理教の「洗脳」が記憶に新しい。つまり、人から人への作用がその人間を意のままに操ろうとするものとして現出するとき、果たしてそれでよいのかという問題である。管理論にはこの人間操縦という批判の可能性がついてまわると考えられる。それにも関わらずこの問題は十分に検討されてきたとは言えないのではないだろうか。人間操縦は避けられないという理由で、問題視されない向きもある。本論文は人間操縦がどのような問題を孕むかを少しでも明確にし、そこから管理について考えようとするものである。

以下ではまず第一にL・フォン・ベルタランフィによりながら「人間操縦」という問題について吟味する。第二に管理と人間操縦の関係について検討する。そのことを、とりわけ人間的な理論として取り上げられることも多いマグレガーのY理論とバーナード理論に焦点を当てながら行いたい。

二 人間操縦という問題——ベルタランフィのロボット・モデル批判の吟味——

人間操縦とはいかなる問題であろうか。まずその点を考えたい。本論文ではベルタランフィ (Bertalanffy, 1949, 1967, 1968) を取り上げる。ただし彼は、オープンシステム・アプローチ、一般システム理論によって経営学において著名な存在であるものの、人間操縦を問題とした論者としてはあまり取り上げられておらず、その意味では違和感があるかもしれない。しかし彼が生物やシステムを取り上げながら最終的に問題としようとしたものはあくまでも人間である。そのことは彼がほぼ最後に執筆したと言っても過言ではない『人間とロボット』(一九六七年) で集大成されている。そこでは、心理学で猛威をふるっていた人間のロボット・モデルが批判され、人間的なアプローチが志向されている。このロボット・モデル批判こそが人間操縦問題に他ならない。

人間のロボット・モデルとは何か。ベルタランフィによれば、ロボット・モデルの基本は、刺激—反応図式 (S-R図式) である。これは、行動を刺激に対する反応と捉える受動的な人間モデルであり、そこには環境主義や平衡理論、効用原理といった思想が入り込んでくる。それは、行動を刺激に対する反応と捉えるところからわかるように、行動の獲得を問題とするモデルであり、ベルタランフィは、行動工学という呼び方をするが、同時にそれを操作心理学と呼ぶ。つまり人間操縦のための人間モデルがロボット・モデルなのである。彼はこうした人間モデルが支配的になっていく様を、とりわけ心理学の広告宣伝活動への益々の応用の中に見ている。そしてそれは心理学的科学・技術の発展の産物であり、物質的科学・技術が自然の支配をもたらしたのに対して、人間自身の支配をもたらすものだと主張している。

ではロボット・モデルの何が問題なのか。ベルタランフィは大きく二点に見出している。まず第一にロボット・モデルが人間行動の全体を把握していないという点である。すなわちそれは人間の受動的な面しか捉えておらず、また基本的に動物実験によって得られるそうした知識は、動物を人間と等しいと見る擬動物主義の誤りに陥っている。だが人間は、受動的であるばかりでなく生物・動物として能動性をもっており、また生物・動物とは異なってシンボルを用いる存在である。すなわちベルタランフィは人間をシンボル活動をする存在として、また能動的人格システムとして把える必要性を主張する。

第二に、ロボット・モデルは実際に人間に適用されると、その人間に深刻な影響をもたらす可能性がある。ベルタランフィが危惧するのは、ロボット・モデルの適用によって人間がノイローゼ等の精神的な病に陥る可能性、人間としての適応力を失う危険性、あるいは民族レベルでの価値を喪失してしまう危険性である。彼の次の一言がロボット・モデルで捉えられることの危険性を見事に言い表している。「ネズミがスキンナー箱のなかでどんなふうに感じているか、またその実験がネズミの精神衛生にどんな結果を及ぼすか、私たちは知らない」(Bertalanffy, 1967, 邦訳、十九頁)。しかも人間の心的能力はネズミよりも多少高級なので、こうした影響は人間に対する方がより大きいと彼は言う。

精神的な病、適応力・価値の喪失とは、一言で言えば〈健康〉の問題と言うことができる。すなわちここでは、人間へのロボット・モデルの適用の結果として人間固有の〈健康〉が損なわれる危険性が問題視されているのである。〈健康〉という指標は、欲求の〈満足〉とは異なるものだという点は注意を要する。それは例えばタバコの例を想起すれば明らかであろう。そこでは吸った本人は満足かもしれないが健康は害される。また企業に勤める人がうつ病や自殺に至るケースが増えているが、この問題を欲求不満の問題として語ることはできまい。これはそれ以前の問題であって、そもそも欲求がもてなくなっている状態だからである。ここにも健康という、満足とは異なる次元の問題を見出すことができる。またさらに付け加えるならば、親が子を躾るのも人間が〈満足〉とは異なる意味での〈健康〉を願ってのことであろう。

ロボット・モデル批判はベルタランフィの一般システム理論の主張の延長線上にあるものである。彼によれば、一般システム理論とは〈全体性〉の科学である。システムとは部分の相互作用からなる複合体＝全体であり、一般システム理論とは、こうしたシステムを様々な領域に見出し、システムの一般理論（岸田、一九八六年）を構築しようとするものである。オープン・システム理論もこうした一般システム理論の一翼を担う。

システムおよび全体性とは部分に還元できない特性、したがって諸部分間の関係性そのものを指し、それが把握されるということである。これは人間にとっての何らかの真理を見出すことと等しい。諸部分間の関係性は人間の持つ生物的・文化的制約の中で、そうした制約があってこそ見出されるものだからである。ゲーテは真理とは人間にとって生産的なものだと述べたとされるが（三木、一九四〇年。高橋、一九四三年）[1]、対象の諸部分間に何らかの生産性、有意味性を人間が感じるからこそその関係は捉えられるのである。システムという把握は物理学的な理論だけでは捉えきれないが人間にとって有意味なもの、生命や健康などを捉えることに他ならない。

人間は、生物的・文化的制約の中で、人間にとって生産的なもの、有意味なものを把握する。同時に言うまでもなく、そうした人間の認識が生物的・文化的制約の中にあるということは人間的な限界を有するということでもある。一般システム理論とはこうした認識論を含意するものである。ベルタランフィはこの立場をパースペクティヴィズム（perspectivism）と呼ぶ。

パースペクティヴィズムは人間固有の限界を認識しながら、人間にとって生産的なもの、有意味なものを把握しようとする立場であり、この認識論を内包するがゆえに一般システム理論は〈人間主義〉的である。しかしこうした限界を認識しないままの科学がある。ベルタランフィはそれを〈科学主義〉と呼ぶ。ロボット・モデルは科学主義である。それは行動の獲得のみを問題とし、人間の健康に対する影響をその視野に納めていないからである。

三　人間操縦と管理論

では健康とは何であろうか。これは一概には言えないが、現段階で言えるところを示したい。本論文では特に心理的健康に焦点を合わせて考える。他の動物とは異なる人間の特性は身体的な側面よりも心理的な側面にあると考えられるからである。

ベルタランフィ自身は、精神病の原因を生物的価値とシンボル的価値の対立、あるいはシンボル的価値間の対立に求め、逆に精神の健全性を「その人が与えられた文化の枠組みの中で一貫した統一的世界をもっているかどうか」(Bertalanffy, 1968) だとした。すなわち、いわゆる精神・道徳的な分裂とその統合に人間の不健康と健康を見ているのである。このような見解は著名な心理学者においても主張されている。例えば、心理的に健康な段階として自己実現欲求を論じたA・H・マズローによれば「自己実現者は自己の本質や人間性、多くの社会生活、自然や物理的現実を哲学的に受容することによって、自動的に価値体系の確固たる基盤を身につけて」おり (Maslow, 1954, 邦訳、二六七頁)、逆にこうした受容が得られず欠乏を感じている状態が神経症だとされている。また『自由からの逃走』のE・フロムも社会的な価値に従うことと自己存在にかかわる価値の双方の実現に真の健康を見、両者が対立し片方が実現しない状態を不健康と見ている (Fromm, 1941)。

人間操縦とはこうした意味での健康が視野に入っていない行動獲得行為である。管理論について見るとそれは一つの傾向として人間操縦論になっていると言える。この問題は、管理観としては、「人をして仕事をせしめる」の管理観をもっていた管理過程学派が一つの契機と言える。この管理観は人間操縦論たることを宣言しており、むしろ積極的にそうであろうとしたものと言えるであろう。ただし具体的にはベルタランフィが主張するように、人間の心理についての科学主義的な科学の発展が契機である。したがっていわゆるモチベーション論にその姿が典型的に表れている。モチベーション論は活動の方向、活力、持続性の確保、要するに行動の獲得をその目的とした科学化である。しかし人間操縦論的傾向はこうした組織体内部の議論に限らない。ベルタランフィが例示したのはまさに広告宣伝活動、マーケティング活動であった。顧客、株主、消費者、住民、政府、こういった諸々の人々をどう動かすかということが組織の外部環境に対する戦略的な要点である。

しかし管理論はモチベーション論といえども、一概に人間操縦論とは言えないとする向きもあろう。例えば、自己実現に関する議論にはそのような要素が見出されるかもしれない。ここではその代表的な議論であるマグレガー理論を取り上げ、マズローと対比させながら、それが人間操縦論であるか否かを検討してみよう。

周知のように、D・マグレガーはマズローの欲求階層説に基づいている。マズローの欲求階層説とは、欲求五段階のうち自己実現欲求の段階を心理的に最も健康な段階と規定し、そこに達する道筋を提示したものであり、いわば心理的健康を実現するための理論である。マグレガーはこうした欲求階層説に基づき、X理論とそれに対するY理論を提示した。それは管理者が従業員を見るときの人間の本性に対する仮説である。前者は人間は生来怠け者で責任を負いたがらないとする人間観であり、後者は人間は働くのは嫌いではなく、ときには責任を負い、創造力を発揮すると考える人間観である。そして後者に立てば、組織目的と個人目的の統合が経営原則であり、組織目的に対するコミットメントと権限委譲がその施策となることが述べられる。

X－Y理論は欲求階層説に基づいている。だがそれにも関わらず、X－Y理論とマズロー欲求階層説は根本的に異なるものである。後者において低次の諸欲求の充足は高次欲求の段階への移行を意味し、それは心理的健康に至る道程として把握される。ところが前者はそうではない。X理論、Y理論いずれで把握しようとも、その欲求充足は欲求階層の移行＝心理的健康の実現ではなく、行動を引き出すことを意味するのみである。すなわちマズローの自己実現的人間は実現すべき理想だが、Y理論は動機づける対象でしかない。言い換えれば、Y理論は確かに〈健康な人間〉を扱っているが、しかしマズローが不健康な人間の健康実現の過程を論じようとしたのに対して、Y理論は既に健康な人間の欲求満足、およびそれによる行動の獲得を論じているに過ぎない。健康実現という視点が欠落したY理論はロボット・モデルであって、この意味で人間操縦論なのである。

管理論において自己実現を論じていると言ってもこうしたマグレガーのような扱いが一般的である。だがこれでは人間操縦論の域を出ることはできないのである。

四　管理と人間の健康

管理論の一つの傾向として人間操縦論があると言えるが、それにも関わらず管理は必ずしも人間操縦とイコールではない。(2) ここでは管理過程学派の管理観を覆したとされるバーナード理論を見てみたい。ただしバーナード理論は管理論・組織論の中で人間操縦論との批判を受けている数少ない理論の一つでもある。まずはそうした批判を検討した上で、バーナード理論が人間操縦という問題に対してもつ意義を示したい。

バーナード『経営者の役割』が提示したのは、周知の通り、「組織維持機能」としての管理観であり、そこに立って人間論、協働体系論、組織論、管理論と展開されている。ここでの問題は組織維持機能の実現がどのように考えられているかである。以下では、彼自身非常に重視しており、彼の理論の核とも言えるオーソリティ論に焦点を合わせて議論を進めたい。彼のオーソリティ論は周知のように、上位権限説に対して受容説を唱えたものであり、オーソリティが無条件で組織階層の上位の側にあると考えるそれまでのオーソリティ論に対して、オーソリティとはコミュニケーションの性格であり、受令者が命令を受容することによって成り立つとしたものである。

こうしたバーナード理論に対してはかなり早い段階で権（一九七五年）が問題提起し、その後稲村（一九九五年）もそれに近い批判をしている。紙幅の都合上、両教授の言説全てを紹介する余裕はないが、要点は次の二点だと考えられる。第一に、バーナード組織論とは要するに誘因—貢献論であって、しかしその誘因論は人間を操縦するための技術論である。彼のオーソリティ論もどうやって受容を引き出すかを考えるものであって、上位権限説の補強に過ぎず、誘因論の延長線上にある。第二に、ではどうしたら良いかと言えば、個人人格・組織人格という把握もさることながら管理者—従業員という関係を把握し、パワー論に注目することである。すなわち従業員がパワーを獲得していく過程を把握し、それによって管理者のパワーに対抗できるようにしなければならない。(3)

まず第二点から見ると、ここには若干の盲点があると考えられる。なぜならここでの従業員へのパワー付与の意図は、管理者のパワーを封じ、従業員が可能な限り作用を受けないようにすることであるが、ここには組織には管理が不可欠であり、誰かがその役を引き受けねばならないという点の考慮がないからある。従業員がパワーを与えられるということはその分だけ彼が管理を行なわねばならないということを意味する。しかし、従業員は必ずしも管理能力をもっているわけではない。もっていないとすれば、それは逆に管理者や他の従業員を苦しめ、その健康を害し、組織を崩壊させる危険性を孕むこととなる。それでは本末転倒となる。すなわち、人間操縦の問題点は管理者の作用の有無ではない。むしろ、従業員の健康を実現するものであれば管理者の作用はむしろ歓迎されるべきものとなろう。従業員へのパワー付与は健康が害される可能性を減らすという意味合いはあるものの、健康を実現するという意味はない。

では第一の点はどうであろうか。結論から言えば、バーナード理論にあってオーソリティ論は誘因論に収斂されるものではない。というのは、バーナードはオーソリティ受容の条件を次のように規定しているからである。すなわち、コミュニケーションが①理解できるものであること、②組織目的と矛盾しないこと、③自己の人格的関心全体（personal interest as a whole）と両立しうること、④その人が精神的にも肉体的にもそのコミュニケーションに従いうることである（Barnard, 1938）。バーナードにあって誘因もオーソリティを生む条件の一つには違いないが、それが全てではない。それは組織目的に合致していることを要求するし、自己の能力がその命令に応えられることを必要とする。ここでのオーソリティは誘因では語り切れない存在であり、逆に誘因論がオーソリティ論に収斂しているのである。

このようなオーソリティ論の位置づけが示すバーナード理論の含意は何であろうか。命令の受容は、行動の提供を意味し、そこに活動の体系たる組織が形成されることになる。この意味でオーソリティ論は、行動獲得のための理論だと言える。では単なる人間操縦論なのかと言えば、そうではない。なぜならこのオーソリティ論は、もう一つ重要な意味を内包しているからである。すなわち道徳的分裂・統合という問題が把握されている。オーソリティ受容の四条件は、人間が複数の道徳準則をもつ存在として、命令や状況の如何によってはそれらが対立・矛盾し、その場合には、行動不能、自尊心の欠如等々の事態に陥る存在と把握されている（Barnard, 1938、邦訳、二七二―二七六頁）ことを含意する。言い換えれば、バーナードは道徳的分裂・統合の問題に焦点を合わせることで、行動獲得と心理的健康を相即的問題とすることを可能とした。バーナード理論は、このような形で行動獲得だけに拘泥することから抜け出しており、人間操縦論ではないと言える。(4)

五　おわりに

現代において管理とそこでの〈組織目的と個人目的の統合〉を考える上で人間操縦は問われるべき課題であると考えられる。なぜなら現代が組織社会であり、組織がバーナードの規定するように「活動の体系」であるならば、現代における管理は行動獲得を不可欠の要請としてもつこととなり、しかもそうした行動獲得行為は人間操縦として〈人間の健康〉を損なう危険性を有しているからである。

管理論は人間操縦論に陥りやすく一般にその傾向があると言える。〈組織目的と個人目的の統合〉という視点からすれば、組織目的の達成、組織維持に偏っているのである。したがって個人目的への注目が必要になる。これはいわゆる「人間性」をどう考えるかという問題である。人間操縦論批判、ロボット・モデル批判が示すのは、この問題は、欲求満足の問題でも、管理者から被管理者への作用をなくすことでもないということである。それは、〈人間の健康〉という問題を視野に入れることである。冒頭で述べた洗脳であるか否かということもここにかかっている。〈人間の健康〉を扱うとは、〈健康な人間〉を扱うことと同義ではない。それはむしろ不健康と健康の狭間にいる人間を把握することである。それには、能動的に道徳準則を構築するがゆえに、道徳的分裂という事態に陥り、同時にその統合の可能性をも有する存在として人間を把握する必要がある。これがなされている一つの例はバーナード理論である。

残された課題は多い。第一に本論文では〈組織目的と個人目的の統合〉のうち特に個人的側面に注目したが、組織自身の健康についても同時に考えなければならない。組織維持優先と組織の健康は意味が異なるであろう。第二に人間操縦に関連してドラッカーの「人間をコントロールすることは当人しかできない」という見解があり、これも検討する必要がある。第三に本論文では人間の健康について身体的な側面、および身体的側面と心理的側面の関係に触れることができなかった。こうした問題も含めて今後さらに考えていきたい。

注

(1)「たとえ有害な心理でも、有害なのはほんの一時であって、やがては、常に有用な、然も大いに有用な他の真理に達するのです」(高橋訳、一九四三年、一五四頁。)

(2) 以下でバーナードを取り上げるが、言うまでもなく管理を人間操縦を超えるものとして捉えているのはバーナードだけではない。例えば、P・F・ドラッカー(Drucker, 1974)はその副題に示されている通り、マネジメント(管理)を課題・責任・実践と位置づけている。ここでは管理は社会のニーズから規定されるものであり、組織目的の達成、従業員と仕事の管理、社会的責任の三つの課題の実践、その責任を有する存在である。また三戸(二〇〇二年)は、目的的結果とともに随伴的結果を追求する複眼的管理を提唱している。これらは、いずれも行動獲得というだけでは語りきれない内容を管理に与えている。

(3) ただし、権(一九七五年)はパワー論については語っていない。しかし、バーナードが「人間社会の構造が物質的生産と再生産においてとりむすぶ人間関係・生産関係を土台としていること」を把握していないと述べていることから、管理者－従業員という関係が把握されるべきだと考えていたと言えよう。なお、Perrow (1986) は、バーナードにパワー論がないことを明確に批判している。

(4) もちろんバーナード理論で十分だと言おうとするのではない。様々な批判があり(e.g. Perrow, 1986; 中條、一九九八年。三戸、二〇〇二年)、これらの検討も必要である。とくに、バーナードは上位権限を仮構としているが、Perrow (1986) や三戸(二〇〇二年)も指摘するように、それは現実に影響力をもっているのであり、責任・権限をどのように配分するかという課題はきわめて重要な問題である。

主要参考文献

Barnard, C. I., *The Functions of the Executive*, Harvard University Press, 1938.(山本安次郎・田杉　競・飯野春樹訳『[新訳]経営者の役割』ダイヤモンド社、一九六八年。)

von Bertalanffy, L., *Das Biologische Weltbild I*, A. Francke AG. Verlag, 1949.(長野　敬・飯島　衛訳『生命』みすず書房、一九七四年。)、*Robots, Men and Minds*, George Braziller, 1967.(長野　敬訳『人間とロボット』みすず書房、一九七一年。)、*General System Theory*, George Braziller, 1968.(長野　敬・太田邦昌訳『一般システム理論』みすず書房、一九七三年。)

中條秀治『組織の概念』文眞堂、一九九八年。

Drucker, P. F., *Management: Tasks, Responsibilities, Practices*, Harper & Row, 1974.(野田一夫・村上恒夫監訳『マネジメント―課題・責任・実践』上・下、ダイヤモンド社、一九七四年。)

Fromm, E., *Escape From Freedom*, New York, 1941.(日高六郎訳『自由からの逃走』東京創元社、一九六五年。)

権　泰吉「バーナード理論の批判」『組織科学』第九巻第三号、一九七五年、四四―五三頁。
稲村　毅「バーナード理論と現代」経営学史学会編『経営学の巨人』文眞堂、一九九五年、七九―九六頁。
岸田民樹「一般システム理論と組織理論」『経済論叢』第一三七巻第一号、一九八六年、四二―六〇頁。
三戸　公『管理とは何か』文眞堂、二〇〇二年。
Maslow, A. H., *Motivation and Personality*, Harper & Row, 1954.（小口忠彦訳『人間性の心理学』産能大学出版部、一九八七年。）
McGregor, D., *The Human Side of Enterprise*, McGraw-Hill, 1960.（高橋達男訳『企業の人間的側面』産能大学出版部、一九七〇年。）
三木　清『哲学入門』岩波新書、一九四〇年。
Perrow, C., *Complex Organizations: A Critical Essay* (3rd ed.), Newbery Award Records, 1986.
高橋健二訳『ゲーテ格言集』新潮文庫、一九四三年。

十五　リーダーシップ研究の視点

――リーダー主体からフォロワー主体へ――

薄羽哲哉

一　はじめに

本稿は、リーダーシップ研究においてフォロワーを分析することによる研究発展の可能性を指摘することを目的としている。以下では、まずフォロワーの位置づけを確認するために、リーダーシップ研究の特徴を述べた上で、既存研究の流れを概観する。続いて一九八〇年代から最近まで蓄積されてきた変革型リーダーシップ研究をトップ、ミドル、ロワーの階層毎に簡単に触れながら、内包する問題点を明らかにする。そうした問題点に対し、リーダーではなく、フォロワーを分析するという視点からリーダーシップ研究の可能性を論じる。最後に、フォロワーを主体にしたリーダーシップ研究の課題を述べる。フォロワーに視点を定めたリーダーシップ研究は、研究の蓄積が相対的に少ないこともあるが、古い問題でも視点を変えることによって新たな発見が得られるということも示唆したい。

二 既存研究の分析視点とアプローチ

リーダーシップ研究では、主に高い業績をあげている組織のリーダーはそうではないリーダーと比べ、個人や集団に対し目標に向けて活動するように働きかける何らかの「対人影響力」を持っていると想定してきた。そして、リーダーの行動の観点からこの対人影響力をリーダーシップと定義し、リーダーシップの実態を説明しようとしてきた。その特徴を一言で言えば、リーダーの行動分析である。そのためリーダーシップ研究では、（単純化した図ではあるが）図1で示すように独立変数であるリーダーの行動が変わったとき、従属変数（例えば、フォロワーの職務満足、モチベーション、職務への関与、売上、離職率等）がどう変化するかを明らかにすることによってリーダーシップの実体を探ってきた。

例えば、リーダーシップ研究として最も古くまたナイーブな「特性アプローチ」は、（後にリーダーの特性と組織の業績に関係がないことから批判されるが）高い業績をあげているリーダーに備わり、そうではないリーダーには見られない特性を特定してきた。その後、こうした特性論を離れ、ミシガン研究、オハイオ州立研究に代表されるように、リーダーの行動スタイルの違いと組織の業績の関係を行動科学的に分析する「行動アプローチ」へと移行してきた。そして一九六〇年代からは独立変数と従属変数の間に介在して影響を及ぼす「状況変数」をベースにした「コンティンジェンシー・アプローチ」が登場してくる（Fiedler, 1967；House, 1971）。状況変数とは、リーダーがフォロワーに働きかける際、それを促進したり阻害したりするリーダーの外部に存在する変数である。例えば、リーダーが事細かく仕事の進め方を指示することが、フォロワーの職務満足を高めたり、逆に低下させたりすることがある。リーダーが仕事の進め方を事細かく指示することが有効になるのは、仕事の進め

図１　独立変数と従属変数及び状況変数の関係

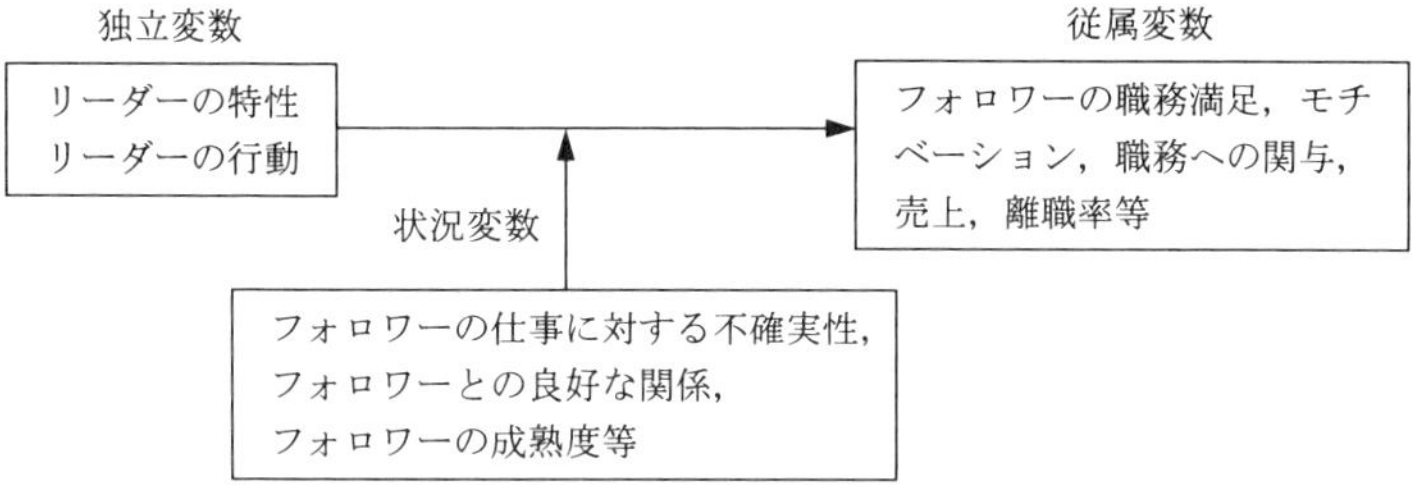

方が分からないフォロワーに対してである（House, 1971）。

　コンティンジェンシー・アプローチが明らかにしたものは、唯一最善のリーダーの行動はなく、状況毎に適切なリーダーの行動が存在するということである。つまり、リーダーの行動とリーダーの置かれた状況（ないし環境）の両者の適合が高まるにつれ、組織の業績も高くなっていく。そのためリーダーは自らの置かれた状況を可能な限り、詳細かつ厳密に分析し、組織の業績が向上するようなフォロワーへの働きかけを選択していく。仮に状況が変化した際には、リーダーもそれに応じてフォロワーへの働きかけを変えていくのである。

　しかし、間もなくリーダーの行動と状況の適合に対して、幾つかの問題が明らかになった。例えば、コンティンジェンシー・アプローチでは、状況を細かく区分していけばいくほど研究はより精密になる。そうすると考慮すべき要因が増えていき、そのことによって総合した理論を提示できなくなりうる（白樫、一九八一）。またコンティンジェンシー・アプローチでは、リーダーは状況に対して適応的に行動することを提言してきた。しかし現実に、リーダーは組織にとって有利になるように状況に働きかけることもある（狩俣、一九八九）。

　こうした批判はコンティンジェンシー・アプローチが示してきた状況の捉え方にある。[1] 既に述べたようにコンティンジェンシー・アプローチでは、状況は客観的に存在し、リーダーに適応を迫ってくるものであった。理論上、リーダーは状況に関する膨大な情報を処理することになる。しかし、コンティンジェンシー・アプローチの想定とは異なり、人間の情報処理能力には限界がある。あらゆる状況に関する情報を集めることは現実的ではないし、状況そのものもダイナミックに変化していく。またそれ以前、組織にとって状況となるのは膨大な情報の中でリーダーが注意を払った一部分であり、なおかつその一部分を解釈したものである。つまり、コンティンジェンシー・アプローチが想定する客観的な環境の存在とは異なり、状況はリーダーによって主観的に形成されたものである。

このことは対極に位置するフォロワーも同じように主観的な状況の認識を行っていることを意味する。客観的な状況というよりも、自らが作り出した主観的な状況に基づいてフォロワーも日常の業務を行っているのである。膨大な情報の中でフォロワーが何を自分たちの状況と見るのか、情報を収集する際の枠組みが変わらなければ、（広い意味での）状況が変わっているにも関わらず、今までと同じような情報にしか目が行かない。フォロワーは適切ではない状況認識の枠組みによって集められた情報を解釈して日常業務を行う。そのため、組織の業績は低迷していく。そしてリーダーとフォロワーの間に状況認識に違いが出れば、リーダーの働きかけに対してフォロワーの抵抗も生じる。そこでリーダーシップ研究は後述するように、フォロワーが行う状況の認識をキーワードにした、特に「状況」の変革型リーダーシップが研究されるようになっていくのである。

三　階層別に見るリーダーシップ研究の動向

変革型リーダーシップ（Burns, 1978; Tichy and Devanna, 1986）では、リーダー自身が常に適切な状況の認識を行えるわけではないが、この点についてはひとまず議論から外されている。これはリーダーとフォロワーの組織における役割の違いに由来する。フォロワーは作業現場において日々のオペレーションの効率化が求められる。一方でリーダーはフォロワーと比べると、広い範囲で日々の活動を行い、長期的な展望で物事を考えることが求められる。こうした組織上の役割の違いからリーダーの状況認識がフォロワーに比べ、相対的に適切であろうと考えられてきた。そしてリーダーが認識した状況をいかにフォロワーに伝えるか、どう組織の中で体現していくかについて研究を進めることとなった。ここではそうした展開によって進められてきた変革型リーダーシップ研究を、組織階層別に簡単に振り返って見たい。

社長やＣＥＯ等トップレベルのリーダーシップ研究は、一九八〇年代半ばから九〇年代を通じて、主に経営戦略論及び組織変革の領域で扱われてきた。リーダーが膨大な情報の中で注目した部分が自らの置かれる状況として作り出される。同様にフォロワーもまた膨大な情報の中で、自らの状況を認識し活動している。当然、フォロワーの状況認識が不適切であれば組織の業績は低迷する。低迷を続ける組織を改革するためにリーダーは何をすべきか、組織の業績を再び向上させたリーダーはどのようなプロセスで組織を変えたのかが議論されてきた（Kotter, 1996；Tichy and Devanna, 1986）。また認識の差異は現場レベルで変革への抵抗を生じさせることも少なくない。なぜ抵抗が生じるのか、生じた抵抗にリーダーはどう対処するかも併せて議論されてきた（Strebel, 1996）。

一方ミドルレベルのリーダーシップ研究では、ミドル・マネジャーが組織を変える上で重要な役割を果たしていることや、ミドルの相互作用によって現場で作り出される戦略が企業の強みとなることが明らかになって以来、革新との関係で議論されてきた。例えば、新しい状況の認識となる見本例がミドル・マネジャーによって作り出され、組織全体に広がっていくことや（加護野、一九八八）、経営トップがビジョンとして示す抽象的な概念と、現場の経験に基づく具体的な概念との間に生じるギャップや矛盾を解決すべく、ミドル・マネジャーが新たな概念を創り、革新につなげていることが明らかにされた（Nonaka, 1988）。他にも、革新的な活動の要請が高まるにつれ協力を求める部門も増え、他の部門に対し職務遂行上の依存が高まる。その結果、革新指向のミドル・マネジャーは、そうした依存を解消しようと自分の部門以外にも積極的に働きかけていることが明らかにされるようになった（金井、一九九一）。

そしてロワーレベルのリーダーシップ研究は、現場の監督者であるリーダーが仕事の価値や使命感を高め、フォロワーの仕事に対する日々の認識を変えるように働きかけていることが明らかにされた（Bass, 1985）。これまでロワーレベルのリーダーシップ研究は、リーダーとフォロワーの報酬・懲罰の取引関係に焦点を当て、モチベーション論を土台に研究を蓄積してきた。しかし、フォロワーが報酬・懲罰の取引関係だけでは説明がつかないような期待以上の業績をあげることがある。そこではリーダーの働きかけによってフォロワーがルーチンな日常仕事の中にさえも、何らかの価値を見出していた。期待以上に高い業績を上げている集団のリーダーは、フォロワーに対して①リーダーとの一体感を高める「カリスマ」に優れること、②フォロワー一人ひとりを個別に育成しようとする「個別的配慮」が見られること、③そして古い問題を新しい方法で考え、フォロワーの問題解決力を向上させる「知的刺激」を与えていた。

四　既存研究の陥穽

前節までに見てきたように既存のリーダーシップ研究はリーダーの行動に視点を定め、リーダーの行動分析を行ってきた。リーダーシップ研究であるため、リーダーその人の分析が必然であり、特にリーダーがどんな行動を取れば組織の業績が向上するのかという点が探求されてきた。今日においても、リーダーは何をすべきか、といったリーダーの取る行動に関する議論はリーダーシップ研究では一般的な見方である。しかし、リーダーその人に分析の視点を定めた研究では、フォロワーの視点が見落とされているため、次のような問題が残る。

第一の問題点は、リーダーがフォロワーに働きかければ、フォロワーは敏感に反応すると想定していることにある。論理的に考えれば、データの分析によって組織の業績と関係するリーダーの行動が明らかになった後には、組織の業績を高めるために、その行動をリーダーが取ればいいということになる。しかし、リーダーがフォロワーへの働きかけを変えてもフォロワーはそのことに気づかなかったり、反応が変わらないということもある。例えば、リーダーが危機的な状況にあることを訴えても、フォロワーには軽視されてしまうことも少なくない。そこには少なからず、フォロワーが暗黙に抱くリーダーシップとデータの分析で示されるリーダーシップが異なるためである（Eden and Leviatan, 1975）。

第二の問題点は、仮にフォロワーの注意がリーダーに向いたとしても、リーダーの行動を一義的な意味しかなく、フォロワーはリーダーの意図した行動に反応していると考えていることにある。例えば、リーダーがフォロワーの成長を考え、責任ある仕事を任せる個別的配慮行動を取ったとする。こうした行動は一見すると、一義的な意味しかないように思える。しかし、リーダーの行動の意図とフォロワーの受け止め方が異なるのは日常茶飯事である。フォロワーは、こうした行動の裏には嫌な仕事を押し付けようとしているのではないかと考え、会社の別の部署で何か問題があったのだろうかと詮索したりする。リーダーの行動に対するフォロワーの解釈は多義的である。

第三の問題点は、フォロワーの間で共有されているリーダーシップに関する独自の理論や信念(2)といった主観的なリーダーシップが軽視され、例えば質問票調査によって特定された客観的なリーダーシップが重視されてきたことにある。フォロワーがリーダーの働きかけに応じて行動するのはリーダーの働きかけ、換言すればデータで得られた特定のリーダー行動があるからだけではなく、そのリーダーの行動に対して、少なくともフォロワーが主観的に納得し、受け入れてもいいというリーダーシップに関する独自の理論や信念がフォロワーの間でも形成されているからである。

五 リーダー主体からフォロワー主体の研究視点へ

上述の問題点を考慮し、研究を進めていくには、リーダーシップはリーダーその人の行動にあるのではなく、フォロワー側に存在するという前提ないし視点の転換が必要になる。しかし、フォロワーに分析の視点を定めるのは、本稿が初めての試みではない。経営学や社会学における古典的な研究の中でもフォロワーの視点は指摘されてきた。例えば、バーナード（Barnard, 1938）の権限受容説や、ウェーバー（Weber, 1947）の権力と権威の概念的整理においても、フォロワーの視点が示唆されている。バーナードやウェーバーはリーダーシップについて直接的な指摘はしていないものの、リーダーシップが有効に機能するフォロワーの受容を普遍的な記述を以って応えている。

しかし、フォロワーがリーダーの何に注目しているのか、フォロワーにとってリーダーシップがどういったものとして保持されているのかについては明確ではない。フォロワーへの視点はリーダーシップにおける一側面としての強調にとどまっている。そのため、リーダーとフォロワーのいずれかを問うた場合には、その重点はリーダーに置かれることになったのである。

そこでここではリーダー主体の視点に代わる「フォロワー主体の視点」（Meindl, 1995）を示したい。(3) 表1に示すようにフォロワー主体の視点はその前提、分析対象、アプローチ、研究課題の少なくとも四点でリーダー主体の視点と異なる。

第一に、前提としてリーダーシップの所在をリーダー側ではなく、フォロワー側に求める点にある。リーダー

表1　リーダー主体の視点とフォロワー主体の視点の特徴

	リーダー主体の視点	フォロワー主体の視点
前提	リーダーシップはリーダーその人にある	リーダーシップは，個々のフォロワーが認知する。または，フォロワー間のやり取りの中で生じる
分析対象	リーダー	フォロワー
アプローチ	リーダーの特性，行動，状況との適合性	フォロワーの認知，フォロワー間の関係性
主な研究課題	リーダーのどのような特性が高い業績と関係しているのか（リーダーの特性）	フォロワーはリーダーに関する情報をどのようなプロセスを通じて処理し，リーダーシップとして全体的に把握するのか（認知過程）
	リーダーのどのような行動が高い業績と関係しているのか（リーダーの行動）	フォロワーは何を基準にリーダーと非リーダーを分けているのか（認知構造）
	どのような状況のときにどのようなリーダーの行動が有効になるのか（リーダーの行動と状況の適合）	フォロワーの間で共有されるリーダーシップとは何か。それはどのように形成・変化するのか（リーダーシップの社会的構成）

の特性や行動といった形でリーダーシップがリーダーの中にあるのではない。対極に位置する受け手であるフォロワーの中にリーダーシップが存在する。第二に、分析対象となるのは、既に明らかなようにフォロワーである。このフォロワーが自身の内面において、リーダーシップという言葉が主観的に何を表すのか、どんな意味が与えられ、どのように作り上げられるのかが対象となる。第三に、フォロワー個々人が行うリーダーシップの認知や、フォロワーが集団レベルで持つ独自の理論ないし信念にアプローチし、リーダーシップの実体を求める。第四に、研究課題としては次のものを示すことができる。フォロワーはリーダーの何に注意を向け、情報を集めるのか（認知構造）。どのようなプロセスを経て、最終的にリーダーシップとして把握しているのか（認知過程）。また組織の中で優れたリーダーシップについての独自の理論や信念が維持されていることから、そうした独自の理論はどのように形成・変化するのか（リーダーシップの社会的構成）が主たる課題になる。

　フォロワーが認知するリーダーシップ、換言すればフォロワーの主観的なリーダーシップが対象となるため、それを捉える概念について若干の補足をしておきたい。認知とは知ることであり、知識を獲得し、組織立て、それを利用することである（Neisser, 1976：邦訳、一頁）。そして観察といった知覚や、推理、記憶、学習など情報収集・処理活動が認知過程になる。同様にフォロワーがリーダーのリーダーシップを認知するために、リーダーの行動を観察したり、直接見ることのできない部分については推測したりし、情報収集・処理活動を行う。こうしたフォロワーの内的な情報収集・処理活動の過程がここで言う「リーダーシップの認知過程」になる。

また認知構造とは、先行経験の非特殊的ではあるが、体制化された表象である（Neisser, 1967：邦訳、三七三頁）。つまりフォロワーはそれまでの経験の中で形成してきた知識に基づいて情報を収集しており、この知識は体制化され、一定の構造を持っている。この構造が「リーダーシップの認知構造」になる。フォロワーがリーダー関連の情報を集める際にはこの構造が用いられ、この構造と適合したリーダーシップ関連の情報は集められやすい。そして集められた情報がフォロワーたちに支持的に評価されるとリーダーシップに優れると認知されやすい。

この認知構造は、フォロワー個人に固有なものだけではない。それだけでなく、フォロワーが所属する社会集団によって影響を受ける。つまり、認知構造はある集団のフォロワー間の継続的な活動ややりとりの中で同意を通じて形成され、維持されている。フォロワーの間で共有されたリーダーシップについての独自の理論や信念がある。こうしたリーダーシップ認知は、理論的基盤として社会構成主義という考えを持つ。社会構成主義とは、我々が日常において現実だと考えているものは所与のものとして存在するのではなく、その社会の中にいる人々の継続的な活動ややりとりの中で、合意を通じて現実が形成、維持されているということである（Sandberg, 2001, pp. 28-29）。フォロワーの所属する社会集団によって個々のフォロワーのリーダーシップに関する認知構造が形成される。集団内の社会的合意によって形成されるリーダーシップが、「リーダーシップの社会的構成」である。

六　むすびに代えて

本研究は、分析視点を手がかりに既存のリーダーシップ研究を整理してきた。そこでは主にリーダーの行動が分析の主体に位置づけられた研究が行われてきた。しかし、リーダーの行動主体の研究視点では捉えることのできない問題が残る。そうした問題に対してフォロワーに分析の視点を定めることで研究発展の可能性を示した。新たな視点の下では、次のような点が研究課題となってくる。①フォロワーが注意を向けた情報がどのようにリーダーシップとして統合されるのか（フォロワーのリーダーシップ認知過程）。②なぜフォロワーは特定のリーダーの資質や行動に目を向けるのか、その判断基準はどんな構造を持っているのか（フォロワーのリーダーシップ認知構造）。③フォロワーの間で形成・維持されるリーダーシップの独自の理論や信念は何か。それはどのように形成され、変化するのか（リーダーシップの社会的構成）である。上述の三つを主たる今後の研究課題としたい。

注

（1）外界に対する意味付与によって環境が形成される議論については、田中（二〇〇三）を参照。
（2）組織の中で共有されている独自の理論や信念については、加護野（一九八八）の「日常の理論」を参照。
（3）この視点は Meindl が自身の「リーダーシップの幻想（Romance of Leadership）」を説明するために、既存研究との対比で使用した視点である。そのため Meindl の指す「フォロワー主体の視点」は、「リーダーシップの幻想」イコール「フォロワー主体の視点」となっている。ここでは「リーダーシップの幻想」に限定されていたフォロワー主体の視点をより拡張して用いる。

参考文献

Barnard, C. I., *The Functions of the Executive*, Cambridge : Harvard University Press, 1938.（山本安次郎・田杉　競・飯野春樹訳『経営者の役割』ダイヤモンド社、一九六八年。）
Bass, B. M., *Leadership and Performance beyond Expectations*, New York : Free Press, 1985.
Burns, J., *Leadership*, New York : Harper & Row, 1978.

Fiedler, F. R., *A Theory of Leadership Effectiveness,* New York : McGraw-Hill, 1967.（山田雄一監訳『新しい管理者像の探求』産業能率短期大学出版部、一九七〇年。）

House, R. J., “A Path Goal Theory of Leader Effectiveness,” *Administrative Science Quarterly,* 16, 1971, pp. 321-338.

加護野忠男『組織認識論――企業における創造と革新の研究』千倉書房、一九八八年。

金井壽宏『変革型ミドルの探求――戦略・革新指向の管理者行動』白桃書房、一九九一年。

狩俣正雄『組織のリーダーシップ』中央経済社、一九八九年。

Kotter, J. P., *Leading Change,* Boston, Mass. : Harvard Business School Press, 1996.（梅津祐良訳『企業変革力』日経ＢＰ社、二〇〇二年。）

Eden, D. and U. Leviatan, “Implicit Leadership Theory as a Determinant of the Factor Structure Underlying Supervisory Behavior Scales,” *Journal of Applied Psychology,* Vol. 60, No. 6, 1975, pp. 736-741.

Meindl, J. R., “The Romance of Leadership as a Follower-Centric Theory : A Social Constructionist Approach,” *The Leadership Quarterly,* Vol. 6, No. 3, 1995, pp. 329-341.

Neisser, U., *Cognitive Psychology,* Ehglewood Cliffs, N. J. : Prentice-Hall, 1967.（大羽　蓁訳『認知心理学』誠信書房、一九八一年。）

Neisser, U., *Cognition and Reality : Principles and Implications of Cognitive Psychology,* San Francisco : W. H. Freeman, 1976.（古崎　敬・村瀬　旻訳『認知の構図――人間は現実をどのようにとらえるか』サイエンス社、一九七八年。）

Nonaka, I. “Toward Middle-Up-Down Management : Accelerating Information Creation,” *Sloan Management Review,* Vol. 29, No. 3, 1988, pp. 9-18.

Sandberg, J., “The Constructions of Social Constructionism,” In Sjöstrand, S-E., J. Sandgerg, and M. Tyrstrup, *Invisible Management : The Social Construction of Leadership,* 2001 (pp. 28-48), London : Thomson Learning.

白樫三四郎「リーダーシップのコンテインジェンシー論」『組織科学』第一五巻第三号、一九八一年、二四―三二頁。

Strebel, P., “Why Do Employees Resist Change ?,” *Harvard Business Review,* May-June, 1996, pp. 86-92.

Tichy, N. M. and M. A. Davanna, *The Transformational Leader,* New York : Wiley, 1986.（小林　薫訳『現状変革型リーダー――変化・イノベーション・企業家精神への挑戦』ダイヤモンド社、一九八八年。）

田中政光「意味体系としての環境」『組織科学』第三七巻第二号、二〇〇三年、二六―三八頁。

Weber, M., *Wirtschaft und Gesellschaft, Grundriss der Sozialokonomik,* III. Abteilung, J. C. B. Mohr, Tubingen, 3. Aufl., 1947.（濱島朗訳『権力と支配――政治社会学入門』有斐閣、一九六七年。）

謝辞　本稿執筆において、二名の匿名のレフェリー、また大会においてチェアパーソンを務めて頂いた福永文美夫先生（久留米大学）、大会の出席者そして指導教授の田中政光先生より有益なアドバイスを頂いた。この場をお借りして感謝申し上げたい。

十六　チャールズ・バベッジの経営思想

村田和博

一　はじめに

チャールズ・バベッジ（Charles Babbage. 以下、バベッジと略記する）は、多くの計算プログラムを可能にする記憶装置を組み入れた解析機械の詳細な設計図を残したことから、コンピュータの開発に関する彼の先駆的業績が、これまで高く評価されてきた（Blaug, 1986, pp. 3-4：邦訳、五―六頁。新戸、一九九六年）。だが、彼が工学分野だけでなく、経済学や経営学の分野にも関心を持っていたことを忘れてはなるまい。

イギリス、それも、十九世紀前半期イギリスの経営学史研究が精力的に行われることは、これまで少なかった。当時のイギリスは、リカードウ（David Ricardo）やJ・S・ミル（John Stuart Mill）らの活躍に見られるように、経済学では一流だが、経営学に関しては注目すべきものがないと理解されてきたからである。しかし、近年になって、この時期のイギリスの経営学的文献を紹介する著書が比較的多く出版されるようになってきた[1]。それらの中の先駆的業績の一つとして、レン（Daniel A. Wren）の『マネジメント思想の進化』があり、レンは簡潔な説明ではあるが、オウエン（Robert Owen）、バベッジ、およびユア（Andrew Ure）らを工場分析のパイオニアとして評価している（Wren, 1972, pp. 63-79：邦訳、六六―七〇頁）。

このような背景の中でみると、十九世紀前半期イギリスの企業分析家たちの中では、バベッジはむしろ注目されてきたと言ってよい。バベッジに関する先行研究は、管理の科学化、分業、労使関係などの視点から、研究者それぞれの関心に照らして行われてきている。たとえば、我が国におけるバベッジに関する初期的研究は、管理の科学化に着目するものが多かった（佐々木、一九五八年、一二―一三頁。星野、一九六一年、六八頁。坂井、一九六二年、二八〇―二八四頁）。テイラー（Taylor, F. W.）が実際にバベッジから何らかの影響を受けたかどうかについては見解が分かれているが、(2)少なくともバベッジがマルクス、J・S・ミル、およびA・マーシャル（Alfred Marshall）といった後世の偉大なエコノミストたちに大きな影響を与えたことは確かであるとともに、現代でも、バベッジの分業論は、「今でも十分実用的」（沼上、二〇〇二年、一八七頁）と評価されることがある。

しかし、これら優れた先行研究があるとはいえ、その多くはそれぞれの関心からバベッジの経営思想に部分的に注目したものであって、バベッジの著書全体に即しつつ、バベッジの経営思想の全体を体系的・内在的に理解するまでに至っていない。そこで、本稿では、『機械と製造業に関する経済』（Babbage, 1835）に主に依拠しつつ、バベッジ経営学の体系性を解明したい。そのために、まずは、バベッジの経営思想の中でこれまで注目を集めてきた、管理の科学化、分業、さらに労使関係に関するバベッジの主張を手短にまとめることにする。

二　管理の科学化

バベッジは、正確な工場調査を重視している。『機械と製造業に関する経済』の第一二章「工場を観察する方法」

では、工場調査において実際に質問すべき項目が示されており、それらの中には、原材料の価格、賃金、機械の費用など、商品の費用を知る上で不可欠な項目が含まれている（Babbage, 1835, pp. 80-81）。労働者の作業状況を調査する場合、調査していることを労働者たちに気づかれないようにしなければならない。さもなければ、ホーソン効果により、彼らの作業量が日常的な平均値よりも大きくなる可能性があるからである（Babbage, 1835, p. 81）。工場調査を通じて各生産工程で必要になる作業時間を正確に算出できれば、作業時間の短い工程よりも長い工程の改良を優先することができるようになるので、費用をより低減させることができる（Babbage, 1835, pp. 144-145）。また、計測された労働者の作業量を基準にして客観的に賃金額を決定すれば、賃金に対する労働者の不満も減少する（Babbage, 1835, p. 206）。したがって、正確な工場調査が必要になるのである。

さらに、『一八五一年の万国博覧会』（Babbage, 1851）では、一定重量の土をショベルで運ぶときの労働者の疲労が最小になるようなショベルの大きさ、形、重量、さらに作業の仕方が模索されており、一種の動作研究が行われている。こうした調査を通じて労働者の疲労を軽減させる道具と作業方法が見つかれば、労働者の作業量の増加につながるので、費用を低減させることができる（Babbage, 1851, p. 3）。

このような調査に基づいた最適な賃金や作業方法の決定は、テイラーの科学的管理法と類似しているので、バベッジが「科学的管理運動の先駆者」（Witzel, 2003, p.16）と評価されても不思議ではないのである。(3)

三　分　業

経営組織分析の中でもっとも目を引くものは、分業である。バベッジ自身「製造業の経済が依存しているもっとも重要な原理」（Babbage, 1835, p. 121）と分業をとらえている。それがもたらす利益としては、すでにアダム・

スミスが『国富論』の中で、①労働者の技倆増進、②ある仕事から別の仕事へ移るときに失われる時間の節約、③仕事を容易にし、もっと多くの仕事をこなせるようにする機械の発明、の三点を指摘していた（Smith, 1776, p. 9：邦訳、二九頁）。バベッジはこれら三つの分業の利益をアダム・スミスから継承したが、バベッジによれば、「もっとも重要でかつ有力な原因は全く無視されており」、労働者の能力別配置を分業の利益に加えなければ、「分業の結果、工業製品が安くなるということについての説明は不完全」（Babbage, 1835, p. 125）であった。バベッジが分業の利益として指摘した労働者の能力別配置とは、後に「バベッジの原理」（Marshall, 1919, p. 225［Vol. 1]：邦訳［二］、六一頁。Braverman, 1974, p. 57：邦訳、九〇頁）と呼ばれたもので、高賃金を獲得する高い能力を持つ労働者を低賃金の労働者にでもできるような仕事に用いれば費用の増加につながるので、分業の導入に際しては、高い能力を持つ労働者を彼にしかできない職務に専念させることを優先的に考慮すべきである、ということを意味している。バベッジと同時代人のJ・S・ミルが、労働者の能力に応じた「労働の一層経済的な配置」（Mill, 1848, p. 128：邦訳［一］、二四七頁）を分業の諸利益の一つとして理解したことに対してバベッジを高く評価していることからわかるように、労働者の能力別配置は分業の利益としてすぐに注目されることになる。

さらに、分業は大規模生産の導入により進む、とバベッジはとらえている。たとえば、小規模生産では、機械の数が少ないために、高賃金で雇用する機械の修理工の全労働時間を機械の修理だけに従事させることは困難だが、大規模生産ではそれが可能になる。また、生産の大規模化により労働者の数が増加すれば、会計部門など生産部門以外での分業も可能になる。このように、肉体的労働（physical labour）と知的労働（mental labour）を区分して、分業を知的労働にまで拡大して適用したことは、アダム・スミスにはないバベッジ分業論の特質の一つであり（Duncan, 1999, p. 8. 北村、一九九四年、一一八頁）、管理労働や管理部門が水平的・垂直的に分化した形で組織化されているという特徴がバベッジ分業論に見られる（Babbage, 1835, pp. 135-143）。バベッジは、大規模生産に伴う利益として、他に、①同じ工場内で作業するときの輸送費の低減（Babbage, 1835, p. 151）、②原材料の有効利用（Babbage, 1835, pp. 154-155）、③大工場の所有者に対する信頼から、検証の費用（cost of verification）が低減すること、などを指摘しており、大規模生産の導入により、費用が低減する傾向にあることに注目したのである。[4]

四　労使関係

機械化された工場の労働は、工業化以前の労働のリズムとは全く違った規則性と単調さを必要としたので、当初は、農業や家内工業出身の労働者たちは工場労働に馴染むことができなかった（Hobsbawm, 1968, p. 85：邦訳、一〇二頁。Pollard, 1965, pp. 160-161：邦訳、二三六―二三七頁）。加えて、工場労働者の組織化が進み、団結禁止法制定以後も、労働者の組織的な団結は増加していった（Pelling, 1992, pp.17-18：邦訳、一八―二〇頁）。つまり、バベッジの時代には、労働者の工場労働への不適応と労働運動という企業経営上の二つの問題が顕在化し、バベッジはこれら二つの問題に対処する方法を模索していたのである。

まず、労働運動は、機械化を促進させて生産工程を労働節約的にするか、労働運動のない場所へと工場を移転するかという選択を雇主にせまるので、結果的に、失業か賃金の低下という帰結を労働者にもたらす（Babbage, 1835, pp. 161-162; pp. 206-209）。バベッジによれば、労働運動によって労働者の利益を増加できるという判断は誤っており、労働者階級は、「雇主である製造業者の繁栄と成功が、労働者の幸福にとって不可決である」（Babbage, 1835, p. 175）と理解すべきである。バベッジは、協調的な労使関係の形成に対する労働者側の理解を求める一方で、雇主側に対しても怠惰な労働者に対してかされた科料の占有や実物での賃金払いといった労働者階級の利益を不当に損なう行為を止めるように求めている（Babbage, 1835, pp. 212-215）。労使協調に向けて労使双方に意識改革を求めるバベッジのこうした姿勢は、「テイラーの精神革命に近いもの」（Sheldrake, 2003, p. 4：邦訳、六頁）と言ってよいだろう。労使の協調は労使間の無用な口論を避けるために作業時間を節約させるとともに（Babbage, 1835, pp. 205-206）、ストライキ発生の危険がなくなれば、労働者の団結がもたらすリスクに対する保険費用の節約も可能になる[5]（Babbage, 1835, pp. 210-211）。

次に、労働者の工場労働への不適応に対処するために、当時、工場内規則の導入や規則違反に対する罰金の賦課が行われる反面、優秀な労働者に対しては賞与が与えられていた。また、労働者の労働意欲を引き上げるために、出来高払いが広く導入されていた（村田、一九九七年、二一─六頁）。バベッジも、労働者に対する動機づけとして、金銭的刺激を重視しており（Pollard, 1965, p. 192：邦訳、二八四頁。笛木、一九七一年、六五頁。Romano, 1982, p. 396）、それは、工場内規則を作る上で留意すべき「一般的原則」として、以下の二点を示していることから明らかである。「第一に、雇用されている各々の労働者によって受け取られる賃金の大部分は、その工場によって作られた利潤に依存すべきである。第二に、その工場に所属する全ての人々は、彼が発見した何らかの改良が、彼が雇用されている工場で採用されたときには、彼が他の方法で獲得できるよりも多くの利益をそれから獲得すべきである」（Babbage, 1835, p. 177）。第一の原則は、企業利潤の大きさが労働者階級全体の賃金の大きさとリンクする賃金形態、具体的に言えば、利潤分配制度の導入を意味し、第二の原則は、労働者個々人の企業利潤に対する貢献度を考慮した賃金形態を意味する。この二つの原則を導入すれば、企業利潤の増減と賃金の増減は密接にリンクするから、労使の利害関係を一致させることが可能になるというわけである。

五　市場と価格

管理の科学化、分業、そして労使関係から、バベッジの費用の低減に対する意識の高さを読み取ることができる。なぜ、バベッジは費用の低減を強く意識していたのか。それは、全ての企業が激しい市場競争にさらされているという認識があったからである。市場競争に勝ち残るためには、製造業者は商品の価格低下を実現しなければならず、「彼が作る商品の価格を低下させるごとに、いくつかの工程における費用の節約で埋め合わせるよう余儀なくされる」(Babbage, 1835, p. 86)。たとえ、費用の低減に成功して他企業よりも安く商品を提供できたとしても、「彼の職業上のライバルたちは、彼の顧客を取り戻すために、彼よりも安く売ることが必要であることを知るだろう」(Babbage, 1851, p. 25) から、絶えず費用の低減を実現し続けなければ、企業は市場で勝ち残ることができない。

しかし、独占や寡占市場においては、競争が作用しなかったり制限されたりする。むろん、バベッジもそのことに気づいており、独占的地位にある企業は、競争的市場で決まるときよりも高い価格を付けることにより、高い利潤を享受できると述べている。だが、バベッジによれば、独占的地位にともなう高い利潤率は必ずやその事業分野への他企業の参入を引き起こすから、独占による高い利潤の享受は一時的なものである(6) (Babbage, 1835, pp. 101-102; 1851, p. 26)。要するに、全ての企業に費用の削減が求められる社会をバベッジは分析対象としていたのである。バベッジが市場競争に勝ち残る手段として価格の優位性を重視している以上、バベッジにおける価格の持つ意味を吟味する必要がある。

バベッジは、長期と短期（ある一定期間）を区別して価格決定のメカニズムを説明している (Babbage, 1835,

p. 95)。しかも、短期と長期に共通する特徴として、価格決定の理論的論証よりも、理論的な価格決定を修正する要因を詳しく説明していたことがある。

長期の価格は、「長期間における同一商品の平均的な価格」(Babbage, 1835, p. 95) のことで、「平均的な供給と需要に依存するのと同様に、それを作って市場に持っていくのに必要な労働に依存する」(Babbage, 1835, p. 104)。この一般的原理を修正する要因として、バベッジは「商品の耐久性」を指摘している。商品の耐久性は、商品の価格が商品の平均的な価格へと調整される期間の長さに関連し、商品が耐久的であればあるほど新しい消費が発生しにくくなるために、平均的な価格への調整時間が長くなる (Babbage, 1835, pp. 104-106)。

短期の価格は「供給と需要の割合」(Babbage, 1835, p. 95) によって決まり、その一般的原理を修正する要因として「検証の費用」があるとバベッジは主張する。市場での取引には、粗悪品の販売や重量の水増しといった一種の詐欺行為が付きまとう。そのため、購買者自らが商品の品質を見極めることができず、かつ粗悪品の購入を回避したければ、商品の品質を判断できる人に判断を依頼し、その労働に対して対価を支払うか、それとも、粗悪品を販売する危険のない正直な販売者から高い価格を支払って購入するかしかない。この価格の上乗せ部分が、検証の費用である (Babbage, 1835, pp. 95-106；1864, p. 328)。検証の費用は、市場での取引に費用が伴うことを意味しているから、事実上の取引費用のことである。取引費用に関連するものとしては、他に、特定の地域で採取される資源の調査や外国人の嗜好や習慣の調査といった情報収集の費用が検討されている (Babbage, 1851, p. 41)。検証の費用が価格の一部であれば、検証の費用の節約は商品の価格を低下させることになる。検証の費用を節約する方法としては、労働者が作り上げた製品に自らの名前を明記すること[7]と購買者側の商品に対する眼識を育てることがあり、一八五一年に開催された万国博覧会は、後者の方法に対して貢献する、とバベッジは期待していた (Babbage, 1835, p. 102；1851, p. 78)。

そもそも、全ての商品の費用は、究極的には労働量にまとめられるが、一般的には原材料と労働の費用を加えたものになるとバベッジはとらえていた（Babbage, 1835, p. 115）。労働時間を短縮させる生産方法の発明・改良や分業の導入による労働者の最適配置は労働の費用を低減させ、原材料を節約させる生産方法の導入や安価な原材料への切り替えは原材料費を低減させることになる。バベッジが費用の低減方法を模索するに際して、労働の費用と原材料費に大きな関心を持っていたことは確かである。だが、バベッジが、このような抽象的な費用説明で満足していたとは思えない。というのもこれまでの説明の中で、バベッジが「リスクに対する保険の費用」や「検証の費用」といった費用の要素を検討し、それぞれの費用の要素の低減を通じて総費用の低減をとらえていたことが読み取れるからである。このような費用要素以外にも、機械と道具の費用、輸送費、実験の費用などが断片的に言及されており、こうした多くの費用要素が考慮されながら総費用が検討されていると理解すべきである。たとえば、分業の導入は、労働の費用、原材料費、そして道具と機械の費用の低減を通じて総費用を低減させるという説明の仕方になっているし（Babbage, 1835, pp. 121-134）、大規模生産では、労働の費用、輸送費、道具と機械の費用、リスクに対する保険費用、原材料費、検証の費用、さらに情報収集の費用が検討されているからである（Babbage, 1835, pp. 150-158）。

六　むすび

企業が激しい市場競争の中で勝ち残るためには、費用の低減を絶えず実現しなければならない、とバベッジは主張した。バベッジは、費用の低減のメカニズムを経済理論的に解明しようとするよりは、様々な費用の要素と関連させつつ説明しており、その点、バベッジの価格分析は製造業者にも理解しやすい具体的・実際的な記述になっている。バベッジ研究の中でこれまで注目されてきた管理の科学化、分業、および労使関係は、費用の低減と密接に関係しており、彼は『機械と製造業に関する経済』の中で、費用の低減方法を真摯に探求していたと考えてよいだろう。つまり、バベッジ経営学は、費用の低減方法の解明という観点からみたとき、初めてその体系的理解が可能になるのである。むろん、こうしたバベッジの費用、もしくは価格に対する強い関心の背後に、費用の低減を通じてもたらされる企業の繁栄により労使双方がその利益を享受できる、つまり、労使の利害は一致しうるという彼の信念があったことも確かである。

注

(1) 十九世紀前半期のイギリス経営学を対象とした文献としては、たとえば、フリードグッド編 (Freedgood [edited], 2003)、がある。

(2) アーウィックとブレックは、テイラー経営学とバベッジ経営学との理論的類似性を認めつつも、テイラーの科学的管理はテイラー独自のものであると解釈している (Urwick & Brech, 1945, pp. 21-28)。これに対して、ホーグランド、一條、および鈴木は、テイラーがバベッジから何らかの影響を実際に受けたと主張している。その解釈を裏づける根拠として、以下の四点がある。①アメリカ機械技師協会 (The American Society of Mechanical Engineers) の「工場管理技術の現状」をテーマにした小委員会で、バベッジが高く評価されており、その小委員会にテイラーは参加していた。②ギルブレイスは自分に影響を与えた人物の一人としてバベッジの名をあげるとともに、テイラーに対してバベッジに注目するように呼びかけていた。③スティーブンス工科大学で、『機械と製造業に関する経済』がテキストとして使用されたことがある。④テイラーは、ジェボンズ、またジェボンズから学んだサーストンから間接的・無意識的にバベッジを学び、自らの理論体系に取り入れた可能性がある (Hoagland, 1954, pp. 321-332. 一條、一九八九年、一四〇―一四七頁。鈴木、一九八七年、一五七頁)。

(3) 正確な工場調査を重視するバベッジの姿勢は、彼の研究方法とも関連していたと思われる。というのも、バベッジは、「誤った推論が、そのように記録された諸事実からなされるという心配はないだろう。諸事実の不足から生じる誤謬は、正しい資料から不合理な推論をすることから生じる誤謬以上に、はるかに数多く、かつ永続的である」(Babbage, 1835, p. 110) と述べていたからである。つまり、ロマーノの言うように、数学者として教育されたからか、バベッジは、演繹法ではなく帰納法を重視していた (Romano, 1982, pp. 389-390)。

(4) バベッジは、making を小規模な生産を意味する用語として、そして、manufacturing を大規模な生産を意味する用語として、明確に区別している。また、その各々に対応する用語として、maker と manufacturer という用語が示されている (Babbage, 1835, p. 86)。したがって、バベッジにおける manufacture は、大規模な生産体系を示すものとみなしてよいだろう。こう理解すると、バベッジは、『機械と製造業に関する経済』の中で、大規模生産を行っている企業のための経営方法を模索していたと判断してよいことになる。

(5) たとえば、鉄鉱山、溶鉱炉、さらに炭鉱を共に営んでいる会社があり、その会社で炭鉱の抗夫たちが団結してストライキをした場合、地上に石炭のストックがなければ、溶鉱炉は止まってしまうし、その結果、鉄鉱石の採鉱夫たちの作業も止まってしまう。そのため、その会社の所有者たちは、ストライキが発生しないときよりも多くの石炭をストックしなければならず、この余分な石炭のストックに伴う費用が、「労働者の団結のリスクに対する保険の価格」(Babbage, 1835, p. 210) である。

（6）　バベッジの独占的市場のとらえ方について、詳しくは、村田、二〇〇五年、五八―六一頁、を参照。

（7）　ヴィッツェルは、明記された商標が品質を保証するという意味で、バベッジがブランド・ロイヤリティーに関連する問題を調べ始めたと考えている (Witzel, 2003, p. 22)。

参考文献

Babbage, C., *The Economy of Machinery and Manufactures*, fourth edition, in *The Works of Charles Babbage*, London, Pickering, 1835.

Babbage, C., *The Exposition of 1851*, in *The Works of Charles Babbage*, London, Pickering, 1851.

Babbage, C., *Passages from the Life of a Philosopher*, in *The Works of Charles Babbage*, London, Pickering, 1864.

Blaug, M., *Great Economists before Keynes: An Introduction to the Lives and Works of 100 Great Economists of the Past*, Brighton, Havester-Wheatsheaf, 1986.（中矢俊博訳『ケインズ以前の一〇〇大経済学者』同文舘、一九八九年。）

Braverman, H., *Labour and Monopoly Capital*, New York, Monthly Review Press, 1974.（富沢賢治訳『労働と資本―二〇世紀における労働の衰退―』岩波書店、一九七八年。）

Duncan, W. Jack, *Management Ideas and Actions*, New York, Oxford University Press, 1999.

Freedgood, E. [edited], *Factory Production in Nineteenth-Century Britain*, New York, Oxford University Press, 2003.

Hoagland, J. Hardie, *Charles Babbage—His Life and Works in the Historical Evolution of Management Concepts*, Ann Arbor, University Microfilms International, 1954.

Hobsbawm, E. J., *Industry and Empire: From 1750 to the Present Day*, London, Penguin Book, 1968.（浜林正夫・神武庸四郎・和田一夫訳『産業と帝国』未来社、一九九六年。）

Marshall, A., *Industry and Trade*, Honolulu, University Press of the Pacific, 1919.（永澤越郎訳『産業と商業』岩波ブックセンター信山社、一九八六年。）

Mill, J. S., *Principles of Political Economy, with Some of Their Applications to Social Philosophy*, in *Collected Works of John Stuart Mill*, Toronto, University of Toronto Press, 1848.（末永茂喜訳『経済学原理』岩波書店、一九五九年。）

Pelling, H., *A History of British Trade Unionism*, Basingstoke, Macmillan, 1992.（大前朔郎・大前　真共訳『イギリス労働組合運動史』東洋経済新報社、一九八二年。）

Pollard, S., *The Genesis of Modern Management: A Study of the Industrial Revolution*, London, Edward Arnold Ltd, 1965.（山下幸夫・桂 芳男・水原正亨共訳『現代企業管理の起源』千倉書房、一九八二年。）

Romano, Richard M., "The Economic Ideas of Charles Babbage," *History of Political Economy*, Vol. 14, No. 3, 1982, pp. 385-405.

Sheldrake, J., *Management Theory*, London, Thomson, 2003.（齊藤毅憲・幸田浩文・川口恵一・吉田 誠・池田玲子・藤原敬一訳『経営管理論の時代—テイラー主義からジャパナイゼーションへ—』文眞堂、二〇〇〇年。）

Smith, A., *An Inquiry into the Nature and the Causes of the Wealth of the Nations*, London, Methuen, 1776.（水田 洋監訳・杉山忠平訳『国富論』岩波書店、二〇〇〇—二〇〇一年。）

Urwick, L. F. and Brech, E. F. L., *Thirteen Pioneers*, in *The Making of Scientific Management*, Bristol, Thoemmes Press, 1945.

Witzel, M., *Fifty Key Figures in Management*, London, Routledge, 2003.

Wren, Daniel A., *The Evolution of Management Thought*, first edition, New York, The Ronald Press Company, 1972.（佐々木恒男監訳『マネジメント思想の進化』文眞堂、二〇〇三年。）

一條淳弥「近代経営管理の生成（Ⅱ）—チャールズ・バベッジの分業論を中心に—」『商学論纂』（中央大学）第三一巻第一号、一九八九年、一二七—一五七頁。

北村健之助『経営学前史』学文社、一九九四年。

坂井正廣「管理論史研究序説」『青山経済論集』第一三巻第四号、一九六二年、二七九—三一〇頁。

佐々木吉郎「管理論の史的展開と現在の課題（二）」『経営論集』（明治大学）第一一集、一九五八年、一—四二頁。

新戸雅章『バベッジのコンピュータ』筑摩書房、一九九六年。

鈴木 喬『経営組織の成立過程』同文舘、一九八七年。

沼上 幹「組織の設計」『やさしい経営学』日本経済新聞社、二〇〇二年、一七九—一九六頁。

笛木正治『動機づけの経営理論』同文舘、一九七一年。

星野 清「イギリスにおける経営学の発達（一）」『経営論集』（明治大学）第二二集、一九六一年、四五—八二頁。

村田和博「C・バベッジ『機械と工業に関する経済』における労務管理思想について」『経済学研究』（広島大学）第一四集、一九九七年、一—二一頁。

村田和博「C・バベッジにおける価格と市場」『埼玉学園大学紀要　経営学部篇』第五号、二〇〇五年、五一—六四頁。

＊本稿の作成にあたり、匿名のレフェリーから有益な意見を賜ったことに対して心から御礼を申し上げたい。

＊＊本稿は、科学研究費補助金、萌芽研究、研究課題「一九世紀前半期イギリスの経営学史研究」（研究代表者：村田和博）の研究成果の一部である。

十七　非営利事業体ガバナンスの意義と課題について
――ワーカーズ・コレクティブ調査を踏まえて――

松本典子

一　はじめに

本稿では、新たな発展段階にあるワーカーズ・コレクティブ（以下、ワーカーズと略記）を非営利事業体（＝社会的企業）と把握し、そのマネジメントの中核に位置づけられるべきガバナンスの意義と課題を検討する。ワーカーズの活動の理念に適合的な法的組織形態が存在しない中で、ワーカーズはＮＰＯ法人、企業組合、株式会社、任意団体など多様な組織形態で事業活動を展開している。サラモン（Salamon, L. M.）らの定義や法的組織形態では「非営利」と認定されない組織形態、あるいは必ずしもその理念に適合しない組織形態で活動するワーカーズにとって、組織目的・組織価値を担保するガバナンスの意義と課題はある意味では営利組織以上に大きいといえる。[1]

本稿では、主として、ボルザガ（Borzaga, C.）＝ドゥフルニ（Defourny, J.）、ペストフ（Pestoff, V. A.）らの社会的企業（social enterprise）論（ガバナンス主体論としては「マルティ・ステイクホルダー」論）に依拠して非営利事業体のガバナンス問題を理論的に検討し、同時に筆者が非営利事業体の典型的事例と位置づけるＮＰＯ法人「アビリティ・クラブ・たすけあい」（連携する「たすけあいワーカーズ」諸団体とのネットワーク組織、以下「ＡＣＴ」と略記）に関して実施したヒアリング調査（二〇〇五年一月～）に基づき実証的に検証し、非営利事業体ガバナンスの現代的な意義と課題にアプローチする。

二　非営利事業体とは——組織目的および組織価値——

本稿における非営利事業体とは、営利を第一義的課題とせず（非営利性）、しかも事業活動を通して組織目的（社会的課題—現代社会が内包する、政府にも営利企業にも満たされない市民社会のニーズ—の達成）と組織価値（民主性、自主性、自律性、連帯など）をレーゾンデートルとする組織であると位置づけている。(2)

このような非営利事業体は、ＮＰＯ法人などいわゆる非営利の法的組織形態だけでなく、企業組合、協同組合、有限会社、株式会社など様々な形態で活動し、組織範疇的には事業型ＮＰＯ、コミュニティ・ビジネス、ワーカーズなどとして把握されている。今後は、ＬＬＣ（Limited Liability Company）やＬＬＰ（Limited Liability Partnership）などの組織形態を採用する事例も増加し、非営利事業体の組織形態はさらに多様化することが予想される。このような多様化と同時に、他方ではＮＰＯ法施行以後、急増するＮＰＯ法人の中にはその組織目的・組織価値に照らして非営利組織とは言い難いものも出現し、またボランタリー組織や慈善型組織の限界性（資金調達に基因する活動継続の困難性、自立的な組織活動の困難性など）、換言すれば、非営利組織における継続的事業活動の必要性が再認識されてきている。このような状況は「非営利組織とは何か」という非営利組織論の根本問題を再提起している。

同様な問題意識は欧州で展開される「社会的企業」論でも共有されている。近年、EUを中心に、地域活性化・社会サービスの主体、また失業や低所得など経済的貧困だけでなく、差別や家庭崩壊など様々な社会問題も含めた社会的排除（social exclusion）対策の担い手として、多様な非営利事業体に期待・関心が向けられている。ボルザガ＝ドゥフルニらはこのような非営利事業体を「社会的企業」と把握し「社会的企業」論を提起している。(3)

社会的企業論の提起は、非営利事業体の把握にはアメリカの非営利セクター・ヨーロッパの社会的経済という従来の理解では限界があり、それらを統合・発展させた概念が必要であるという認識に基づく。ボルザガ＝ドゥフルニらは、社会的企業の「経済的・企業家的な側面に関する四つの指標」と「社会的側面を把握する五つの基準」をあげ、前者の指標として「財・サービスの生産・供給の継続的活動」、「高度の自律性」、「経済的リスクの高さ」、「最少量の有償労働」を、後者の基準として「コミュニティへの貢献という明確な目的」、「市民グループが設立する組織」、「資本所有に基づかない意思決定」、「活動によって影響を受ける人々による参加」、「利潤分配の制限」を指摘している。(4) このような指標・基準に基づき把握される「社会的企業」は、社会的経済概念が伝統的な非営利事業領域の防衛という消極的意味合いが強いことを反省し、現代社会における非営利組織の事業活動（企業性）に積極的な意義を付与することを意図したものである。

欧米の「社会的企業」論も、それを反映したわが国の「社会的企業」論も決して一様ではなく、「社会的企業」の性格づけやその評価には議論もあるが、(5) それが社会的・地域的課題の解決を組織目的とし、「社会性」と「企業性」の両立が可能である多様な組織形態(6)の非営利事業体を包摂するものであると把握されていることでは共通理解が形成されているといえる。この限りでは、本稿における「非営利事業体」と「社会的企業」とは同じものであるが、非営利組織の組織特性（組織価値）である「民主性」などの強調は「EU型社会的企業」論の特徴であり、その意味では本稿における「非営利事業体」概念は「EU型社会的企業」とは共通しても「アメリカ型社会的企業」とは異なるものとして位置づけている。

三 非営利事業体ガバナンスの基本問題

1 非営利事業体ガバナンスの意義と課題の独自性

バーナード（Barnard, C. I.）を援用するまでもなく、[7] 非営利組織にもマネジメントは不可欠であり、マネジメント力の向上は緊急の課題でもある。非営利組織マネジメントとして、経営戦略、マーケティング、リーダーシップ、人材育成、人事・労務管理、業績評価、そしてガバナンスが語られる。今日、営利組織マネジメントにおいてコーポレート・ガバナンスの特別な意義と重要性が強調されるが、組織目的と組織特性の担保がレーゾンデートルである非営利組織の場合には、ドラッカーも強調するように、そのガバナンスの意義は営利組織にもまして重要視されなければならない課題であるといえる。[8]

非営利組織ガバナンスの第一義的課題が組織目的の担保であることは誰も否定しないであろう。このことは非営利事業体においても同様である。組織目的から逸脱した、それを忘却した非営利組織はその存在理由を失った「抜け殻」である。営利組織も非営利組織も組織目的の達成はその維持・存続の絶対条件であるが、非営利組織ガバナンスの独自性は、組織目的である社会的課題への取り組みに共感し結集した自律的個人の協働体であることに基因する組織特性の担保（維持・強化）もその存続・発展の前提条件であるところにある。組織目的の達成と組織価値の実現は非営利組織の存在理由そのものであり、その全活動を規定するものである。特に、社会性と企業性の共生が不可欠である非営利事業体の場合、営利・非営利組織の接近論や非営利組織の商業化傾向も指摘される中で、如何にその組織目的・組織価値を担保するのか、そのガバナンスの在り様と施策は、非営利組織を核とした新しい市民社会の構築とも関連する重要な課題である。

2　非営利事業体のガバナンス主体について

営利組織ガバナンスにおいて「企業は誰のものか」の認識が根本課題であると同様に、非営利組織ガバナンスを巡っても「非営利組織は誰のものか」の認識、ガバナンス主体の明確化が議論の前提として必要である。営利組織ガバナンスの主体論には、大別して「株主主権論」と「ステイクホルダー論」がある。法的には「株主主権論」に正当性があるが、[9] 現代企業が多くの利害関係者を擁する社会的存在であり、単なる株主の致富手段でないという現実が「ステイクホルダー論」の正当性の根拠である。

非営利組織ガバナンス論では「理事会主体論」が多数であるが、非営利組織の存在理由や人的結合体という組織特性に依拠すれば、そのガバナンス主体を理事会だけに求めることはできないであろう。出資者（寄付者）、ボランティア、有給職員、経営者・管理者、受益者など、また社会的受容・認知が非営利組織の存続条件である点では社会そのものも「ステイクホルダー」である。その存在そのものが社会的である非営利組織では、多様に存在する利害関係者を主体とするステイクホルダー型ガバナンスが本来の姿であり、それを保障するガバナンス・システムの構築と政策展開が必要である。

因みに、社会的企業論はガバナンス主体として「マルティ・ステイクホルダー」論を提唱している。[10] その主要な根拠は次の通りである。「マルティ・ステイクホルダー組織は、民間企業、社会的企業、協同組合、ボランタリィ団体の再編への強力な民主主義的かつ経済的動機を与えることができる。マルティ・ステイクホルダー組織は、すべての集団の権利を認める以上、経済民主主義を促進する。そして、組織による財・サービス生産への主だった貢献者全員に対して正当性と影響力を付与する。それゆえ、マルティ・ステイクホルダー組織は内部の意思決定構造という点で単一ステイクホルダー組織よりも公平で民主主義的である。[11]」

3　非営利事業体ガバナンスの政策的方向性について

非営利組織におけるステイクホルダー型ガバナンスを担保する条件とは何か。非営利組織が「サービスと取引が自己完結しないシステム」[12]であるとすれば、社会的支援（社会的受容・社会的認知）の獲得がその経済的・社会的な存続の前提である。社会的支援の獲得には、組織目的の社会的受容、その存在の社会的意義の認知が必要であり、社会から信頼される（社会が信頼できる）組織であることを担保するシステムの確立が必要である。この点では、「社会」も含めたすべてのステイクホルダーに対する組織の運営・活動に関する徹底した情報公開（dis-closure）と情報の非対称性にも配慮した説明責任（accountability）が不可欠である。

それらは非営利組織の組織価値である民主性、自主性、自律性、連帯などの保障、ステイクホルダーとの「利害調整」に不可欠である。情報公開は、すべてのステイクホルダーが情報を共有し、組織の在り様を共に考え、協働を創造し、その実現を保障するものである。説明責任もすべての組織構成員が担うものであり、そのことがステイクホルダー間の協働と調整を促進し、人々を鍛錬し、①社会的使命の達成、②非営利性、③業績評価などの組織内検証や「社会監査（social audit）」（社会による監視・評価・勧告・助言の制度）を有効に機能させるであろう。

また組織価値の担保には、情報公開や説明責任に基礎づけられた組織民主主義の実現が不可欠である。本来的に組織目的・組織価値に共感した自律的個人の人的結合体である非営利組織は、組織民主主義の実現可能が高い組織である。諸ステイクホルダー代表者による民主的な理事会構成の実現、組織の各階層・各部門における参加的意思決定システムの構築などは、非営利組織の組織目的と組織価値を担保するガバナンス・システムの構成要素として最低限保証されるべきものであり、社会会計や組織特性の要素を取り入れたバランス・スコアカードの導入なども検討される必要がある。

四　非営利事業体の事例研究

以上の理論的検討を踏まえて、以下では、非営利事業体マネジメントの基本問題であるガバナンスの課題を意識的に追求し、非営利組織の存在意義である組織目的・組織価値を担保するシステムの構築に腐心する事例として、「出資・経営・労働一体型」ビジネスモデルというワーカーズの理念の実現を構成諸団体との連携体（ネットワーク組織）として追求する「ＡＣＴ」を取り上げ検討する。

１「ＡＣＴ」の概略

「ＡＣＴ」は、「ＡＣＴたすけあいワーカーズ（以下、「たすけあいワーカーズ」と略記）」五団体とのネットワーク組織として発足（一九九二年）、介護保険制度が制定された二〇〇〇年に多くの「たすけあいワーカーズ」とともにＮＰＯ法人格を取得、同時に指定居宅介護支援事業所を開設し介護保険事業に参入、二〇〇五年三月現在、三四団体（ＮＰＯ法人三三団体、任意団体一団体）が連携するネットワーク組織として活動し、会員数は七、三八四人（介護サービス提供活動などに従事する会員数一、四六八人、[13] サービス利用者約三千人、理念・活動に賛同する会費納入者約三千人）である。

「ＡＣＴ」は、「たすけあい（地域で安心して暮らせるまちづくり）」を組織目的に、自立援助サービス（利用者の身体面、精神面、生活状況等を多面的に分析し、その生活を支え自立度を高める補助金に頼らない自主事業。介護保険でカバーできないニーズに対応したサービス提供）、非常時経済支援事業「アビリティ共済」（疾病共済、死亡共済など）、生活自助品（車椅子など福祉用具）供給事業、という事業活動を展開し、それら事業を通して組織目的の達成に取り組んでいる。「ＡＣＴ」の組織特性は、ワーカーズであることに規定されている。ＮＰＯ法人格取得後も、非営利性だけでなく、ワーカーズとして民主性、自主性、自律性、連帯などを担保する組織運営を重視した事業活動を展開している。

2　法人格（NPO法人）に関わる問題

「出資・経営・労働の一体化」を組織理念とするワーカーズにとって、「出資」が認められないNPO法人格の取得は組織運営の原点に関わる問題を孕むものであった。しかし、介護保険制度に対するニーズを見据えた居宅介護支援事業（ケアプラン作成事業）および介護保険事業の展開には行政との関係において、また社会的信頼の獲得において、法人格の取得、とりわけNPO法人化は不可避であるというまさに「苦渋の選択・決断」であった。わが国の場合には特に介護事業は行政との関係なしには成立しないこと、またNPO法人以外の組織形態では非営利組織として税優遇制度が適用されないこと、しかも協同組合や企業組合などは非営利組織として未だ社会的に認知されていないことなど、わが国における特殊な社会的状況がNPO法人化というまさにワーカーズの「苦渋の選択・決断」の背景にあったといえる。したがって、NPO法人でありワーカーズでもある「ACT」にとって組織目的および組織特性を担保するガバナンスの実践は、その存在意義を担保する不可欠かつ最重要な活動として位置づけられるべきものである。

3　介護保険事業に関わる問題

介護保険事業は、ある程度予測された困難に「ACT」を直面させている。介護保険事業参入後は「ACT」が本来の介護事業と位置づける自立支援サービス（費用全額が利用者負担）ではなく、介護保険事業（利用者は費用の一〇％を負担）が大きな比重を占め、要介護者の自立支援が十分にできないだけでなく、介護保険事業に対する会員・地域コミュニティのニーズに対応できるサービス提供者が確保できない状況にある。結果として、サービス提供者の慢性的不足・多忙化（定型的サービスの提供と労働強化）・働きがいの喪失（仕事の未達成感）

という悪循環、ワーカーズの理念の根幹に関わる問題が生み出されている。

また、ワーカーズの場合には、その組織特性を規定する理念や原則に賛同する人々の参加が前提であるが、介護ニーズの急増は理念・原則より人材確保を優先させ、有資格者ではあるがワーカーズの理念を理解・共有できていない参加者の増大を招来したことは否定できないが、最近では、地域の介護ニーズに最大限対応しながらも、ワーカーズの原点に立ってその理念に賛同できる可能性がある人材を採用し、できるだけ多くの人達が参加できる形態で初期研修、理念研修等を工夫・実施し、理念・原則の共有に向けた試みが積極的に推進されている。この点でもネットワーク組織の利点が活用され、費用・時間を要する研修会や定例会の頻繁な開催が実現されている。(14)

４　ガバナンスの特徴と課題

一般的な傾向として、ＮＰＯ法人の場合にも「社員総会」や理事会の形骸化、特定の理事に権限と責任が集中することによる弊害などが指摘され、ＮＰＯにおけるガバナンス・システム確立の必要性が提起されている。「ＡＣＴ」の場合も、最高意思決定機関である会員総会（ＮＰＯ法が求める社員総会）がその位置づけに相応しい出席者を確保することの困難性などが指摘されているが、会員構成及び理事会構成にみられる「ＡＣＴ」の特徴は、会員の量的拡大だけでなく質的多様化を追求していることである。サービスの提供者・利用者全員、専門家、研究者など広範な人々を会員として組織し（マルティ・ステイクホルダー化の意識的追求）、多様な利害関係者の会員総会への参加を重視し、また多様な理事会構成を追求することで、会員総会および理事会の活性化に努めている。「ＡＣＴ」の場合、このような会員および理事会のマルティ・ステイクホルダー化を通してガバナンスの確立を志向している。このようなガバナンスの有効な機能化に向けて、様々なステイクホルダーへの情報公開と説明責任を会員総会資料や会報「ＡＣＴ通信」などを通して徹底すると同時に、アンケート方式による会員の活動評価も定期的に実施している。

「ＡＣＴ」の理事会はネットワークに参加する「たすけあいワーカーズ」のサービス提供者（一〇人）、サービス利用者やその理念に賛同した会員である研究者・専門家など（一〇人）で構成され、全ての理事が「ＡＣＴ」の活動に参加し会員と活動を共有している。全理事が参加する理事会は隔月ごとに開催され、基本的な経営的意思決定を行うが、「ＡＣＴ」の場合には理事会とは別に日常業務の遂行を円滑に行うために「たすけあいワーカーズ」選出理事で構成される「理事運営会議」が月二回以上開催されている。

「ＡＣＴ」の会員総会は「正会員総数の二〇分の一以上の出席」（定款第二十三条）を要件としている。会員総会の出席者はサービス提供者を中心に一〇〇〜一五〇人であり、書面表決者が五〇〇〜六〇〇人である。ワーカーズは直接民主主義を追求していることもあり、代議制などは導入されていないが、会員総会出席者の現状や会員総会における発言の減少傾向はワーカーズの組織価値である組織民主主義の実現（会員総会の形骸化の克服）という点において深刻な課題であり、マルティ・ステイクホルダーに立脚したガバナンスの実質化に向けて改善されるべき深刻な課題である。(15)

ガバナンスに不可欠な情報公開・説明責任の取り組みとして、「ＡＣＴ」は理事会での討議・決定事項すべてを会員向けＡＣＴ通信とホームページで公開し、また「たすけあいワーカーズ」で定期的に開催される会員懇話会で報告している。さらに、サービス提供者・利用者が事業活動や組織理念を巡る課題などを共有できるように、毎年、「サービス評価委員会報告書（利用者アンケート等）」が作成・公開され、また決算書も情報の非対称性に配慮し誰でも理解できるように工夫されている。

このような取り組みにも関わらず、会員総会に見られる形骸化の現状は、会員の質（意識）の重要性を提起するものであり、介護保険事業のニーズの大きさは地域の深刻な課題として認識しながらも、それに翻弄されることなく、ワーカーズの理念に照らして常に事業を検証することの必要性を提起しているといえる。

五　おわりに――非営利事業体におけるガバナンスの課題――

本稿では、「社会的企業」論に依拠し、非営利事業体のガバナンス問題を理論的に検討すると同時に、ワーカーズの理念に立脚し、ネットワーク組織を形成して介護事業に従事するＮＰＯ法人「ＡＣＴ」を対象に、現代の非営利事業体の意義と課題を実証的に検討してきた。

非営利事業体は、その組織目的（社会的課題の達成）の実現だけでなく、組織価値（民主性、自主性、自律性、連帯など）の担保が継続的事業活動の前提条件である。社会的企業論がいう「社会性」と「企業性」を両立させることが必要であり、それを担保するガバナンス・システムの構築は非営利事業体マネジメントの核心に位置づけられるべき基本課題であるといえる。

「ＡＣＴ」の事例研究は、介護保険制度下での事業活動はその制度に制約され翻弄される危険性が否定できないこと、会員総会の形骸化に象徴される困難・課題の克服やステイクホルダー主体のガバナンスの実質化には会員の質（意識）の向上が不可欠であること、このことは地域の介護事業ニーズにどのように応えるかという問題と不可分であり、利用者が求める必要なサービスが提供できる介護保険制度のあり方を運動体として求めて行くことが重要であることなどを明らかにしている。

ＮＰＯ法および介護保険制度の成立以後、「出資・経営・労働一体型」ビジネスモデル（働き方）を追求するワーカーズは理念と現実の乖離への対処という新たな課題を課せられている。しかし、「公」における福祉のアウトソーシング化や多発するＮＰＯ法人の不祥事、非営利組織の商業化傾向など非営利組織とは何かが問われる中で、その理念・組織目的や組織特性を担保するステイクホルダー型ガバナンス、地域に密着しながら「企業性」をネットワーク型組織で追求する「ＡＣＴ」の試みは、非営利事業体（社会的企業）の今後のあり方を示唆するものであるといえる。

注

（1）非営利組織マネジメントにおけるガバナンスの重要性はドラッカー（Drucker, P. F.）も力説している。Drucker, Peter F., *Managing the Non-profit Organization: Practices and Principles*, New York: Harper Collins, 1990.（上田惇生・田代正美訳『非営利組織の経営―原理と実践―』ダイヤモンド社、一九九一年。）

（2）非営利組織の概念化においては、営利性・非営利性だけではなく、組織目的や組織価値も分析基軸として設定することが必要である。サラモンらは利益非分配を唯一の非営利性基準とする結果、協同組合等は非営利組織とは認定されない。内国歳入法五〇一条（c）（三）の被寄付控除資格の認定基準には「組織目的の公益性」も謳われているが、組織目的の公益性・共益性判断は極めて困難であるのに対して、利益処分（利益非分配）は決算書で容易に把握できるからである。しかし、「非営利性（利益非分配）」の厳格な適用に基づく「非営利組織の概念化」は、非営利組織を極めて限定されたものとし、今日わが国で多様に台頭する「営利性や収益性を第一義的な組織目的としない」コミュニティ・ビジネやワーカーズ・コレクティブなどの「非営利事業体」は非営利組織の範疇では把握できないことになる。

（3）Borzaga, Carlo and Defourny, Jacques, eds, *The Emergence of Social Enterprise*, London: Routledge, 2001.（内山哲郎・石塚秀雄・柳沢敏勝訳『社会的企業―雇用・福祉のＥＵサードセクター―』日本経済評論社、二〇〇四年。）

（4）*Ibid.*, pp. 16-18.（同訳書、二六―二九頁。）

（5）北島健一・藤井敦史・清水洋行『イギリスの社会的企業の多元的展開と組織特性（平成十五年度～平成十七年度科学研究費補助金による研究成果・中間報告書）』、二〇〇五年、八頁。

（6）社会的企業の存在態様は各国の歴史的・社会的背景などに応じて、協同組合やアソシエーションなど様々である。ボルザガ＝ドゥフルニらはイタリアの社会的協同組合など協同組合を主要な対象としているが、英国貿易産業省は、有限責任保証会社（companies limited by guarantee）、産業共済組合（industrial and provident societies）、株式会社（companies limited by shares）、任意団体など様々な組織（企業）形態で活動するものを社会的企業に包摂している（Department of Trade and Industry, *Social Enterprise: a strategy for success*, London: Department of Trade and Industry, 2002）。

（7）Barnard, Chester I., *The Functions of the Executive*, Massachusetts: Harvard University Press, 1938.（山本安次郎・田杉　競・飯野春樹訳『新訳　経営者の役割』ダイヤモンド社、一九六八年。）

（8）理事会機能を中心とするドラッカーの非営利組織ガバナンスに関する見解は、社会的使命・組織目的を担保することの重視という点で本稿と共通するが、ガバナンスの主体、対象、課題などの理解は異なる。

（9）株主の有限責任制などを根拠に株主主権の法的正当性に疑問を呈する議論もある。（奥村　宏『株式会社に社会的責任はあるか』岩波書店、二〇〇六年。）

（10） Pestoff, Victor A., *Beyond the Market and State: Social Enterprises and Civil Democracy in a Welfare Sciety,* Aldershot: Ashgate, 1998.（藤田暁男・川口清史・石塚秀雄・北島健一・的場信樹訳『福祉社会と市民民主主義―協同組合と社会的企業の役割―』日本経済評論社、二〇〇〇年。）

（11） *Ibid*, p. 113.（同訳書、一三九頁。）

（12） 電通総研編『ＮＰＯとは何か―社会サービスの新しいあり方―』日本経済新聞社、一九九六年、一九三頁。

（13） 『ＮＰＯ法人アビリティ・クラブたすけあい　第七回総会議案書』二〇〇五年。

（14） 研修会や定例会への参加は人的結合体であるワーカーズにとって参加的意思決定・組織民主主義の実践としても重要な意義を持つものである。

（15） ステイクホルダーはサービス提供者や利用者だけではなく、地域や幅広い社会も含まれる。「ＡＣＴ」の場合、会員の交流や生きがい形成の場である「いきいきサークル活動」、「安心ネットワーク」、「ＡＣＴ子育て介護なんでも電話相談」、出前相談、日常的な介護相談などの活動を通じて、地域や社会との共生が追求されている。

十八　ＥＵと日本におけるコーポレート・ガバナンス・コデックスの比較

ラルフ・ビーブンロット

一　はじめに

企業のコーポレート・ガバナンスは研究者、実務家、そして一般市民にとって世界的に重要な関心事となっている。優秀な企業のガバナンスはどのようにすれば一番良いかについて多くの議論がなされ、そうした議論の中からいろいろな規準がつくられている。こうした規準を表すものとしてコーポレート・ガバナンス・コデックスという名称が与えられている。

この規準は様々なところで作られる事が出来、企業あるいは、国の政府において、また、他の組織（例えばWTOやWorldbank等）において作られる可能性もある。この論文ではＥＵ諸国のコーポレート・ガバナンス・コデックスを考察する。そして、ＥＵ連合の諸国のコーポレート・ガバナンス・コデックスがどのように変化したかを明らかにしたい。

二　研究方法

この研究では欧州連合（ＥＵ）の六カ国と日本のコーポレート・ガバナンス規準（コデックス）を比較する。旧三カ国と新三カ国（二〇〇四年五月ＥＵに入った諸国）について調べ、ＥＵ諸国の政府あるいはコーポレート・ガバナンスの委員会がコーポレート・ガバナンス制度をどのぐらい導入しているかを考察する。

しかし、企業がこの規準を実際に守るかどうかについては調査していない。旧欧州諸国はドイツ、フランス、イタリア、新しい国はハンガリー、ポーランド、チェコである。そして、さらに新旧欧州諸国のコーポレート・ガバナンスと日本のコーポレート・ガバナンス規準を比較する。この論文では基本的にDouglas Northの理論に依拠して考察する（North, 1990)。

三　Northの理論

North（一九九三年のノーベル賞受賞）の理論では、基本的にMax Weber（1904）とSchumpeter（1934）に依拠し、組織の発展について述べられている（North, 1990)。Northの理論によると、組織は二つの部分に分かれる。制度（Institution）の部分と機関（Organization）の部分である。この研究では『制度』という言葉は、コーポレート・ガバナンス・コデックスに使い、他方『機関』という言葉は、個別の組織に使われている。この組織とは、例えば会社の取締役会あるいは国の政府や国家間を超えた理事会などにあてはまる。この研究ではコーポレート・ガバナンスを国別に比較する。

コーポレート・ガバナンス・コデックスは規準である。もし外から影響があればこの規準は変更される可能性が考えられる。なお、制度の中の個別（Individuals ここでは国の会社）は従来の状況に比べメリットがあれば変更される（Schumpeter, 1934）。

人は全知全能ではないので試行錯誤により少しずつ修正を行う。よいコーポレート・ガバナンス・コデックスがあれば企業にとっても、投資家にとっても安全な状況がつくられる。North による一つの視点は、主要な国が良いシステムを使うと他の国も全く同じシステムを導入する可能性が高いとみる現実である。二つめの視点は、投資家は世界中の国に投資できるのでいろいろな国に同様なコーポレート・ガバナンス・コデックスの導入が見られるということである。最近、世界的に投資家が増えてきたため、安心して投資をするために、各国政府は新しいコーポレート・ガバナンス・コデックスの導入を望んでいる（Von den Berghe, 2002）。

四 旧欧州三カ国のコーポレート・ガバナンス

コーポレート・ガバナンスと Comply or Explain の原則についてドイツの例に関して説明する。ドイツのコーポレート・ガバナンス・コデックス（規範）は国内の投資家と国際投資家から信頼を得るために、企業経営活動の透明化を計る規準となるものである。このコデックスの内容は三つのレベルに分けられる。

一つは「muss」（法令順守）、二つ目は「soll」（すべきこと）、そして、三つ目は「kann」（したほうがよいこと）である。コーポレート・ガバナンス・コデックス（規範）の中では二の「soll」を順守することが重要である。「すべきこと」の内容として、たとえば「監督役が取締役からの情報提供を厳しくすべきこと」、あるいは、「監督役と取締役がその報酬を個別に開示すべきこと」などがある。これらの勧告は法律ではないので順守する義務はないが、これに従うことが強く望まれ、政府が実行を促しているものである。二〇〇五年に透明性・開示法（Transparenz- und Publizitaetsgesetz）が施行されたが、この法律の下に株式法（Aktiengesetz）の一六一条が規定され、ドイツの上場企業はコデックスの「すべきこと」の勧告に対応したかどうかという対応表明（Entsprechenserklaerung）を提出することが義務づけられた。これにより上場企業はコデックスのガバナンス規準にどう対応しているかを一層明解に伝達することが期待されている。この考え方は comply or explain の原則に基づくものである。

ドイツのコーポレート・ガバナンス・コデックスを順守したかどうかを表明することは、イギリスの範にならったものである。イギリスでは、一九九二年に上場企業は法律によるガバナンスの規則を離れ、コーポレート・ガバナンス・コデックスを順守したかどうかの表明をし、順守しなかった場合にはその理由を述べることが行われてきた（Cadbury-Report）。この考え方は他の多くの国にも導入されている（Borges, 2003）。コデックスの勧告は法律の規則ではないが、法律を円滑に履行させる補完的意味を持っている。一般に模範的と考えられる行動、すなわち best practice に従うことが奨められ、これに対して企業が自主的に率先して行動することにより、ガバナンスの規準にダイナミックに適応していくことが望まれている（田渕・Bebenroth, 2006）。多くの企業が一定の勧告に対応しているとすれば、従って企業は、その規準に従うことに対して少なからずの圧力を感じるものである。そして、毎年、各企業が対応表明を行うことは、企業行動を少なからず透明にする意味を持っている。このような観点からコーポレート・ガバナンス・コデックスに対応した企業と対応していない企業との間に企業業績の差が見られるかについての調査が行われている（Pfitzer/Oser/Wader, 2002; Bebenroth, 2005）。

旧ＥＵ諸国の法律は基本的に英米法のケースではなく、法典に基づいている。これら三国では会社の法形態が株式会社あるいは有限会社である。名称が少し異なるが、法律の制度は大体同じである。ドイツでは資本会社に対し Aktiengesellschaft と GmbH という表現があり、フランスでは Sociétés anonyms（SAs）と Sociétés a

表1 旧欧三国のコーポレート・ガバナンス

国	以前の主要株主(Stakeholder)	コーポレート・ガバナンス・コデックス	機関の構造	共同決定	Comply or explainルール	取締役会と監査役会(委員会)	取締役の報酬を開示する
ドイツ	銀行，保険会社	最初に2002年のコデックス，2003年と2005年に改正	二層性	あり	あり	監督委員会だけ	あり
フランス	政府	最初に1995年のVienotレポート 1999年改正，Vienot II, 2001年のguidelines 2002年のguidelines 2004年の推薦	選択可能性：二層性，一層性	もし，定款の規定があれば可能	あり	三つ 監査委員会 指名委員会 報酬委員会	あり
イタリア	家族	最初に1998年にDraghiレポート 2002年にPredaレポート 2004年にコーポレート・ガバナンスのハンドブック	選択可能性：1.伝統的なモデル 2.一層性 3.二層性	なし	なし Complyしていなくてもexplainは必要ない	三つ 監査委員会 指名委員会 報酬委員会	なし

(出所) ドイツ：http://www.corporate-governance-code.de/eng/kodex/index.html から作成。
フランス：http://www.afg.asso.fr から作成。
イタリア：http://www.ecgi.org/codes/code.php?code_id=66 から作成。

responsabilité limitée（SARL）と呼ばれ、イタリアでは societa di persone, と societa de capitali の名称がある。

しかし、歴史的に見れば、株式使用の状況と制度は違っていた。ドイツでは銀行あるいは保険会社が強い影響を与え、フランスでは政府が大株主であったし、イタリアでは同族企業が大株主であった。最近、これら三国では歴史的な特徴の違いが減少してきている。三国のコーポレート・ガバナンス・システムは似てきているといえる。

表1を見るとドイツは二〇〇二年に Corporate Governance Kodex を制定して、改正が二〇〇三年と二〇〇五年に二回行われた。二〇〇五年の改正には取締役の報酬を開示する制定が行われた。フランスでは一九九五年に Vienot Report を導入した。後、様々な改正が行われた。イタリアでは一九九八年に Draghi Report を制定した。Board 構造はドイツで二層制（two-tier システム）が採用されている一方、フランスとイタリアでは一層制（one-tier システム）あるいは二層制（two-tier システム）が採用されている。

従業員の代表が監査役会に参加するという点がドイツのコーポレート・ガバナンスの一つの特徴である（共同決定法）。フランスでは会社の定款（Articles）の定めがあればどちらのシステムでも良い。Comply or Explain の原則はドイツとフランスにはあるが、イタリアにはない。ドイツとフランスでは取締役報酬の個別開示規定があるが、イタリアではその規定はない。

五　新しい欧州三国のコーポレート・ガバナンス

一九八九年にソビエト連邦が崩壊した後、新しいＥＵ諸国は歴史的に民営化に至ったが、その経緯は異なっている。

表２　新欧州三国のコーポレート・ガバナンス

国	コーポレート・ガバナンス・コデックス	Comply or Explain ルール	取締役会と監査役会（委員会）	取締役の報酬を開示する
チェコ	最初に2001年 2004年でOECDのモデル	大切な事だけで使う	三つ 監査委員会 報酬委員会 指名委員会	望ましい
ポーランド	最初に2002年 2005年公社でベスト・プラクチス	48の推薦のためにだけ使う	二つ 監査委員会 指名委員会	望ましい
ハンガリー	最初に2002年 2004年のコーポレート・ガバナンスの推薦	大切な事だけで使う	三つ 監査委員会 報酬委員会 指名委員会	望ましい

（出所）　チェコ：http://www.ecgi.org /codes /code.php?code _ id = 156 から作成。
ポーランド：http://www.ecgi.org /codes /code.php?code _ id = 99 から作成。
ハンガリー：http://www.ecgi.org /codes /code.php?code _ id = 57 から作成。

表2を見ると、民営化する際、三つのモデルに別れている。チェコでは民営化前の企業（Staatsbetriebe）の株式を市民に分配し、全ての企業（一八四九社）が民営化された（Coffee, 1998）。二〇〇一年にまず経済協力開発機構（ＯＥＣＤ）のモデルのコデックスが証券取引所に登録された株式会社に対して導入された。二〇〇四年に導入されたコーポレート・ガバナンス・コデックスはＯＥＣＤ－Guidelineを基本にした。

ポーランドの民営化では前国有企業が株式を従業員に分配した。この発展は一九九五年に政府企業から株式会社に変わったときに見られた。ポーランドの証券取引所で登録された企業に対してはコーポレート・ガバナンス・コデックスが二〇〇二年に導入された。

ハンガリーでは一九八九年から民営化を始めた。前国有企業（former state owned enterprises）は株式会社になって、特別な財政庁（Financial Service Agency）がほとんどの株券を国外の投資家に販売した（Coffee, 1998）。この処理は五年間ぐらいかかった。ハンガリーでは二〇〇二年から（ポーランドと同じ時代に）コーポレート・ガバナンス・コデックスが導入された。

こうしてコーポレート・ガバナンス・コデックスは三カ国に入っている。現在の調査ではコデックスは二〇〇四年にチェコとハンガリーに、二〇〇五年にポーランドに導入された。これらの国では Comply or Explain の原則を重要な条項についてのみ用いている。ポーランドでは四八項だけが Comply or Explain の原則に関わっている。ポーランドだけが二つの委員会制度（監査委員会と指名委員会）を設けている。一方、チェコとハンガリーは三つの委員会制度を導入した。全ての国が取締役の報酬を開示することを希望している。

六　日本のコーポレート・ガバナンス

かつて、日本の法律には、欧州大陸とほとんど同じ特徴があった。日本の金融システムはドイツの銀行システムと似た点が多かったが、最近、日本ではいろいろな変化が見られる。ドイツのシステムに比べると、日本では取締役会の中に労働者の代表が参加することはない。伝統的な日本システムでは、取締役会のメンバーは会社の従業員の中から選ばれる。

最近、日本のシステムが変わってきている。特に、一九九〇年代に日本のコーポレート・ガバナンス・システムは変化した（Wakasugi, 2004；Kanda, 2001）。この変化のうちでも企業集団とメインバンクの影響が減少したことが注目される。新しい日本のシステムでは社外取締役の導入可能性がひらけた。取締役は執行役員と監督をする役員に分けることが出来る。ソニー株式会社は一九九七年に最初の執行役員システムを取り入れた（Seki, 2005）。

二〇〇二年に日本では新しいストックオプションシステムが導入された（Bebenroth/Tabuchi 2004）。同じ年（二〇〇二年四月）から日本企業はアメリカ型のコーポレート・ガバナンスが選択できるようになった。アメリカ型を選ぶとすれば日本の会社は委員会制度を選ばなくてはいけない。この委員会は報酬委員会、指名委員会そし

表３　日本のコーポレート・ガバナンス

国	以前の主要株主	コーポレート・ガバナンス・コデックス	共同決定	Comply or explain ルール	取締役会と監査役会（委員会）	取締役の報酬を開示する
日本	系列企業 銀行	最初に2001年のコーポレート・ガバナンス・基準 2004年に改正したコーポレート・ガバナンス・基準	なし	なし 2002年に商法改正があり，アメリカ型に変化可能	アメリカ型企業だけ	望ましい

（出所）　http://www.acga-asia.org/public/files/TSE_CG_Principles_May04.pdf および http://www.ecgi.org/codes/code.php?code_id=70 から作成。

て監査委員会の三つである。従って、委員会では社外のメンバーが重要である。

表3を見ると、日本は二〇〇一年に最初のコーポレート・ガバナンス・コデックスを導入して、二〇〇四年に新しいコーポレート・ガバナンス・コデックスがつくられた（Revised principles of corporate governance 2004）。しかし、日本にはComply or Explainの原則がない。従って、日本ではコーポレート・ガバナンスは会社にとってそれほど重要ではないと考えられる。一方、EU諸国ではComply or Explainの原則があるため、コデックスは一層重要な意味を持つ。

東京証券取引所一部の製造企業では二〇〇四年四月までに全八二一社中二四社の企業が、そして二〇〇五年四月までに八二一社中二九社の日本企業がアメリカ型を選んでいる（Bebenroth/Li, 2005）。アメリカ型を使わない企業は二〇〇四年七九七社である。その内五三九社は社外取締役を導入しておらず、二五八社は社外取締役を導入している。二〇〇五年には二七六社が社外取締役を導入した。そして、日本では二九社だけがUSスタイルの委員会を導入した。それらの企業は三つの委員会、つまり報酬委員会、指名委員会そして監査委員会を導入している。

七　おわりに

現在、ＥＵ諸国のコーポレート・ガバナンスのシステムは、国の間の差違が少なくなってきている。旧欧州諸国は一九九五年（フランス）、一九九八年（イタリア）、そして二〇〇二年（ドイツ）からコーポレート・ガバナンス・コデックスを導入した。最近、新欧州諸国でも同様なコーポレート・ガバナンス・コデックスが作成された。チェコは二〇〇一年から、ポーランドとハンガリーは二〇〇二年からコデックスを導入した。現在、これらは一つに収斂する傾向が見られる。

全てのＥＵ諸国は三つの委員会を設置しているが、ポーランドのコデックスだけは二つの委員会、すなわち、監査役委員会と指名委員会を置いている。

Comply or Explain の原則はイタリア以外のＥＵ諸国で絶対必要な事項として適用されている。しかし日本においては Comply or Explain の原則はまだ適用されていない。日本ではコーポレート・ガバナンス原則に対して企業が反対で、順守しなくても説明する必要がないから守らないことになる。

North の理論によると諸国の政府にとってコーポレート・ガバナンス・システムは有益で魅力があるので、どこでも類似してきているとのことである。コーポレート・ガバナンスが似てくる理由はいろいろ考えられるが、おそらく投資家、特に外国の投資家が国際的に投資活動をするため、全ての国の政府が同じガバナンス・コデックス・システムを使う傾向が生じると思われる。

主要参考文献

Bebenroth, R., “German Corporate Governance Code and Most Commonly Unaccepted Recommendations: Introduction and Some

Explanation," *Corporate Ownership & Control,* Vol. 2, Issue 2, Dec. 2005, pp. 10-14.

Bebenroth, R. and Li, D., "Performance Impact at the Board Level: Corporate Governance in Japan," *Discussion Paper Series* no. 179, RIEB-center, Kobe University, 2005.

Bebenroth, R. and Tabuchi, S., "Corporate Governance in Japan: Governmental Regulation," *Journal of Osaka University of Economics,* January 2004, Vol. 54, No. 5, pp. 429-438.

Van den Berghe, L., *Corporate Governance in a Globalizing World: Convergence or Divergence? A European perspective,* Kluwer Academic Publishers, 2002.

Borges, G., "Selbstregulierung im Gesellschaftsrecht — zur Bindung an Corporate Governance-Kodizes." *ZGR,* 4, 2003, pp. 508-540.

Coffee, J. C., *Inventing a Corporate Monitor for Transitional Economies,* Comparative Corporate Governance, the State of the Art and Emerging Research, K. J. Hopt, H. Kanda, M. J. Roe, E. Wymeersch and S. Prigge (eds.), Oxford University Press, Oxford, 1998.

神田秀樹『会社法』東京：弘文堂、二〇〇一年。

Mantzavinos, C., North, D. C. and Shariq, D., "Learning, Institutions and Economic Performance," *Max Planck Institute for Research on Collective Goods Bonn,* 2003/13.

North, D. C., *Institutions, Institutional Change, and Economic Performance,* Cambridge: Cambridge University Press, 1990.

Pfitzer, N., Oser, P. and Wader, D., "Die Entsprechungs-Erklaerung nach §161AktG — Checkliste fuer Vorstaende und Aufsichtsraete zur Einhaltung der Empfehlungen des Deutschen Corporate Governance Kodex," *Der Betrieb,* No. 22, 2002, pp. 1120-1123.

Schumpeter, J. A., *Theorie der wirtschaftlichen Entwicklung,* 1934.

関 孝也 "Legal Reform and Shareholder Activism by Institutional Investors in Japan," *Corporate Governance Journal,* Vol. 13, No. 3, May 2005, pp. 377-385.

若杉敬明『株主が目覚める日』商事法務、東京：二〇〇四年。

Weber, M., "Die Objektivitaet sozialwissenschaftlicher und sozialpolitischer Erkenntnis," *Archiv fuer Sozialwissenschaft.* Bd. XIX, Tuebingen, 1904.

田渕 進・Bebenroth, R.「ドイツのコーポレート・ガバナンス・コードとその準拠表明」『大阪経大論集』第五六巻、第五号、二〇〇六年、五一一七頁。

Ⅲ　文献

ここに掲載の文献一覧は、第Ⅰ部の統一論題論文執筆者が各自のテーマの基本文献としてリストアップしたものを、年報編集委員会の責任において集約したものである。

一 「経営学の現在」を問う――コーポレート・ガバナンス論と管理論・組織論――

外国語文献

1 Berle, A. A. and G. C. Means, *The Modern Corporation and Private Property*, Macmillan, 1932.
2 Drucker, P. F., *The New Society: The Anatomy of the Industrial Order*, 1950.
3 Tricker, R. I., *Corporate Governance*, Gower, 1984.
4 Tricker, R. I., *International Corporate Governance*, Prentice-Hall, 1994.

日本語文献

1 岩井克人『会社はこれからどうなるのか』平凡社、二〇〇三年。
2 岩井克人『会社は誰のものか』平凡社、二〇〇五年。
3 勝部伸夫『コーポレート・ガバナンス論序説――会社支配論からコーポレート・ガバナンス論へ――』文眞堂、二〇〇四年。
4 菊澤研宗『比較コーポレート・ガバナンス論――組織の経済学アプローチ――』有斐閣、二〇〇四年。
5 経営学史学会編『経営学百年』経営学史学会年報〔第七輯〕、文眞堂、二〇〇〇年。
6 経営学史学会編『組織・管理研究の百年』経営学史学会年報〔第八輯〕、文眞堂、二〇〇一年。
7 佐久間信夫『企業支配と企業統治』白桃書房、二〇〇三年。
8 田村達也『コーポレート・ガバナンス――日本企業再生への道――』中公新書、二〇〇二年。
9 中條秀治『株式会社新論――コーポレート・ガバナンス序説――』文眞堂、二〇〇五年。
10 深尾光洋『コーポレート・ガバナンス入門』ちくま新書、一九九九年。
11 正木久司『株式会社支配論の展開〔アメリカ編〕』文眞堂、一九八三年。
12 正木久司編著『株式会社支配論の展開〔イギリス編〕』文眞堂、一九九一年。

13 三戸 公『経営学』同文舘、一九七八年。
14 三戸 公『科学的管理の未来――マルクス、ウエーバーを超えて――』未来社、二〇〇〇年。
15 三戸 公『管理とは何か――テイラー、フォレット、バーナード、ドラッカーを超えて――』文眞堂、二〇〇二年。

二 株式会社を問う――「団体」の概念――

外国語文献

1 Haussmann, F., *Vom Aktienwesen und vom Aktienrecht*, 1928.
2 Haussmann, F., "Gesellschaftsinteresse und Interessenpolitik in der Aktienrecht," *Bank-Archiv*, XXX, Nr, 4, 5, 1930.
3 Landsberger, H., "Der Rechtsgedanke des 'Unternhmens an sich' und das neue Aktienrecht, Der Versuch einer Theorie," *Zentralblatt für Handelsrecht*, VII, Heft 4, 1932.
4 Rathenau, W., *Vom Aktienwesen : Eine geschäftliche Betrachtung*, 1918.

日本語文献

1 石渡貞雄「『所有と支配の分離』は存在するか」『社会科学年報』（専修大学）第一六号、一九八二年。
2 岩井克人『会社はこれからどうなるのか』平凡社、二〇〇三年。
3 大隅健一郎「株式会社の基本観念に関するハウスマンの見解」『法学論叢』第二七巻四号、五号、一九三二年。
4 大隅健一郎「『企業自体』の法律思想」『法学論叢』第二八巻四号、一九三二年。
5 大隅健一郎『会社法の諸問題（新版）』有信堂、一九八三年。
6 大隅健一郎『新版　株式会社法変遷論』有斐閣、一九八七年。
7 奥村 宏『会社は誰のものでもない』ビジネス社、二〇〇五年。
8 勝部伸夫『コーポレート・ガバナンス論序説――会社支配論からコーポレート・ガバナンス論へ――』文眞堂、二〇〇四年。
9 川合一郎「現代資本主義の財政・金融政策」『現代資本主義講座』第三巻、東洋経済新報社、一九五八年。
10 北原　勇『現代資本主義における所有と決定』岩波書店、一九八四年。
11 鷹巣信孝『企業と団体の基礎法理』成文堂、一九八九年。
12 富森虔児『現代の巨大企業』新評論、一九八五年。
13 中條秀治『組織の概念』文眞堂、一九九八年。
14 中條秀治『株式会社新論――コーポレート・ガバナンス序説――』文眞堂、二〇〇五年。
15 平川克美「会社は誰のものでもない。幻想共同体としての会社という視点」『会社は株主のものではない』洋泉社、二〇〇五年。
16 吉森　賢「企業はだれのものか――企業概念の日米欧比較（2）ドイツ」『横浜経営研究』第十九巻第三号。

三　日本の経営システムとコーポレート・ガバナンス――その課題、方向、および条件の検討――

外国語文献

1 Abegglen, J., *21st Century Japanese Management: New Systems, Lasting Values*, Nihon keizai shinbun, 2004.（山岡洋一訳『新・日本の経済』日本経済新聞社、二〇〇四年。）
2 Charkham, Jonathan, P., *Keeping Good Company: A Study of Corporate Governance in Five Countries*, Oxford University Press, 1994.
3 Gospel, H. and A. Pendleton, *Corporate Governance and Labour Management: An International Comparison*, Oxford University Press, 2005.
4 Learmount, S., *Corporate Governance: What Can Be Learned From Japan?*, Oxford University Press, 2002.
5 Monks, A. G. and N. Minow, *Corporate Governance*, 3rd Edition, Blackwell Publishing, 2004.
6 Roche, J., *Corporate Governance in Asia*, Routledge, 2005.

7 Roe, M. J., *Political Determinations of Corporate Governance*, Oxford University Press, 2003.

8 Vives, Xavier, edited, *Corporate Governance : Theoretical & Empirical Perspectives*, Cambridge University Press, 2000.

9 Williamson, O. E., *The Mechanisms of Governance*, Oxford University Press, 1996.

日本語文献

1 伊丹敬之『日本型コーポレート・ガバナンス』日本経済新聞社、二〇〇〇年。

2 稲上　毅・連合総合生活開発研究所編著『現代日本のコーポレート・ガバナンス』東洋経済新報社、二〇〇〇年。

3 稲上　毅・森　淳二朗編『コーポレート・ガバナンスと従業員』東洋経済新報社、二〇〇四年。

4 小佐野　宏『コーポレート・ガバナンスと人的資本』日本経済新聞社、二〇〇五年。

5 菊澤研宗『比較コーポレート・ガバナンス論』有斐閣、二〇〇四年。

6 菊池敏夫・平田光弘編著『企業統治の国際比較』文眞堂、二〇〇〇年。

7 佐久間信夫編著『アジアのコーポレート・ガバナンス』学文社、二〇〇五年。

8 ロナルド・ドーア著『誰のための会社にするか』岩波書店、二〇〇六年。

四　ストックホルダー・ガバナンス 対 ステイクホルダー・ガバナンス

——状況依存的ステイクホルダー・ガバナンスへの収束——

外国語文献

1 Demsetz, H., *Ownership, Control, and the Firm, Vol. 1 of The Organization of Economic Activity*, Basil Blackwell, 1988.

2 Gordon, J. N. and M. J. Roe, *Convergence and Persistence in Corporate Governance*, Cambridge University Press, 2004.

3 Jensen, M. C., *Foundations of Organizational Strategy*, Harvard University Press, 1998.

4 Jensen, M. C., *The Theory of the Firm : Governance, Residual Claims, and Organizational Forms*, Harvard University Press, 2000.

5 Tirol, J., *The Theory of Corporate Finance*, Princeton University Press, 2005.

日本語文献

1 稲上 毅編著『現代日本のコーポレート・ガバナンス』東洋経済新報社、二〇〇〇年。

2 丑山 優・熊谷重勝・小林康宏編『金融ヘゲモニーとコーポレート・ガバナンス』税務経理協会、二〇〇五年。

3 小佐野 広『コーポレート・ガバナンスの経済学――金融契約理論からみた企業論――』日本経済新聞社、二〇〇一年。

4 菊澤研宗『比較コーポレート・ガバナンス論――組織の経済学アプローチ――』有斐閣、二〇〇四年。

5 菊池敏夫・平田光弘編著『企業統治の国際比較』文眞堂、二〇〇〇年。

6 関 孝哉『コーポレートガバナンスとアカウンティビリティ』商事法務、二〇〇六年。

7 仲田正機編著『比較コーポレート・ガバナンス研究』中央経済社、二〇〇五年。

8 吉森 賢『日米欧の企業経営――企業統治と経営者――』放送大学教育振興会、二〇〇一年。

五 経営学の現在――自己組織・情報世界を問う――

外国語文献

1 Barnard, C. I., *The Functions of the Executive*, Harvard University Press, 1938, 1968.（田杉 競監訳『経営者の役割』ダイヤモンド社、一九五六年。山本安次郎・田杉 競・飯野春樹訳『新訳 経営者の役割』ダイヤモンド社、一九六八年。）

2 Drucker, P. F., *The Practice of Management*, Harper & Row, 1954.（現代経営研究会訳『現代の経営』自由国民社、一九五六年。上田惇生訳『現代の経営』ダイヤモンド社、一九九六年。）

3　Luhmann, N., *Soziale Systeme: Grundriss einer allgemeinen Theorie*, Suhrkamp, 1984.（佐藤　勉監訳『社会システム（上）（下）』恒星社厚生閣、一九九三年、一九九五年。）

4　Luhmann, N., *Zweckbegriff und Systemrationalität: Über die Funktion von Zwecken in sozialen Systemen*, J. C. B. Mohr, 1968.（馬場靖雄・上村隆広訳『ニクラス・ルーマン　目的概念とシステム合理性——社会システムにおける目的の機能について——』勁草書房、一九九〇年。）

5　Maturana, H. R. and F. J. Varela, *Autopoiesis and Cognition: the Realization of the Living*, Reidel, 1980.（河本英夫訳『オートポイエーシス』国文社、一九九一年。）

6　Maturana, H. R. and F. J. Varela, *The Tree of Knowledge: the Biological Roots of Human Understanding*, Shambala Publication, 1987.（菅　啓次郎訳『知恵の樹』朝日出版社、一九八七年。）

7　Prigogine, I. and I. Stengers, *Order out of Chaos: Man's New Dialogue with Nature*, Bantam Books, 1984.（伏見康治・伏見　譲・松枝秀明訳『混沌からの秩序』みすず書房、一九八七年。）

8　Taylor, F. W., *The Principles of Scientific Management*, Harper, 1911.（上野陽一訳『科学的管理法』産能大出版部、一九七五年。）

9　Wiener, N., *Cybernetics, or Control and Communication in the Animal and the Machine*, The Technology Press of M. I. T., 1949, John Wiley & Sons, 1961.（池原止戈夫・彌永昌吉・室賀三郎・戸田　巌訳『サイバネティックス——動物と機械における制御と通信——』第二版、岩波書店、一九六二年。）

10　Wiener, N., *The Human Use of Human Beings: Cybernetics and Society*, The Houghton Mifflin & Co., 1950.（池原止戈夫訳『人間機械論——サイバネティックスと社会——』みすず書房、一九五四年。池原止戈夫・鎮目恭夫訳『人間機械論——人間の人間的な利用——』第二版、みすず書房、一九七九年。）

11　Wiener, N., *I am a Mathematician*, MIT Press, 1956.（鎮目恭夫訳『サイバネティックスはいかにして生まれたか』みすず書房、一九五六年。）

12　Wiener, N., *God and Golem, Inc.,—A Comment on Certain Points Where Cybernetics Impinges on Religion*, MIT Press, 1964.（鎮目恭夫訳『科学と神』みすず書房、一九六五年。）

日本語文献

1 今田高俊『自己組織性――社会理論の復活――』創文社、一九八六年。
2 河本英夫『オートポイエーシス――第三世代システム――』青土社、一九九五年。
3 河本英夫『システムの思想――オートポイエーシス・プラス――』東京書籍、二〇〇二年。
4 経営学史学会編『経営学研究のフロンティア』経営学史学会年報〔第五輯〕、文眞堂、一九九八年。
5 経営学史学会編『経営理論の変遷』経営学史学会年報〔第六輯〕、文眞堂、一九九九年。
6 経営学史学会編『組織・管理研究の百年』経営学史学会年報〔第八輯〕、文眞堂、二〇〇一年。
7 経営学史学会編『ＩＴ革命と経営理論』経営学史学会年報〔第九輯〕、文眞堂、二〇〇二年。
8 庭本佳和『バーナード経営学の展開――意味と生命を求めて――』文眞堂、二〇〇六年。
9 三戸　公『個別資本論序説――経営学批判――』森山書店、一九五九年。
10 三戸　公『アメリカ経営思想批判』未来社、一九六六年。
11 三戸　公『ドラッカー――自由・社会・管理――』未来社、一九七一年。
12 三戸　公『管理とは何か――テイラー、フォレット、バーナード、ドラッカーを超えて――』文眞堂、二〇〇二年。
13 三戸　公「情報の概念――吉田情報論批判――」『中京経営研究』（中京大学）第一五巻・第二号、二〇〇六年二月。
14 吉田民人『自己組織性の情報科学』新曜社、一九九〇年。
15 吉田民人『情報と自己組織性の理論』東京大学出版会、一九九〇年。
16 吉田民人・鈴木正仁編著『自己組織性とはなにか――二十一世紀の学問論にむけて――』ミネルヴァ書房、一九九五年。

六　経営学史の研究方法――「人間協働の科学」の形成を中心として――

外国語文献

1 Barnard, Chester I., *The Functions of the Executive*, Cambridge, Mass., Harvard University Press, 1938.（山本安次郎・田杉　競・飯野春樹訳『新訳　経営者の役割』ダイヤモンド社、一九六八年。）

2 Barnard, Chester I., *Organization and Management: Selected Papers,* Cambridge, Mass., Harvard University Press, 1948.（飯野春樹監訳『組織と管理』文眞堂、一九九〇年。）

3 Barnard, Chester I., "Collectivism and Individualism in Industrial Management," *Philosophy for Managers: Selected Papers of Chester I. Barnard,* edited by W. B. Wolf and H. Iino, Bunshindo, 1986.（飯野春樹監訳『経営者の哲学――バーナード論文集――』文眞堂、一九八六年。）

4 Donham, Wallace B., "Essential Groundwork for a Broad Executive Theory," *Harvard Business Review,* Vol. 1, No. 1, Oct. 1922.

5 Donham, Wallace B., *Administration and Blind Spots: The Biography of an Adventurous Idea,* Boston, Harvard University, 1952.

6 Henderson, Lawrence J., *Pareto's General Sociology: A Physiologist's Interpretation,* Cambridge, Harvard University Press, 1935.（組織行動研究会訳『組織行動論の基礎――パレートの一般社会学――』東洋書店、一九七五年。）

7 Henderson, Lawrence J., *Introductory Lectures in Concrete Sociology,* edited with an Introduction by Chester I. Barnard, unpublished, in Baker Library Archives, Harvard Business School, Harvard University.

8 Mayo, G. Elton, "The Basis of Industrial Psychology: The Psychology of the Total Situation is Basic to a Psychology of Management," *Bulletin of The Taylor Society,* Vol. IX, No. 6, Dec. 1924.

9 Mayo, G. Elton, *The Human Problem of an Industrial Civilization,* New York, The Macmillan Company, 1933.（村本栄一訳『新訳　産業文明における人間問題――ホーソン実験とその展開――』日本能率協会、一九六七年。）

10 Trahair, Richard C. S., *The Humanist Temper: The Life and Works of Elton Mayo,* New Brunswick, New Jersey, Transaction Books, 1984.

11 Whitehead, Alfred North, *Science and the Modern World, Lowell Lectures, 1925,* New York, The Free Press, 1926.（上田泰治・村上至孝訳『科学と近代世界』（ホワイトヘッド著作集第六巻）松籟社、一九八一年。）

12 Whitehead, T. North, "The Scientific Study of the Industrial Worker," *Harvard Business Review,* July, 1934.

13 Whitehead, T. North, "Human Relations within Industrial Groups," *Harvard Business Review*, Vol.XIV, No. 1, Autumn, 1935.
14 Wren, Daniel A., *The Evolution of Management Thought*, 4th ed., John Wiley & Sons, Inc., 1994.（佐々木恒男監訳『マネジメント思想の進化』文眞堂、二〇〇三年。）

日本語文献

1 飯野春樹『バーナード研究——その組織と管理の理論——』文眞堂、一九七八年。
2 加藤勝康『バーナードとヘンダーソン——*The Functions of the Executive* の形成過程——』文眞堂、一九九六年。
3 河野大機・吉原正彦編著『経営学パラダイムの探求』文眞堂、二〇〇一年。
4 桜井信行『新版　人間関係と経営者——エルトン・メーヨーを中心として——』経林書房、一九六八年。
5 角野信夫『アメリカ経営組織論』文眞堂、一九九五年。
6 庭本佳和『バーナード経営学の展開——意味と生命を求めて——』文眞堂、二〇〇六年。
7 三戸　公『管理とは何か——テイラー、フォレット、バーナード、ドラッカーを超えて——』文眞堂、二〇〇二年。
8 村田晴夫『管理の哲学——全体と個・その方法と意味——』文眞堂、一九八四年。
9 吉原正彦『経営学の新紀元を拓いた思想家たち——一九三〇年代のハーバードを舞台に——』文眞堂、二〇〇六年。

七　アメリカの経営戦略論と日本企業の実証研究及び
八　経営戦略研究の新たな視座

外国語文献

1 Anderws, Kenneth R., *The Concept of Corporate Strategy*, Homewood, Dow Jones-Irwin, 1971.
2 Barney, Jay, *Gaining and Sustaining Competitive Advantage* (2nd Edition), Prentice Hall, 2002.（岡田正大訳『企業戦略論——競争優位の構築と持続——』ダイヤモンド社、二〇〇三年。）

3 Bower, Joseph L., and Clark G. Gilbert, (eds.), *From Resource Allocation to Strategy,* Oxford University Press, 2005.

4 Brandenburger, Adam M., and Barry J. Nalebuff, *Co-opetition,* Currency, 1996.（嶋津祐一訳『ゲーム理論で勝つ経営——競争と強調のコーペティション経営——』日経ビジネス人文庫、二〇〇三年。）

5 Buzzell, Robert D., and Bradley T. Gale, *The PIMS Principles,* The Free Press, 1987.（和田充夫他訳『新PIMSの戦略原則——業績に結びつく戦略要素の解明——』ダイヤモンド社、一九八八年。）

6 Faulkner, David O., and Andrew Cambpell, (eds.), *The Oxford Handbook of Strategy, Volume I: A Strategy Overview and Competitive Strategy,* Oxford University Press, 2003.

7 Foss, Nicolai J., (ed.), *Resources, Firms, and Strategies: A Reader in the Resource-Based Perspective,* Oxford University Press, 1997.

8 Ghemawat, Pankaj, *Games Businesses Play: Cases and Models,* The MIT Press, 1997.

9 Hamel, Gary, and C. K. Prahalad, *Competing for the Future,* Harvard Business School Press, 1994.（一條和生訳『コア・コンピタンス経営』日本経済新聞社、一九九五年。）

10 Hofer, C. W., and Dan Schendel, *Strategy Formulation: Analytical Concepts,* West, 1978.（奥村昭博・榊原清則・野中郁次郎訳『戦略策定』千倉書房、一九八〇年。）

11 Hoffer, C. W., and D. E. Schendel (eds.), *Strategic Management,* Little Brown, 1979.

12 Hoffer, C. K., E. A. Maurray, R. Charan, and R. A. Pitts, *Strategic Management,* West, 1980.

13 Itami, Hiroyuki, *Mobilizing Invisible Assets,* Harvard University Press, 1987.

14 McAfee, R. Preston, *Competitive Solutions: The Strategist's Toolkit,* Princeton University Press, 2002.

15 Nelson, R. R., and S. G. Winter, *An Evolutionary Theory of Economic Change,* Belknap Press, 1982.

16 Nonaka, Ikujiro, and Hirotaka Takeuchi, *The Knowledge-Creating Company: How Japanese Companies Create the Dynamics of Innovation,* Oxford University Press, 1995.（梅本勝博訳『知識創造企業』東洋経済新報社、一九九六年。）

17 Porter, Michael E., *Competitive Strategy,* The Free Press, 1980.（土岐　坤・中辻万治・服部照夫訳『競争の戦略』

ダイヤモンド社、一九八二年。）

18 Porter, Michael E., *Competitive Advantage: Creating and Sustaining Superior Performance*, The Free Press, 1985.

19 Rumelt, Richard P., *Strategy, Structure, and Economic Performance*, Division of Research, Harvard University, 1974.（鳥羽欽一郎他訳『多角化戦略と経済成果』東洋経済新報社、一九七七年。）

日本語文献

1 伊丹敬之『経営戦略の論理（第三版）』日本経済新聞社、二〇〇三年。

2 伊丹敬之・軽部　大（編著）『見えざる資産の戦略と論理』日本経済新聞社、二〇〇四年。

3 加護野忠男・野中郁次郎・榊原清則・奥村昭博『日米企業の経営比較――戦略的環境適応の理論――』日本経済新聞社、一九八三年。

4 三品和広『戦略不全の論理――慢性的な低収益の病からどう抜け出すか――』東洋経済新報社、二〇〇四年。

5 庭本佳和『バーナード経営学の展開――意味と生命を求めて――』文眞堂、二〇〇六年。

6 野中郁次郎『知識創造の経営――日本企業のエピステモロジー――』日本経済新聞社、一九九〇年。

7 吉原英樹・佐久間昭光・伊丹敬之・加護野忠男『日本企業の多角化戦略』日本経済新聞社、一九八一年。

Ⅳ　資　料

経営学史学会第十四回大会実行委員長挨拶

勝部伸夫

経営学史学会第十四回大会は、「経営学の現在」という統一論題を掲げ、熊本学園大学において開催することができました。九州は火の国・熊本での大会でしたが、遠方からも多数の会員の皆様にご参加いただき盛会裏に終えることができましたことは、開催校として大きな喜びでした。まずは会員の皆様に衷心より御礼申し上げます。

「経営学の現在」というテーマは、単に経営学の最新の理論がどうなっているのかを論じようというのではなく、それを含みながらも経営学とは何かをその根幹から問おうとするものだと言えます。今回は特に管理論とコーポレート・ガバナンス論という二つの柱が立てられており、それぞれの分野で研究の最先端を行く皆さんの報告を聞くことができたのではないでしょうか。問題の大きさゆえに、まだまだ論じ尽くされていない点はあると思いますが、議論の深化に結びつく活発な討論ができたのではないかと考えています。統一論題、自由論題の報告者・討論者・司会者、そしてフロアーから参加していただいたすべての会員の皆様に改めて感謝申し上げます。

大会の企画・運営につきましては、片岡信之理事長をはじめ理事・幹事の先生方に大変お世話になりました。この場をお借りしまして心より御礼申し上げます。有難うございました。

第十四回大会をふりかえって

福永文美夫

経営学史学会第十四回大会は、二〇〇六年五月十九日（金）から二十一日（日）まで熊本学園大学で開催された。今回は、『経営学の現在』という統一論題のもと、経営学はこれまで何を問題にしてきたのか、また経営学はそれらの課題にどう答え、何が明らかになったのか、という問題意識から「経営学とは何か」という本質的な問題を議論すべく企図された。

まず勝部伸夫会員より「「経営学の現在」を問う—コーポレート・ガバナンス論と管理論・組織論」として基調報告が行われ、「経営学の現在」というテーマがいかなる位置と意味を持っているのか、そしてコーポレート・ガバナンス論と管理論・組織論の問題をどう捉えるのかという問題提起がなされた。引き続き、統一論題について六つの報告が行われた。管理論・組織論の問題については、吉原正彦会員から「経営学史研究の方法—一九三〇年代のハーバード・ビジネス・スクールを中心として」、沼上幹会員から「アメリカの経営戦略論と日本企業の実証研究—リソース・ベースト・ビューを巡る相互作用」、さらに三戸公会員から「経営学の現在—自己組織・情報世界を問う」として、それぞれ経営学史、戦略論、科学論・情報論の立場から経営学方法論に関する貴重な報告があった。コーポレート・ガバナンス論の問題については、中條秀治会員から「株式会社を問う—「団体」の概念」として、団体概念による新しい組織観の提示があった。菊池敏夫氏から「日本の経営システムとコーポレート・ガバナンス—その課題、方法、および条件の検討」として、近年の経営学におけるコーポレート・ガバナンス論の重要性の指摘があった。また、菊澤研宗会員から「ストックホルダー・ガバナンス対ステイクホルダー・ガバナンス—状況依存的ステイクホルダー・ガバナンスへの収束」として、組織の経済学の立場から最先端の理論の紹介があった。今大会は、経営学方法論の議論や新しい企業観・組織観の提示があり、報告者および討論者に恵まれた有意義な大会であった。

自由論題に関しては、四つの会場でチェアパーソンのコメントをふまえて活発な議論が展開された。十本の報告のうち、組織論・管理論に関するものが七本、コーポレート・ガバナンスに関するものが二本、経営思想に関するものが一本であった。

総会では、一年間の活動報告、会計報告などがなされた後、第十五回大会を北海学園大学で開催されることが決定された。なお、昨年から制定された経営学史学会賞は、残念ながら今回は該当作はなしという結果であった。会員諸氏の奮起を期待したい。

統一論題の基調報告までしていただき、大会を成功裏に導いていただいた勝部伸夫大会実行委員長をはじめ、熊本学園大学の皆様方に心より感謝申し上げます。

第十四回大会のプログラムは、次のとおりである。

第二日目、五月二十日（土）

【自由論題】（報告三〇分、コメント五分、質疑応答二〇分）

A会場（十二号館一二四一教室）

九：三〇—一〇：二五　村田和博（埼玉学園大学）「C・バベッジの経営思想」

チェアパーソン・中川誠士（福岡大学）

B会場（十二号館一二四二教室）

九：三〇―一〇：二五　渡辺伊津子（朝日大学）「スイッチングによる補完的二重性の達成」
チェアパーソン・長岡克行（東京経済大学）

C会場（十二号館一二四三教室）

九：三〇―一〇：二五　山下　剛（名古屋大学大学院）「人間操縦と管理論」
チェアパーソン・阿辻茂夫（関西大学）

D会場（十二号館一二四五教室）

九：三〇―一〇：二五　宇田川元一（早稲田大学アジア太平洋研究センター）「戦略論研究の展開と課題―戦略化研究への学説史的考察から―」
チェアパーソン・田中政光（横浜国立大学）

【基調報告】（十二号館一二二一教室）（報告二〇分）

一〇：三〇―一〇：五〇　基調報告：勝部伸夫（熊本学園大学）「「経営学の現在」を問う―コーポレート・ガバナンス論と管理論・組織論―」
司会・海道ノブチカ（関西学院大学）

【統一論題】（十二号館一二二一教室）（報告三〇分、コメント三〇分、質疑応答三〇分）

一〇：五〇―一二：二〇　統一論題一：吉原正彦（青森公立大学）「経営学史研究の方法―一九三〇年代のハーバード・ビジネス・スクールを中心として―」
司会・齊藤毅憲（横浜市立大学）
討論者・磯村和人（中央大学）

一三：二〇―一四：五〇　統一論題二：沼上　幹（一橋大学）「アメリカの経営戦略論と日本企業の実証研究―

リソース・ベースト・ビューを巡る相互作用―」
司会・小沢勝之（高千穂大学）
討論者・庭本佳和（甲南大学）
一五：〇〇―一六：三〇　統一論題三：三戸　公（立教大学名誉教授、中京大学名誉教授）「経営学の現在―自己組織・情報世界を問う―」
司会・小笠原英司（明治大学）
討論者・佐々木恒男（青森公立大学）

第三日目、五月二十一日（日）

【自由論題】（報告三〇分、コメント五分、質疑応答二〇分）
A会場（十二号館一二四一教室）
九：〇〇―　九：五五　松本典子（駒澤大学大学院）「非営利事業体ガバナンスの意義と課題について―ワーカーズ・コレクティブ調査を踏まえて―」
チェアパーソン・西岡健夫（追手門学院大学）
九：五五―一〇：五〇　Ralf Bebenroth（神戸大学）「EUと日本におけるコーポレート・ガバナンス・コデックスの比較」
チェアパーソン・海道ノブチカ（関西学院大学）
B会場（十二号館一二四三教室）
九：〇〇―　九：五五　薄羽哲哉（横浜国立大学大学院）「フォロワーから見たリーダーシップ」
チェアパーソン・福永文美夫（久留米大学）

九：五五―一〇：五〇　加賀田和弘（関西学院大学大学院）「ＣＳＲによる持続的競争優位―資源ベースの経営戦略の観点から―」
　チェアパーソン・大平義隆（北海学園大学）

C会場（十二号館一二四五教室）

九：〇〇―　九：五五　佐々木秀徳（明治学院大学大学院）「組織認識論と組織間関係論の収斂ポイント―Weick理論と資源依存モデルを手掛かりとして―」
　チェアパーソン・佐々木利廣（京都産業大学）

九：五五―一〇：五〇　伊藤なつこ（名古屋大学大学院）「組織学習論における統合の可能性―マーチ＆オルセンの組織学習サイクルを中心に―」
　チェアパーソン・三井　泉（日本大学）

【統一論題】（十二号館一二二一教室）（報告三〇分、コメント三〇分、質疑応答三〇分）

一一：〇〇―一二：三〇　統一論題四：中條秀治（中京大学）「株式会社を問う―「団体」の概念―」
　司会・丹沢安治（中央大学）
　討論者・川端久夫（九州大学名誉教授）

一三：三〇―一五：〇〇　統一論題五：菊池敏夫（中央学院大学）「日本の経営システムとコーポレート・ガバナンス―その課題、方向、および条件の検討―」
　司会・片岡信之（桃山学院大学）
　討論者・池内秀己（九州産業大学）

一五：一〇―一六：四〇　統一論題六：菊澤研宗（慶應義塾大学）「ストックホルダー・ガバナンス 対 ステイ

クホルダー・ガバナンス―状況依存的ステイクホルダー・ガバナンスへの収束―」
司会・仲田正機（立命館大学）
討論者・今西宏次（大阪経済大学）

執筆者紹介（執筆順）

勝《かつ》部《べ》伸《のぶ》夫《お》（熊本学園大学教授）
主著『コーポレート・ガバナンス論序説――会社支配論からコーポレート・ガバナンス論へ――』文眞堂、二〇〇四年
『新版補訂版　企業論』（共著）有斐閣、二〇〇六年

中《ちゅう》條《じょう》秀《ひで》治《はる》（中京大学教授）
主著『組織の概念』文眞堂、一九九八年
『株式会社新論――コーポレート・ガバナンス序説――』文眞堂、二〇〇五年

菊《きく》池《ち》敏《とし》夫《お》（中央学院大学大学院特任教授）
主要論文「最高経営組織と会社統治の構造――国際比較からみた日本の課題――」『経営学論集』六二集（日本経営学会）千倉書房、一九九一年
「最高経営組織とステイクホルダー関係の再構築」『組織科学』第二七巻第二号（組織学会）白桃書房、一九九三年

菊《きく》澤《ざわ》研《けん》宗《しゅう》（慶応義塾大学教授）
主著『比較コーポレート・ガバナンス論――組織の経済学アプローチ――』有斐閣、二〇〇四年
『組織の経済学入門――新制度派経済学アプローチ――』有斐閣、二〇〇六年

三《み》戸《と》公《ただし》（千葉商科大学大学院アドバイザー）
主著『家の論理Ⅰ・Ⅱ』文眞堂、一九九一年
『管理とは何か』文眞堂、二〇〇二年

吉《よし》原《はら》正《まさ》彦《ひこ》（青森公立大学教授）
主著『経営学の新紀元を拓いた思想家たち――一九三〇年代のハーバードを舞台に――』文眞堂、二〇〇六年
主要論文「組織とリーダーシップ――バーナードのリーダーシップ論の再構成――」河野大機・吉原正彦編『経営学パラダイムの探求』文眞堂、二〇〇一年

沼《ぬま》上《がみ》幹《つよし》（一橋大学教授）
主著『液晶ディスプレイの技術革新史』白桃書房、一九九九年
『行為の経営学』白桃書房、二〇〇〇年

庭《にわ》本《もと》佳《よし》和《かず》（甲南大学教授）
主著『バーナード経営学の展開』文眞堂、二〇〇六年
主要論文「企業として社会的に行動する」田尾雅夫・佐々木利廣・若林直樹編『はじめて経営学を学ぶ』ナカニシヤ出版、二〇〇五年、第十五章

渡《わた》辺《なべ》伊《い》津《つ》子《こ》（朝日大学准教授）
主要論文「革新のジレンマの克服」岸田民樹編『現代経営組織論』有斐閣ブックス、二〇〇五年、第十二章
「二重性の管理とスイッチング――個人レベルの観点から――」『日本経営学会誌』第十三号、二〇〇五年

佐《さ》々《さ》木《き》秀《ひで》徳《のり》（明治学院大学大学院経済学研究科博士後期課程）
主要論文「Weick, K. E. の組織化理論の再検討――科学哲学によるアプローチ――」『経済・経営研究』（明治学院大学大学院経友会）、第三九号、二〇〇六年
「経営学説の評価（1）――科学哲学による学説研究の擁護――」『経済・経営研究』（明治学院大学大学院経友会）、第四〇号、二〇〇七年

伊《い》藤《とう》なつこ《なつこ》（名古屋大学大学院経済学研究科博士後期課程）

主要論文「組織学習における合理性とあいまい性――組織の学習障害とその克服――」二〇〇四年度名古屋大学修士論文、二〇〇五年

"Toward a Developmental Model of Inter-organizational Learning in Cooperative Strategies", in M. Rod (ed.), *The Book of Abstracts and Programme: 13th International Conference on Multi-Organizational Partnerships, Alliances and Networks—Beyond Borders*, Victoria University of Wellington, 2006（共著）

宇《う》田《だ》川《がわ》元《もと》一《かず》（長崎大学講師）

主要論文「戦略論研究におけるパースペクティブ分化に関する考察――戦略論研究の課題と新たな方向性――」『経営戦略研究』第三号、二〇〇五年

「組織の慣性と戦略転換に関する理論的考察――二分法的思考の克服と「逆戻り」を巡って――」『国際経営・システム科学研究』第三八号、二〇〇七年

加《か》賀《が》田《た》和《かず》弘《ひろ》（関西学院大学非常勤講師・関西学院大学大学院奨励研究員）

主要論文「環境経営と企業財務業績に関する実証研究」『総合政策研究』No. 21, 2005

「企業の社会的責任（CSR）――その歴史的展開と今日的課題――」『KGPS Review』No. 7, 2006

山《やま》下《した》剛《つよし》（名古屋大学大学院経済学研究科特別研究員・名古屋大学大学院研究生）

主要論文「自己実現と規律」『中京経営研究』Vol. 9, No. 2, 2000

「P・F・ドラッカーによるD・マグレガーY理論批判――〈組織目的と個人目的の統合〉を中心に――」『日本経営学会誌』No. 14, 2005

薄《うす》羽《ば》哲《てつ》哉《や》（横浜国立大学大学院博士後期課程）

主要論文「リーダーシップ——フォロワーから見たリーダーシップ」『横浜国際社会科学研究』Vol. 10, No. 6, 2006

「リーダーシップ——視点の移動と問題点」『横浜国際社会科学研究』Vol.10, No. 2, 2005

村《むら》田《た》和《かず》博《ひろ》（埼玉学園大学准教授）

主著『経営学——学説、理論、制度、そして歴史——』五絃舎、二〇〇五年

主要論文「A・ユアにおける工場システムと経営」『九州経済学会年報』第四一集、二〇〇三年

松《まつ》本《もと》典《のり》子《こ》（駒澤大学専任講師）

主要論文「非営利組織マネジメントの基本問題——組織目的・組織特性とガバナンス・システム構築の課題を巡って——」労務理論学会編『労務理論学会誌』第一三号、晃洋書房、二〇〇四年、一五一—一六四頁

「『日暮硯』と企業倫理——恩田杢にみるリーダーシップの本質——」弦間明・小林俊治監修、日本取締役協会編著『江戸に学ぶ企業倫理——日本におけるCSRの源流——』生産性出版、二〇〇六年、第六章

ラルフ・ビーブンロット［Ralf BEBENROTH］（神戸大学経済経営研究所特命准教授）

主要論文 "German Corporate Governance Code and Most Commonly Unaccepted Recommendations: Introduction and Some Explanation," in: *Corporate Ownership & Control*, Vol.2, Issue 2, Dec. 2005

"Bank of Japan versus Eurosystem: A Comparison of Monetary Policy Institutions and Conduct in Japan and in the Euro Area," in *Intereconomics*, Vol.1, 2007（共著）

経営学史学会年報掲載論文（自由論題）審査規定

一 本審査規定は本学会の年次大会での自由論題報告を条件にした論文原稿を対象とする。

二 編集委員会による形式審査

原稿が著しく規定に反している場合、編集委員会の責任において却下することができる。

三 査読委員の選定

査読委員は、原稿の内容から判断して適当と思われる会員二名に地域的バランスも配慮して、編集委員会が委嘱する。なお、大会当日の当該報告の討論者には査読委員を委嘱しない。また会員に適切な査読者を得られない場合、会員外に査読者を委嘱することができる。なお、原稿執筆者と特別な関係にある者（たとえば指導教授、同門生、同僚）には、査読者を委嘱できない。

なお、査読委員は執筆者に対して匿名とし、執筆者との対応はすべて編集委員会が行う。

四 編集委員会への査読結果の報告

査読委員は、論文入手後速やかに査読を行い、その結果を三〇日以内に所定の「査読結果報告書」に記入し、編集委員会に査読結果を報告しなければならない。なお、報告書における「論文掲載の適否」は、次のように区分する。

①適

②条件付き適⑴：査読委員のコメントを執筆者に返送し、再検討および修正を要請する。再提出された原稿の修正確認は編集委員会が負う。

③条件付き適⑵：査読委員のコメントを執筆者に返送し、再検討および修正を要請する。再提出された原稿は査読委員が再査読し、判断する。

④不適

五　原稿の採否

編集委員会は、査読報告に基づいて、原稿の採否を以下のようなルールに従って決定する。

①査読者が二名とも「適」の場合、掲載を可とする。

②査読者一名が「適」で、他の一名が「条件付き(1)」の場合は、執筆者の再検討・修正を編集委員会が確認した後、掲載の措置をとる。

③査読者一名が「適」で、他の一名が「条件付き(2)」の場合は、執筆者の再検討・修正を、査読者が再読・確認したとの報告を受けた後、掲載の措置をとる。

④査読者二名とも「条件付き(1)」の場合、あるいは査読者一名が「条件付き(1)」で他の一名が「条件付き(2)」の場合、また査読者が二名とも「条件付き(2)」の場合は、執筆者が再検討・修正のそれぞれの条件を満たしたことを編集委員会が確認した後、掲載の措置をとる。

⑤査読者一名が「条件付き(1)または(2)」で、他の一名が「不適」の場合、後者に再検討・修正後の投稿原稿を再査読することを要請するとともに、執筆者の反論をも示し、なお「不適」の場合には編集委員会がその理由を確認して、原則的には不掲載の措置をとる。ただし再査読後、編集委員会が著しく「不適理由」を欠くと判断した場合は、大会報告時の討論者の意見も参考にして、編集委員会の責任で採否を決定し、掲載・不掲載の措置をとる。

⑥査読者一名が「適」で、他の一名が「不適」の場合、大会報告時の討論者の意見、執筆者の反論をも考慮して、編集委員会の責任で採否を決定し、掲載・不掲載の措置をとる。

⑦査読者が二名とも「不適」の場合、掲載を不可とする。

六　執筆者への採否の通知

編集委員会は、原稿の採否、掲載・不掲載の決定を、執筆者に文書で通知する。

経営学史学会
年報編集委員会

委員長　小笠原英司（明治大学教授）
委　員　片岡信之（桃山学院大学教授）
委　員　海道ノブチカ（関西学院大学教授）
委　員　岡田和秀（専修大学教授）
委　員　丹沢安治（中央大学教授）
委　員　三井　泉（日本大学教授）
委　員　渡辺敏雄（関西学院大学教授）

編集後記

経営学史学会年報第十四輯は「経営学の現在：ガバナンス論・組織論・戦略論」を統一テーマとして、当学会第十四回大会の統一論題論文八本と自由論題論文一〇本をもって編集された。「経営学の現在」というテーマは、ややもすると経営学史の学会が取り組む主題ではないかのように受け取られるかもしれない。しかし歴史が過去を問題とするのは、過去それじたいに価値を置くためではない。経営学史の研究は経営学の未来に向かって、あくまでも「経営学の現在」を明らかにする作業なのである。その意味では「経営学の現在」というテーマ設定は当学会の永遠の課題であり、今次大会に限定され、今回で完結する主題ではないというべきであろう。

本年報の内容の一つはコーポレート・ガバナンス論であるが、ガバナンス論は第十二回大会の統一テーマであったし（年報第十二輯）、近年急激に興隆して流行の観さえある。それは、現代がグローバル経済社会となって、勝部論文が指摘するように、いま改めて「企業とは何か」が問われている時代だということを反映している。そしてさらに、「企業とは何か」をいま改めて問うことによって、その問いの先に何を問題にしようとすることなのかを提示するものでなければならないだろう。本年報の第二の柱である組織論・戦略論も今次大会において論争的な議論であった。組織論や管理論も経営学百年の歴史のなかで無数の記述論や「理論」が量産され、微視的に見れば大いに進展してきた。それは三戸論文の言葉を借りれば、経営学の「主流」を形成する科学化志向の隆盛であろう。そして、ここでもガバナンス論の興隆が含意するものと同様に、「経営学とはいかなる学か」という問題が「いま改めて」われわれの問題として突きつけられているのである。ところで、今回は大会の沼上報告に対する庭本討論が統一論題論文として特に掲載された。読者諸賢には両論文の刺激的な議論をお楽しみ頂けるものと確信する。自由論文一〇本は厳しい査読を受け、修正を重ねて掲載を許可された秀論である。特に若手研究者の論文掲載は、近年学会登竜門としての評価を高めており、編集子として欣喜に堪えない。　（小笠原英司　記）

THE ANNUAL BULLETIN

of

The Society for the History of Management Theories

No. 14 May, 2007

Contemporary Hot Issues in Management Theories: Corporate Governance, Organization and Strategic Management

Contents

Preface

Shinshi KATAOKA (St. Andrew's University)

I Contemporary Hot Issues in Management Theories

1 Questioning "The Present of Management Theories": Corporate Governance and Organization Theories
Nobuo KATSUBE (Kumamoto Gakuen University)

2 Inquiring into a Corporation: Using the Concept of "Dantai"
Hideharu CHUJO (Chukyo University)

3 Management System and Corporate Governance in Japan: Some Problems, Trends, and Conditions
Toshio KIKUCHI (Chuogakuin University)

4 Stockholder Governance vs. Stakeholder Governance: Convergence on Contingent Stakeholder Governance
Kenshu KIKUZAWA (Keio University)

5 A Map of Management's Present: The Self Organization=Information World
Tadashi MITO (Chiba University of Commerce)

6 Research Method related to History of Management Theories: Focusing upon the Formation of the Science of Human Cooperation
Masahiko YOSHIHARA (Aomori Public College)

7 Recent American Research on Strategic Management from the Viewpoint of the Japanese Empirical Researchers: Intellectual Interaction Trap in the Area of Resource-based View
Tsuyoshi NUMAGAMI (Hitotsubashi University)

8 New Perspective for Strategic Management Research
Yoshikazu NIWAMOTO (Konan University)

Ⅱ **Other Themes**

9 Duality Management by Switching Cognitive Gears: With Quality Model as A Clue
Itsuko WATANABE (Asahi University)

10 The Relation of Organizational Epistemology and Resource Dependece Perspective: Approached by the Concept of Environment and Organization
Hidenori SASAKI (Meijigakuin University)

11 A Possibility of Theoretical Integration in Organizational Learning Research
Natsuko ITO (Nagoya University)

12 Theoretical Development and Issues in Strategy Studies: Investigating the Contemporary Strategy Studies
Motokazu UDAGAWA (Nagasaki University)

13 Sustainable Competitive Advantage by Corporate Reputation: From the Viewpoint Corporate Strategy of Resource Based View of the Firm
Kazuhiro KAGATA (Kwansei Gakuin University)

14 Manipulation and Management
Tsuyoshi YAMASHITA (Nagoya University)

15 A Perspective on Leadership Research: From Leader-Centric Perspective to Follower-Centric Perspective
Tetsuya USUBA (Yokohama National University)

16 Charles Babbage on Management Thought
Kazuhiro MURATA (Saitama Gakuen University)

17 The Significance and Problems of Not-for-Profit Organization's Governance
Noriko MATSUMOTO (Komazawa University)

18 Comparison between European and Japanese Corporate Governance Code Systems
Ralf BEBENROTH (Kobe University)

Ⅲ **Literatures**

Ⅳ **Materials**

Abstracts

Questioning "The Present of Management Theories": Corporate Governance and Organization Theories

Nobuo KATSUBE (Kumamoto Gakuen University)

The purpose of this paper is to clarify the meaning and the significance of discussing the present sense of management theories. Talking about this theme does not simply mean taking up and introducing brand-new theories of management, but exploring what management theories actually are. However, it is difficult to answer the above question properly. As diversification and scientism in management theories has steadily progressed, we can not easily grasp the whole of management theories. Thus it is necessary for us to continue to explore what management theories are. Talking about "the present" of management theories includes both "the past" and "the future" of those theories and in this paper, we especially focus on the present state of corporate governance.

Inquiring into a Corporation: Using the Concept of "Dantai"

Hideharu CHUJO (Chukyo University)

What is a corporation? The ongoing discussions on the topic of corporate governance tend to focus on the peripheral events without inquiring into the core concept of the corporation. The particular focus of this article is the application of the concept of 'Dantai' to understand the essence of the modern corporation. "Dantai" is an abstract entity constituted by ideas, dreams, and purposes, and is a conceptualized body extending beyond its membership. By introducing the conceptual framework of "Dantai" we can logically explain the characteristics of the modern corporation from a quite different point of view. This article revitalizes the controversial term "company itself", which can be traced back to 1920-30's Germany, as the key image for understanding the modern corporation. Moreover, the legitimacy of Management control can be explained, not by the "agency model" depending on the ownership of stockholders, but by the logic of "company itself".

Management System and Corporate Governance in Japan: Some Problems, Trends, and Conditions

Toshio KIKUCHI (Chuogakuin University)

Corporate governance has been studies as a subject of considerable interest and a controversial theme over the last about fifteen years in Japan. In this paper, first, features of regulation style to corporate governance in Japan, such as company law and listing obligation, are traced and discussed. Second, the paper examines role and function of employee and union in Japanese corporate governance. The third, the paper discusses structural and functional problems on the hoard of directors in the two company model (committee model and auditor model, according to recent reform of company law). The fourth , the paper analyses the motive of concentration of corporate ownership.

The fifth, I have pointed out that corporate governance requires formation of management ethics and management leadership.

Stockholder Governance vs. Stakeholder Governance: Convergence on Contingent Stakeholder Governance

Kenshu KIKUZAWA (Keio University)

There is a verity of corporate governance systems in the world. These days, many researchers pay attention to the following problem. Whether will the diversified corporate governance systems converge on the same governance system or maintain the diversification in the future? In particular, now, on the one hand, it is said that they will converge on stockholder governance. On the other hand, there is a view that they will converge on stakeholder governance. In this paper, at first, I explain that the view of the convergence on stockholder governance is untenable. Second, I will give support to the view of the convergence on contingent stakeholder governance based on the positive agency theory. Lastly, I will make it clear that the view is not only supportable theoretically, but also is empirically valid by showing some facts.

A Map of Management's Present : The Self Organization=Information World

Tadashi MITO (Chiba University of Commerce)

The Scientific development of management is the history that new domains of management have been discovered one after the other. These are work (F. Taylor), human relations (E. Mayo), organization (C. Barnard), decision making (H. Simon), environment (contingency theory), and information.

These domains are drawn up any map as constructive elements of management. My map is able broken by classical school (plan-do-see process), and also modern school (organization－environment system). And more, it is could decoded by cybernetics (communication－control－feed back, circular system).

Research Method related to History of Management Theories : Focusing upon the Formation of the Science of Human Cooperation

Masahiko YOSHIHARA (Aomori Public College)

On the stage of Harvard Business School from 1920s to 1930s, the Scientific Community was initiated and the Science of Human Cooperation ; namely Human Relations and Barnard Theory, were constructed by epoch-making thinkers. Alfred N. Whitehead gave philosophical foundation to the Science. There were critical differences of his view of organic cosmos from the view of mechanical cosmos. L. J. Henderson then established the procedure in a science. T. North Whitehead and C. I. Barnard embodied organicism into the concepts of human and organization. Emphasizing the "a here and a now," North fixed his eyes upon interhuman activity as components of organization. Barnard captures the human and generalized organization on the basis of organicism. My assertion is that the Science of Human Cooperation was grounded on philosophy of organism and its concepts were devised to avoid "fallacy of misplaced concreteness."

Recent American Research on Strategic Management from the Viewpoint of the Japanese Empirical Researchers : Intellectual Interaction Trap in the Area of Resource-based View

Tsuyoshi NUMAGAMI (Hitotsubashi University)

This paper contends that there are two distinct strands of research in the so-called "Resource-based View" of the firm (and/or strategic management). One of them is the research that emphasizes the importance of human resources and knowledge, and the other is the research that contains critical perspectives against orthodoxy of economics. The Japanese empirical researchers on strategic management, who have not been sensitive to this duality, have been entrapped in the debate between Resource-based View vs. Positioning View, leaving much more important research topics of our own country (e. g., Japanese organizational decay, game-theoretic strategic research, etc.) unexplored.

New Perspective for Strategic Management Research

Yoshikazu NIWAMOTO (Konan University)

This is a comment on the presentation Numagami gave in The 14th Annual Conference. According to what he says, Japanese empirical researchers missed difficulties of Japanese firms (especially electronics Industry) in 1990's, because they were drawn into controversial nature of RBV. He points out that the controversial nature leads RBV to a lack of the interest and depth as social science. However it stems from their view of resource beyond the controversial nature. For example, RBV grasps dynamic capabilities or organizational learning from a viewpoint of static resource. It is important that Numagami lays stress on the historical and social context in strategic studies. Though it is certainly a proposal toward New Perspective for Strategic Management Research, we must not forget that empirical researchers did not merely pay attention to historical and social context but to changing context, and consequently lost reality.

経営学の現在

——ガバナンス論、組織論・戦略論——

経営学史学会年報　第14輯

二〇〇七年五月十八日　第一版第一刷発行

検印省略

編　者　経営学史学会

発行者　前野眞太郎

〒162-0041　東京都新宿区早稲田鶴巻町五三三

発行所　株式会社　文眞堂

電　話　〇三―三二〇二―八四八〇番

FAX　〇三―三二〇三―二六三八番

振　替　〇〇一二〇―二―九六四三七番

組版　オービット

印刷　平河工業社

製本　広瀬製本所

URL. http://www.keieigakusi.jp

http://www.bunshin-do.co.jp

ISBN978-4-8309-4588-5　C3034

●好評既刊

経営学の位相 第一輯

●主要目次

経営学の巨人 第二輯

●主要目次

アメリカ経営学の潮流　第四輯

●主要目次

経営学研究のフロンティア　第五輯

●主要目次

経営理論の変遷　第六輯

●主要目次

経営学百年――鳥瞰と未来展望――　第七輯

●主要目次

組織管理研究の百年　第八輯

●主要目次

IT革命と経営理論　第九輯

●主要目次

現代経営と経営学史の挑戦——グローバル化・地球環境・組織と個人——　第十輯

●**主要目次**

経営学を創り上げた思想　第十一輯

●主要目次

ガバナンスと政策——経営学の理論と実践——　第十二輯

●主要目次

企業モデルの多様化と経営理論——二十一世紀を展望して——　第十三輯

●主要目次